Sabine Kebir

Ich fragte nicht nach meinem Anteil

Sabine Kebir

Ich fragte nicht nach meinem Anteil

Elisabeth Hauptmanns Arbeit mit Bertolt Brecht

Aufbau-Verlag

Mit zehn Fotos

Diese Arbeit wurde mit einem sechsmonatigen Stipendium der Stiftung Kulturfonds unterstützt.

ISBN 3-351-02462-2

1. Auflage 1997

Einbandgestaltung Torsten Lemme
Satz LVD GmbH, Berlin
Druck und Binden Clausen & Bosse
Printed in Germany

Opferhaltung oder Tarnung?

Die Bescheidenheit der Elisabeth Hauptmann

In Augsburg entbrennt immer wieder Streit, ob die Universität den Namen Bertolt Brechts tragen soll. Am 25. Mai 1996 wurde in der *Augsburger Allgemeinen Zeitung* aus weiblicher Sicht folgendermaßen dagegen Stellung genommen: »[...] weil er eben für die Gleichheit der Klassen eingetreten ist, nicht aber für die der Geschlechter. Weil er jede Frau, die sich in ihn verliebte, zum Arbeiten einspannte, weil er Helene Weigel nicht im Haushalt half [...]. So ein Macho soll nicht noch eine Frau, am wenigsten die Alma Mater, unterdrücken. Seine Geliebten haben ihm vergeben, die Augsburger Frauen aber bleiben hart.«[1] Hoffentlich, dachte ich, legen die Augsburger Frauen dieselbe konsequente Härte auch gegenüber ihren Ehegatten, Liebhabern und Söhnen an den Tag!

In dieser Äußerung ist ein bemerkenswertes Durchschlagen scheinbar wissenschaftlich gewonnener feministischer Positionen erkennbar. Sie gipfelten in der 1994 von John Fuegi aufgestellten und von der Presse weltweit verbreiteten Behauptung, daß Brechts Werk im Austausch von »sex for text« eigentlich als Schöpfung der Mitarbeiterinnen entstanden sei.[2]

Der Kern der These, Brecht hätte Frauen abhängig gemacht, erniedrigt und ausgebeutet, hat bereits Tradition. Ein solcher strenger feministischer Blick auf Brecht ist erstaunlich oft ein Herrensport gewesen, angefangen bei Linken wie Peter Weiss und Klaus Theweleit über Liberale wie Fritz Raddatz und Carl Pitzker[3] bis hin zum neoliberalen Puritaner Fuegi. In meinem Buch *Ein akzeptabler Mann?* konnte ich bereits 1987 eine ganze Phalanx männlicher Interpreten aufzählen[4], die vormals schon versucht hatten, damit Sympathien des weiblichen Publikums von Brecht weg auf sich selbst zu lenken. Anders scheint mir diese Kontinuität männlicher Aktivitäten hinsichtlich der durch Brecht verletzten Frauenrechte nicht erklärlich.

Fuegi – Gründer und langjähriger Leiter der Brecht-Society und gegenwärtig Literaturprofessor in Maryland – bewertet Ausmaß und Bedeutung der weiblichen Beiträge zu Brechts Werk allerdings entschieden höher als seine Vorgänger. Er behauptet, daß große Teile der Texte von den Frauen geschrieben worden seien. Und hinsichtlich ihrer materiellen Verwertung kommt er ebenfalls zu dem Schluß, daß Brecht an seinen Mitarbeiterinnen Diebstahl begangen habe. Auf Elisabeth Hauptmann beispielsweise gingen 80 Prozent des Textes der *Dreigroschenoper* zurück, bei anderen unter Brechts Namen weltberühmt gewordenen Arbeiten sogar 90 Prozent. Die Tantiemenanteile der Hauptmann hätten aber im umgekehrten Verhältnis zu ihren realen Verdiensten gestanden.
Daß Brechts Stücke, teilweise auch die Prosa, tatsächlich kollektiv ›gebaut‹ wurden, ist der Wissenschaft natürlich nicht neu. Und da amerikanische Professoren mit auflagenstarken Büchern für sich werben müssen, können sie durchaus versucht sein, Bekanntes in spektakulärer Weise zu vermarkten. In Deutschland sind die Verhältnisse anders, die Germanistik überläßt die Pflege des Alltagsverstands noch weitgehend den Massenmedien. Unter den wenigen Wissenschaftlern, die Fuegi öffentlich Paroli boten, war Jan Knopf, einer der Herausgeber von Brechts Werken in der *Großen Kommentierten Frankfurter und Berliner Ausgabe*. Er zeigte anhand eines in katastrophaler Grammatik verfaßten Briefes von Ruth Berlau[5] auf, daß zumindest diese Freundin Brechts für endgültige Textfassungen nicht zuständig gewesen sein kann.[6] Aber die Zeitschrift *Konkret* hat natürlich nicht dieselbe Ausstrahlung wie die *Bildzeitung*, die prompt fragte: »*War Bertolt Brecht ein Schwindler?* Verdacht: Seine Geliebten schrieben seine Werke. [...] Frauen lieben es, sich hinzugeben.«[7] Jörg von Uthmann stellte in der *Frankfurter Allgemeinen* fest: »Besonders, wenn es um Geld ging, nahm es der Hohepriester des Kommunismus mit jedem kapitalistischen Räuberbaron auf. Von den Tantiemen der Dreigroschenoper erhielt Kurt Weill nur ein Viertel. Die eigentliche Autorin Elisabeth Hauptmann wurde mit einem Achtel abgefunden.«[8] Hellmuth Karasek rückte im *Spiegel* allerdings einiges zurecht, indem er bei Fuegi den »Eifer einer spießigen Political Correctness« kon-

statierte und die »Lust eines Schlüssellochvoyeurs an schmutziger Wäsche«[9].
Hinsichtlich Elisabeth Hauptmanns stellt Fuegis Buch indes nur die Zuspitzung eines bestimmten, durch andere Darstellungen bereits vorgeformten Bildes dar. Es wurde entscheidend geprägt durch die Anfang der sechziger Jahre entstandene Erzählung *Avantgarde* von Marieluise Fleißer.[10] Hier wird die Begegnung zwischen einem Autor, dessen reales Vorbild zweifellos der frühe Brecht war, und einer Frauenfigur geschildert, in die Erlebnisse der Fleißer selbst und Elisabeth Hauptmanns mit Brecht eingearbeitet sind. Der Schriftsteller tritt als Liebhaber und literarischer Förderer auf, nimmt sich aber das Recht weitgehender Umformung ihrer Arbeiten heraus. Die Frau erkennt am Ende nicht mehr ihr Werk und nicht mehr sich selbst. Ihr bleibt nur Flucht in den Tod oder Flucht in die Provinzstadt, aus der sie einst hoffnungsvoll ausgezogen war. Diese Geschichte wurde autobiographisch oder biographisch interpretiert, je nachdem, ob die Kritik die dargestellte Frau mit der Fleißer selbst oder mit der Hauptmann identifizierte. Wirklich wichtig schien nur das sehr negative Bild von Brecht. Unbeachtet blieb der literarische Charakter der Erzählung und die selbstkritischen Äußerungen der Fleißer über ihr Zerwürfnis mit Brecht. Als die Fleißer der Hauptmann die Erzählung 1963 zusandte, schrieb sie dazu, daß in die sehr kritische Sicht auf Brecht »etwas von der Bitterkeit meiner zweiten Lebenshälfte hinübergeflossen« sei. »Ich hoffe, die trotzdem schönen Jahre werden Ihnen wieder lebendig werden.« Elisabeth Hauptmann antwortete: »Die beiden Memoiren-Teile habe ich mit ganz grosser Wucht und Eile durchgelesen [...]. Die Geschichte der Selbstverleugnung über Jahre und ihre grausigen Folgen ist unvergeßbar.« Hauptmann zeigte also Betroffenheit, ließ aber wohlweislich offen, ob sie sich selbst in der Frauenfigur wiedererkannt hat.[11]
Das in *Avantgarde* gezeichnete literarische Bild wurde bei Ute Wedel in theoretische Sicherheit überführt: »(Potentiellen) Literatinnen wies Brecht, der sich hier im Einklang mit einer patriarchalisch organisierten Gesellschaft und ihrer Rollenzuweisung an Frauen befindet, die Rolle literarischer ›Mit‹ - Arbeiterinnen zu. Das, was diese (dann:) Mitarbeiterinnen (an

eigener Produktion) mit *ihm hätten austauschen können*, wurde von Brecht bereits im Keim erstickt.«[12]
Diese Position arbeiten auch zwei neuere Arbeiten von Astrid Horst[13] und Paula Hanssen[14] speziell zu Elisabeth Hauptmann heraus. Sie haben aber das Verdienst, konkrete Anteile der Hauptmann in Brechts Werk anhand von Archivmaterialien aufzuzeigen. Wenn man die Ergebnisse mit Fuegis Behauptungen konfrontiert, ist die Ausbeute der Nachforschungen von Hanssen und Horst allerdings eher bescheiden. Bei ihrem Unterfangen stoßen sie durch die Arbeitsweise des Brecht-Kollektivs schnell an Grenzen. Übersetzungen, Ideen, gemeinsam erstellte Texte wurden – auch von Brecht selbst – oft sofort in die Schreibmaschine gegeben, die so entstandenen Blätter rasch wieder zerschnitten und in neuer Anordnung aufgeklebt, manchmal abfotografiert, um bald erneut abgetippt zu werden. Dabei verlor das persönlichkeitsbezogene Urheberrecht – wie es das Bürgerliche Gesetzbuch definiert – tatsächlich an Trennschärfe.
Erstaunlich an den bislang zitierten Arbeiten erscheint mir vor allem, daß auf Grund sehr weniger oder gar keiner autobiographischer Dokumente über die damalige Befindlichkeit der Hauptmann dennoch ein klares Bild davon suggeriert wird. Nicht nur Fuegi geht ausschließlich von der weiblichen Verinnerlichung einer patriarchalen Domptur Brechts aus. Durch magische männliche Ausstrahlung habe er die künstlerische Kreativität der Hauptmann – wie auch der späteren Mitarbeiterinnen – rücksichtslos ausbeuten können. Das tatsächlich vorhandene Problemfeld wird ausschließlich im privaten Raum vermutet und wie eine Art Kammerspiel bis hin zu der Frage analysiert, ob die beteiligten Personen ihren – von Fuegi auf Regenbogenpresse-Niveau definierten – Glücksanspruch verwirklichen konnten. Da fällt wie von selbst die andere Frage unter den Tisch, ob Elisabeth Hauptmann, Margarete Steffin[15] und Ruth Berlau als politisch links stehende Künstlerinnen überhaupt Alternativen zu mehr Selbstverwirklichung in einer Welt hatten, die sich immer stärker dem Faschismus öffnete? Oder später als Exilantinnen in fremden Kulturen?
Daß feministisch orientierte Literaturwissenschaft einen feministischen Wertungsmaßstab setzt, ist selbstverständlich.

Aber welchen? Gibt es nur einen? Fuegi erhebt die Rechte und Pflichten der bürgerlichen Ehe zum Glücksmaßstab für Brechts Mitarbeiterinnen, wonach dem Mann die Hauptverantwortung für materielles und sexuelles Wohlergehen der Frau zukommt. Die Wertungsmatrize von Horst und Hanssen ist dagegen ein von heutigen Vorstellungen intellektueller Frauen geprägter Gleichheitsfeminismus. Darf aber ein auch heute noch nirgends verwirklichtes Ideal als Wertungsmaßstab auf einen bereits historischen Gegenstand projiziert werden? Aus solcher Optik kann man nur noch streiten, ob Elisabeth Hauptmann eher als Opfer der patriarchalen Gesellschaft oder eines patriarchalen Individuums zu sehen ist. Neuere feministische Ansätze – z. B. die von Judith Butler[16] – gehen davon aus, daß Emanzipation in jeder Zeit, in jeder Kultur und auch in jeder Gesellschaftsschicht etwas sehr Verschiedenes bedeuten kann. Aus historisch differenzierendem Blickwinkel kann Elisabeth Hauptmann als eine Pionierin jener Frauengeneration nach dem Ersten Weltkrieg betrachtet werden, die mit der Erringung des Wahlrechts sowie neuen Möglichkeiten der Berufsausübung und des politischen Engagements auch sexuelle und künstlerische Emanzipation leben wollte. Frei von Schmerz und Enttäuschung konnte so ein vollkommen neuartiges Frauenleben nicht sein. Aber es war sicher weder unglücklicher noch frustrierender als das einer im bürgerlichen Wertesystem verharrenden Frau.

Beim Ansatz von Wedel/Horst/Hanssen/Fuegi stört mich, daß gerade solche Avantgardistinnen wie Elisabeth Hauptmann als passive Objekte, nur als Opfer einer privaten Beziehung betrachtet werden. Die Grenzen, an die sie in ihrem Wunsch nach Entfaltung recht bald stießen, waren aber weitaus mehr von widrigen gesellschaftlichen Bedingungen als von der Macht eines einzelnen Mannes gesetzt.

Auch der zurückhaltende und scheinbar bescheidene Charakter Elisabeth Hauptmanns wird vor allem mit Unterwerfung durch Brecht in Zusammenhang gebracht – so suggeriert es z. B. auch der Titel von Hanssens Arbeit *Brechts silent collaborator*. Daß ihre Haltung auch von den spezifischen Bedingungen der Gesellschaften geprägt war, in denen sie – ohne Preisgabe ihrer Ideale – ihr Leben verbrachte, spielt keine oder nur eine sehr untergeordnete Rolle. Aber noch ehe ich versuchen will, dieses historische Terrain genauer zu bestimmen, ist im Falle Hauptmann zu konstatieren, daß ihr Leben nicht nur von ihrem Verhältnis zu Brecht, sondern auch zu einer Reihe anderer Männer geprägt war, denen ebenfalls Verantwortung anzulasten wäre – wenn Verantwortung denn als ganz privat aufgefaßt wird.

Es war aber nicht nur weibliche Sozialisation, die Elisabeth Hauptmann dazu bewog, sich so klein und unsichtbar wie möglich zu machen. Während des stärker werdenden Faschismus in Deutschland und später in der amerikanischen Emigration wurde es zu einer Notwendigkeit des Überlebens für sie, wesentliche Teile ihrer Persönlichkeit hinter der Damenhaftigkeit einer ›nicht weiter auffälligen Sekretärin und Lehrerin‹ zu verbergen. Unter Vortäuschung dieser reduzierten Identität konnte sie aus faschistischer Haft entkommen und sich in den USA einen Job an einem College erobern. Auch ihre Rolle als Brecht-Editorin in beiden deutschen Staaten war in zweifacher Hinsicht politisch heikel und konnte nur durchgespielt werden, wenn sie sich weiterhin der Disziplin eines äußerlich perfekten Opportunismus unterwarf. Auch hier war die Rolle einer ›nicht weiter auffälligen Sachbearbeiterin‹ angebracht – und übrigens nicht von Brecht, sondern von den Verlagen auch ausdrücklich gewünscht.

Ein ausgewogenes Urteil über Elisabeth Hauptmann fand ich bislang nur in dem kurzen Abschnitt, den ihr Gerda Marko gewidmet hat: »Ihre Chancen, als Frau vom Schreiben leben zu können, waren zu dem Zeitpunkt, als sie die Entscheidung hätte treffen müssen, äußerst gering. Dennoch läßt nichts in ihrem Leben darauf schließen, sie habe resiginiert auf Berufsträume verzichtet oder sei durch Brecht von der Verwirklichung eigener Ziele abgehalten worden. Diese kluge, selbstbewußte Frau erfaßte deutlich den Unterschied zwischen Genie und Talent und zog es vor, im Arbeitsprozeß Brechts unentbehrlich zu sein, als mit eigenen Werken an die Öffentlichkeit zu drängen, ohne möglicherweise den Qualitätsanspruch zu erfüllen, den sie an Brecht geschult hatte. Es hieße, ihre selbstbewußte Unterordnung banalisieren durch den Verdacht, sie habe nicht freiwillig ihren Platz gewählt.«[17]

Elisabeth Hauptmann ist für die große Zurückhaltung bekannt gewesen, sich über ihre Anteile am Werk und ihre Beziehungen zu Brecht selbst zu äußern. Der enorme Arbeitsaufwand, den ihr die Brecht-Edition bis an ihr Lebensende abverlangte, machte die Hoffnung zunichte, wenigstens in den letzten Jahren noch eigene literarische Pläne anzugehen. Auch das öfter wiederholte Angebot des Suhrkamp Verlages, ihre Erinnerungen an Brecht zu publizieren oder wenigstens auf das ihr zu diesem Zwecke überlassene Diktiergerät zu sprechen, nahm sie nicht wahr.[18] Ihr Kollege Werner Hecht[19] berichtet, daß sie böse werden konnte, wenn man ihr ein allzu privates Detail entlocken wollte. Und sie bestand sogar darauf, daß er ihren Namen bei der Edition von Brechts *Arbeitsjournal* tilgte – was zu ihren Lebzeiten dann auch geschah. Einem anderen Kollegen, Hans Bunge[20], der mit Ruth Berlau ausführliche Tonbandgespräche führte[21], war es nie gelungen, Elisabeth Hauptmann ebenfalls dazu zu bewegen. Es ist deshalb schwer vorstellbar, daß sie Fuegi, der sie seit 1966 öfter sprach[22], in einer Art über die angebliche Ausbeutung durch Brecht erzählt haben soll, die ihn zu seinen Schlußfolgerungen berechtigt. Elisabeth Hauptmann war äußerst mißtrauisch gegenüber politischen oder auch nur künstlerischen Gegnern – eine Haltung, die sie in der Illegalität während des Faschismus, aber auch in den USA entwickelt hatte. Eric Bentley schreibt: »›Sie kann nicht sagen ‚Es regnet' ohne über die Schulter zu gucken, um festzustellen, ob J. Edgar Hoover[23] mithört.‹ [...] Eine Feststellung, die Elisabeth Hauptmann eigentlich nicht mehr zur Unehre gereicht, seit wir [...] wissen, daß J. Edgar Hoover im allgemeinen *tatsächlich* mithörte. Doch Paranoia bleibt Paranoia, auch wenn sie begründet ist.«[24]

Wegen ihrer Arbeitsbelastung konnte und wollte sie gerade am Ende ihres Lebens nicht mehr die vielen Brechtforscher empfangen, die aus allen Teilen der Welt zu ihr als authentischer Quelle strömten. Am 18. Juni 1970 teilt sie Siegfried Unseld[25] mit, daß sie sich am Ende des Monats in ihr kleines Landhaus nach Eggersdorf zurückziehe: »[...] da ist kein Telephon und da kommen keine Touristiker ›vorbei‹, besonders aus den USA, die diesen Sommer wieder Germanisten in hellen Haufen liefern.«[26]

Der tiefste Grund, daß sich Elisabeth Hauptmann auch im Alter nur in von ihr selbst gesetzten engen Grenzen über Brecht äußern wollte, war sicher politischer Natur. Niemand als sie selbst wußte besser, daß gerade die wichtigsten Seiten von Brechts Kunst in der DDR nur eine kryptische Heimstatt gefunden hatten. Und sie waren – trotz der imposanten Verkaufszahlen – auch in der offiziellen Bundesrepublik nicht gerade willkommen. Die Brecht-Edition war insofern auch eine Frage der Dosierung von politischen Unerhörtheiten Brechts, die in beiden deutschen Gesellschaften gerade noch akzeptiert werden konnten. Um die Edition überhaupt vorantreiben zu können, erschien es Elisabeth Hauptmann aber notwendig, sie von einigen politischen und vor allem den privaten Problemstellungen abzuschirmen.
Wohl war Brecht 1972 bereits inkorporierter Bestandteil der offiziellen DDR – aber nur mit einem eigentlich recht kleinen Teil des Werks, eben dem, der als relativ systemkonform gelten konnte. Daß das Werk auch einiges – womöglich sogar viel – Nichtkonformes enthielt, war interessierten Intellektuellen bewußt. Es war damals eine Strategie vor allem Werner Mittenzweis[27], unter Ausnutzung des offiziellen Prestiges Brechts auch bislang außen vorgelassene künstlerische und philosophisch-politische Werkteile an die Öffentlichkeit zu bringen. Dabei ging es nicht nur um Brecht selber, sondern um den reformistischen Versuch einer Dehnung, d. h. Liberalisierung der vom Parteiapparat gegängelten Kulturpolitik. Ein wichtiges – und schließlich erreichtes – Ziel, war die mit Brechts Ästhetik mögliche Zurückweisung des Kunstdogmas eines »positiven Helden« als für das Publikum angeblich notwendige Identifikationsfigur.

Als der Medienrummel um Fuegi seinen Höhepunkt erreicht hatte, machte mich der Regisseur Karlheinz Mund aufmerksam auf die umfangreichen Gespräche mit Elisabeth Hauptmann, die im Zusammenhang seines 1972 über sie gedrehten Films *Die Mit-Arbeiterin*[28] geführt worden waren und zwar hauptsächlich von den Autoren des Films, Rolf Liebmann und Wolfgang Gersch, aber auch mit ihm. Er regte mich an, die nur teilweise der Öffentlichkeit bekannten Tonbandaufnahmen publizistisch auszuwerten.

Beim Abhören der Bänder war ich sofort von Elisabeth Hauptmanns Stimme beeindruckt. Die Ruhe und Souveränität, die sie ausstrahlte, gehörten nicht jenem verbitterten – weil zu kurz gekommenen – weiblichen Wesen an, das die Literatur über sie oft suggeriert. Natürlich konnte sie 1972 eine positivere Bilanz ihrer zeitweise symbiotischen Nähe zu Brecht ziehen, als es während des direkten Erlebens immer möglich gewesen war. Die Herausgabe des in einigen Teilen gemeinsamen Werks hatte ihr zweifellos auch ein Gefühl von Macht gegeben gegenüber diesem Werk und auch seinem ehemaligen Organisator, Brecht.

Aber auch der Inhalt der Gespräche faszinierte mich. Daß die privaten Details, die dem Film noch gefehlt hatten, hier durchaus anklangen, gehörte noch zu den geringsten Überraschungen. Es war mir unerklärlich, wieso die (mangelhaften) Mitschriften der Tonbänder zwar von diesem oder jenem Brechtbiographen benutzt worden sind, niemand aber je an die Publikation der Tonbänder selbst gedacht hat. Denn sie stellen nicht mehr und nicht weniger als die authentischste und ausführlichste aller Quellen über die kollektive Arbeitsweise Brechts dar.

Wie nun aber erklärt sich die anderen verweigerte, Liebmann, Gersch und Mund 1972 aber dann doch gewährte große Gesprächsbereitschaft der Hauptmann? In einem Brief vom 30. Mai 1972 an Siegfried Unseld schreibt sie noch: »Leider habe ich mich darauf eingelassen – in Unkenntnis, daß das auch von mir viel Kraft und Zeit verlangt und nicht nur von dem DEFA/Fernsehteam –, also ich hab mich darauf eingelassen, daß die ein Portrait von mir zusammenmontieren. Das belastet mich ganz schön. Das kommt Gottseidank erst im Herbst.«[29]

Ihre damalige Gesprächsbereitschaft mag mit dem Wissen der Krebskranken zusammengehangen haben, daß sie bald sterben würde und es sich nun wohl um die letzte Gelegenheit handelte, das Schweigen zu brechen. Auch war ihr bewußt geworden, daß das Terrain Brecht zunehmend von Leuten besetzt wurde, die keine oder kaum Erfahrung direkter Zusammenarbeit mit ihm hatten. Konfrontiert mit der Frage, weshalb sie keine Erinnerungen an Brecht publiziert hätte, antwortete

sie den Filmern: »Ja, ja – es wäre, ja sicher wäre das vielleicht ganz wichtig gewesen. Aber das habe ich nicht geschafft. Ich habe ab und zu was aufgeschrieben, was mich interessierte. Aber das nun alles jetzt zusammenzubringen in eine Form – so weit bin ich noch nicht gekommen. Doch, doch, man hat mich gefragt danach. Und da wär auch manches sehr wichtig gewesen und sehr vieles, was ich dann besprochen habe mit anderen. Das seh ich dann bei anderen gedruckt, und dann ist es manchmal auch nicht ganz genau, wie es war. Und dann denk ich, Gott – hättest du es eigentlich lieber selber geschrieben! [...] Es war so, daß ich, so lange ich die Sachen vom Brecht so im Kopf hatte und jetzt auch noch habe, eigentlich den ernsthaften Versuch aufgeben mußte, selber was zu schreiben, zu gestalten. Das erfordert ja auch eine Konzentration und auch eine Kraft, [...] die ich nicht immer gehabt habe, in den letzten 10 Jahren [...].«
Die Tonbänder mit den Gesprächen von 1972 gehören zu dem der Akademie der Künste der DDR übereigneten Nachlaß der Hauptmann, der jetzt von der Stiftung Archiv der Akademie der Künste, Berlin, betreut wird. Die Bänder haben noch nie das Interesse der Wissenschaft oder eines Verlages gefunden. Auch Fuegi, Hanssen und Horst, die einen Teil dieses Nachlasses genutzt und auf ihre Weise interpretiert haben, bezogen sie nicht mit ein. Mir scheint aber, daß zur Aufhellung der Verhältnisse zwischen Brecht und seinen Mitarbeiterinnen vor allem deren Selbstzeugnisse heranzuziehen sind.

Obgleich kein anderer Autor die kollektive Arbeitsweise so bewußt zum Grundprinzip erhoben hat wie Brecht, stellen kollektive Autorschaft und Intertextualität- d. h. Textbezüge zu Texten anderer Autoren – für die Literaturwissenschaft schon lange keine ehrenrührigen, sondern durchaus gängige Tatbestände dar. Wenn Fuegi sie noch einmal zum Skandal erklärt, geht es ihm also nicht um einen wissenschaftlichen Beitrag, sondern um ein ideologisches Projekt im Rahmen der neoliberalen Werteoffensive. Das erfordert eine qualifizierte Auseinandersetzung, zu der bislang vor allem Literaturwissenschaftler aus den USA beigetragen haben. Bemerkenswert erschien mir die Forderung von Angelika Führich (University of Iowa), den Anteil von Elisabeth Hauptmann und den anderen Mitarbeiterinnen am Brechtschen Werk nicht nur in Prozentzahlen zu ermitteln, sondern sie in Zukunft sowohl als eigenständige Autorinnen als auch als Mit-Autorinnen ernst zu nehmen, ihnen vor allem endlich ein eigenes Profil in der Öffentlichkeit zu geben.[30] Damit rührt Führich an einen weiteren Schwachpunkt aller bisherigen Betrachtung des Mitarbeiterinnen-Problems im Rahmen der Brecht-Rezeption: Nicht nur die Wissenschaft, sondern auch Verlage und Medien haben es bis Ende der achtziger Jahre weitgehend abgelehnt, eigenständige Werke der Mitarbeiterinnen zu bearbeiten oder gar zu publizieren. Auf meiner Suche nach Publikationsmöglichkeiten für die Tondokumente der Hauptmann bestätigte sich erneut, daß Brechts Mitarbeiterinnen auf dem Buchmarkt als eigenständige Autorinnen nicht willkommen sind. Im Windschatten dieser Ablehnung werden sie dann aber zu Projektionsflächen phantasievoller Interpretationen der mittlerweile berühmten sexuellen Gewalt, mit der sich Brecht die kreativen Fähigkeiten der Frauen angeeignet haben soll. Bislang sind die Namen Hauptmann, Steffin und Berlau fast nur in diesem Sinne zu vermarkten gewesen.

Es ist von nicht geringem Interesse, daß Elisabeth Hauptmann in ihrem Testament verfügte, ihr Nachlaß solle nicht dem Brecht-Archiv, sondern der Akademie der Künste übergeben werden. So großzügig sie ihre Arbeitskraft Brechts Werk zur Verfügung gestellt hatte, so wollte sie offenbar doch, daß ihre eigenen Anteile daran nachvollziehbar blieben. Sie wußte, daß die Nachwelt zunachst kein Interesse haben würde, den kollektiven Charakter des Brechtschen Werkes zur Kenntnis zu nehmen. Denn für Instrumentalisierungen jeglicher Art war es praktischer, ihn in die Tradition der einsamen Genies einzureihen. Aber die Überführung ihres Nachlasses ins Brecht-Archiv ist schon lange in der Diskussion. Ihre Briefe an Walter Benjamin wurden bereits ans Adorno-Archiv verkauft. Darin lassen sich dieselben patriarchalen Verwaltungs- und Verwertungsprinzipien erkennen, die die kreative Eigenständigkeit der Hauptmann auch im Leben wahrscheinlich mehr behindert haben als Brecht. Die dennoch sinnvolle Zusammenlegung von Archiven gerade auch im Falle Brecht wäre nur gerechtfertigt,

wenn das Werk auch in der Öffentlichkeit stärker als kollektives wahrnehmbar gemacht würde.
Mit dieser Arbeit will ich die kollektive Form des Produzierens bei Brecht aus dem Blickwinkel der Elisabeth Hauptmann nachvollziehbar machen. Im Vordergrund sollen ihre Selbstaussagen stehen. Als Quellen benutze ich dafür neben den Tonbandaufnahmen der Gespräche mit den Filmern von 1972 auch Briefe und Aufzeichnungen aus dem Nachlaß der Hauptmann. Tagebuchartige Notizen, die sie 1926, im zweiten Jahr mit Brecht, gemacht hat, werden erstmals vollständig publiziert. Die Wertungsprinzipien, die natürlich auch dieser Arbeit zugrunde liegen, sind die des historisch und soziologisch argumentierenden Differenzfeminismus. Das bedeutet, auch nach den Produktionsbedingungen von Texten zu fragen – freilich nicht nur nach den zwischenmenschlichen, sondern auch nach den allgemeinmenschlichen, das heißt den gesellschaftlich bedingten. Da Brecht selber den kollektiven Charakter seines Werks durchaus öffentlich machte, muß der Blick auf die Mechanismen gelenkt werden, die die öffentliche Wahrnehmung dieses Sachverhalts verhindert haben.
Das kollektiv erstellte Werk betrachte ich nicht nur aus der juristischen Perspektive der gegenwärtigen Gesetze des Copyrights und seiner von Fuegi mit erstaunlicher Konkretheit phantasierten Folgen für die Mitarbeiter. Dem ist nicht nur entgegenzuhalten, daß weder die intellektuellen noch die Ströme von Geld, die zwischen Brecht und den Mitarbeitern geflossen oder nicht geflossen sind, exakt anhand der erhalten gebliebenen Verträge oder Rechnungen ermittelt werden können. Es ist auch herauszuarbeiten, daß Brechts Werk über lange Strecken gar nicht warenförmig war. Aufführungen und Publikationen sind bis über seinen Tod hinaus extrem von politischen Wetterlagen abhängig gewesen. Wenn das gemeinsame politische Engagement ein Grund für Zusammenarbeit war, so mußte diese zugleich von allen Beteiligten von vornherein als Risiko verstanden werden, aus dem zunächst ein anderer als ein materieller Gewinn zu ziehen war. Ist da nur Sex vorstellbar? Auf ideeller Basis arbeiten seit eh und je auch alle politischen Parteien oder Glaubensorganisationen, die die von ihnen vorgefundene Ordnung der Welt verändern wollen.

Im Vordergrund dieser Arbeit steht aber weder der Kommunismus Brechts noch der etwas andere Kommunismus der Elisabeth Hauptmann. Was sie einmal persönlich erstrebt und nicht erreicht hat, war nicht nur an ihre kommunistische Utopie gebunden. Heute streben mehr Frauen als damals, Frauen aller Kulturen und Gesellschaftssysteme, durchaus ähnliches an. Am Fall der Hauptmann läßt sich aber exemplarisch zeigen, daß Political Correctness in den Privatbeziehungen der Geschlechter nicht ausreichen wird, um die Präsenz der Frauen in Öffentlichkeit und Kultur als Selbstverständlichkeit durchzusetzen.

Vom westfälischen Peckelsheim nach Berlin

Bekanntschaft mit Brecht

Mit zwei Füßen noch im letzten Jahrhundert sei sie geboren, erzählte Elisabeth Hauptmann 1972 den Filmern, »an einem Ort, den sich zum Beipiel der Brecht nie [...] merken konnte und wobei er immer lachen mußte. Womit er der Post sehr viel zu tun gab, das muß ich mal sagen. Ich fuhr in den Urlaub dorthin, und dann wollte er mir schreiben oder ein Telegramm schicken oder was, und dann hat er sich nie erinnert, und er hat es immer falsch geschrieben. Und sein letztes Sich-Lustig-Machen passierte in *Pauken und Trompeten* [...]. Da gibt es zwei Bauernburschen, die als Soldaten angeworben werden, und die stammten aus – das war Brechts Vorschlag – Mickelsburry und Pickelwood. Und das war in Erinnerung an Peckelsheim. Er konnte es sich nicht merken, und ich habe es ihm nicht übelgenommen. Es konnte sich kein Mensch merken.«

Weil es nur eine kleine Dorfschule gab, bekamen die Eltern die Erlaubnis, Elisabeth Flora Charlotte und die Geschwister selbst zu unterrichten. Die Mutter, in Amerika geboren, vermittelte ihnen früh beste Englischkenntnisse, aber auch musische Fähigkeiten, darunter literarische Interessen. In *Julia ohne Romeo* findet sich ein Text über *Leseerlebnisse im Elternhaus*.

» [...] ich erinnere mich haargenau an mein erstes Lieblingsbuch und an meinen Lieblingsleseplatz. Es war ein kleines altmodisches, rot eingebundenes Buch mit kurzen Gedichten, die mit vielen kleinen Vignetten verziert waren. Eine Vignette bestand aus einer aufgehenden Sonne mit einem Blütenzweig daneben, auf dem ein Vogel saß. Das dazugehörige Gedicht versuchte ich tagelang herauszukriegen, dadurch lernte ich lesen, ich muß etwa vier bis fünf Jahre alt gewesen sein. Ich saß dann im Halbdunkel auf der obersten Treppe zum Boden, ge-

nau auf der dritten Stufe von der Bodentür. [...] Meine Mutter hielt darauf, daß wir zu Weihnachten und Geburtstagen Bücher geschenkt bekamen, und jedes einzelne wuchs mir derart ans Herz, daß ich es später lange nicht verwinden konnte, als ich einmal in den Ferien nach Hause kam und die Bücher verschwunden waren. [...] Das fette kleine weißliche, leinengebundene Buch mit *Eulenspiegel, Münchhausen, Reineke Fuchs,* und *Don Quichote* waren unersetzbar. Schwabs *Sagen des Altertums* ebenfalls. Ich kannte jede Seite, fast jeden Buchstaben. Aus allen Büchern hatte ich, wo es nur ging, die Illustrationen herausgerissen. Ich konnte sie nicht leiden, weil sie mir etwas vorwegnahmen, was ich mir selber ausdenken wollte. Alle meine Bücher waren, wie man mir immer wieder vorhielt, ›verschmiert‹. Wo nur ein kleiner freier Fleck war, zeichnete ich etwas hin. Genauso unglücklich, wie ich über illustrierte Bücher war, war ich über ›ausgewählte‹ Erzählungen, über die ›schönsten‹ Gedichte. Da griff jemand in mein Recht ein, selber auszuwählen, selber zu bestimmen, was schön war.«
Auf dem Boden fand die kleine Elisabeth auch noch die »Romanbibliotheken« des Großvaters, »hunderte von Bänden und Bändchen in jeder Farbe, meistens aus den achtziger Jahren, und gebundene Jahrgänge der *Meggendorfer Blätter*, der *Fliegenden Blätter*, des *Simplicissimus, Über Land und Meer, Velhagen und Klasings Monatshefte, Westermanns Monatshefte*, und viele Einzelbände und Hefte.«[1]
Nicht nur zur Literatur hatte die Hauptmann schon als Kind einen sehr selbständigen Zugang. 1972 erzählte sie, daß sie auch Klavierspielen lernte. Sie wollte eine Zeitlang sogar Pianistin werden. »Theateraufführungen«, berichtete sie 1972, »haben wir schon als Kinder gemacht. Da haben wir auch die ganze Wohnung umgeräumt, fast demoliert, um Schiffe zu bauen und dann große stürmische Seefahrten zu unternehmen oder selbstverständlich Prinzessinnen und Könige usw. [zu spielen], die Kleiderschränke durcheinandergewühlt.«
Nach ersten literarischen Vorlieben befragt, sagte sie: »Mein Weg ging zunächst nur über den Inhalt. Mich haben Leute interessiert, über die geschrieben wurde, Vorgänge, und ich glaube, zunächst war mir gar nicht klar, wie gut oder wie weniger gut das geschrieben war. Es mußte wahrscheinlich span-

nend sein. Aber wie Spannung erzeugt war und wie die Vorgänge und Personen, für die ich mich interessierte, und die ich bis zum Schluß durch Lesen verfolgte – wie das zustandegekommen war durch mehr oder weniger gutes Schreiben, das konnte ich so gar nicht sagen. Aber als ich mich dann selbst mal so hinsetzte und Gedichte schreiben wollte, wie das sehr viel junge Leute tun, da habe ich mir doch mal überlegt: wie kriegt man das rein, daß auch andere eventuell Spaß dran haben? Aber das war alles noch sehr unvollkommen. Dann hatte ich eine ganz große Zeit des Rilke-Lesens, eine lange Zeit. Das hatte ich, glaube ich, von einer Freundin übernommen, ich weiß es aber nicht. Ich war nur so auf Rilke erpicht, daß ich damals an den Leipziger Insel Verlag schrieb, ich würde gern schon einen Umbruch haben, ich könnte nicht so lange warten. Und das fand ich ganz enorm, das ging mir ins Ohr, das konnte ich auswendig [...]. Das war sehr musikalisch. [...] Ich glaube, da habe ich den Inhalt mitgefressen durch die sehr eingehende Sprache.
Und diese Zeit habe ich dann gründlichst überwunden. Aber ich habe dann sehr viel durcheinander gelesen, das eine mochte ich und jenes mochte ich nicht. Prosa: Storm mochte ich, Keller mochte ich. Dann hatte ich sehr viele Gedichtbücher [...]. Damals liebte ich sehr Liliencron. Und der wirkliche, bewußte Versuch, dahinter zu kommen [wie man schreibt], glaube ich, setzte erst ein, nachdem ich Brecht kennengelernt hatte.«
Zuvor hatte sie auch schon ein Tagebuch geführt, »aber das ging dann verloren und das wurde dann ausgerechnet von denen gefunden, über die ich sehr viel da reingeschrieben hab, und das war mir so schrecklich, daß ich's dann lange unterlassen hab. Aber dann hatte ich mal was geschrieben, kurz eh ich Brecht traf, das ist auch bekannt – aber nicht gefunden – diese kurze Sache für die Zeitung. Nun ja, dann habe ich es immer wieder zwischendurch versucht.«
Gedichte, die von kitschigen Vignetten eingerahmt waren, später Rilke und Liliencron – Else Hauptmanns erste literarische Leidenschaften waren Antipoden von Brecht.[2] Und auch in der Schule war sie in eine geradezu entgegengesetzte Richtung geführt worden: »Wir hatten einen Deutschlehrer, der sich für ein sprachliches Genie hielt und bei dem die Wörter ›haben‹ und

›sein‹ und ›sagen‹ verpönt waren. Man konnte also nicht sagen: Die Tapete ist weiß mit roten Blumen. Der würde gesagt haben – ich kann es nur ganz grob machen, er hat das ja viel blumiger gemacht –: Da lachte einen eine weiße Tapete an, auf der dann noch Blumen strahlten. Es mußte alles übersetzt werden, Sie kennen das. Oder: Da bog sich ein kleiner Biedermeiertisch ängstlich neben einem mächtig ausladenden Renaissanceschrank, der da auftrumpfte, usw. Es wurde alles mit Verben verbunden, die man sonst nur auf den Menschen anwendet. Ich hatte dann später mal ein langes Gespräch mit Brecht über solche Sachen. Da hatten auch einige auszusetzen, daß er sehr viel ›haben‹ und ›sein‹ gebraucht und sehr viel ›sagen‹ [...]. Ich glaube so eine leichte Kritik an Brecht in dieser Richtung kam mal von Döblin, genau gegen dasselbe: ›haben‹, ›sein‹ und ›sagen‹.«[3]

Ihre ältesten Bücher sind mit Else Hauptmann gekennzeichnet. Wann sie diesen Rufnamen abgelegt hat, ist nicht bekannt. Zwischen 1912 und 1918 absolvierte sie eine Lehrerinnenausbildung in Droyssig bei Zeitz. Bis 1922 arbeitete sie als Lehrerin in einem Lyzeum in Linde, Kreis Flatow, in der »Grenzmark«, der damaligen deutsch-polnischen Grenze. Aber sie war auch zeitweilig Hauslehrerin auf dortigen Gütern.

Die Lehrerinnenlaufbahn gab Frauen zur damaligen Zeit zwar die Möglichkeit finanzieller Autonomie, verpflichtete sie aber zugleich zu einem lebenslangen Zölibat. Eine Lehrerin durfte nicht heiraten – oder mußte ihren Beruf aufgeben. Eine solche Perspektive wurde für die Hauptmann offenbar schnell unattraktiv. Sie wollte kein Zölibat, wollte sich weiter bilden, studieren, vielleicht auch literarisch tätig werden. Es zog sie in die Kulturmetropole Berlin. 1972 erzählte sie, wie sie sich zunächst von den Fassaden der Großstadt einschüchtern ließ: »Ich war vorher nur einmal in Berlin gewesen, meine Schwester war hier [...]. Und ich erinnere mich – sie wollte mir Berlin zeigen –, wir gingen den Kurfürstendamm entlang. Da hab ich sie immer von der Seite angeguckt und hab mir gedacht, das ist doch gar nicht möglich, die ist doch jetzt schon ein paar Jahre in Berlin und sieht eigentlich unverändert aus. Das muß doch einen Eindruck machen, der sich auch im Ge-

sicht ausdrückt, wenn [es] so anders ist [als] auf dem Land. Ich war ja eigentlich nur auf dem Land gewesen, vorher. [...]
Ja, meine Mutter, die mich an und für sich hätte zurückhalten sollen, weil sie etwas krank war, die war sehr einverstanden. Für die konnten wir eigentlich nicht weit genug gehen, auch an die entlegensten Orte. Sie hat gesagt: Ihr könnt jederzeit zurückkommen. Wenn euch was passiert, sagt es nur, macht keine Dummheiten! Und wenn ihr Dummheiten macht, kommt erst recht zurück und sagt es. – Weil sie selbst sehr viel gereist war, wahrscheinlich. Und sie hatte auch gern, wenn man ihr etwas erzählte. Mein Vater war – hauptsächlich, weil meine Mutter krank war – gar nicht dafür.«
Der Vater wollte ihr das Studium in Berlin nicht finanzieren. 1922 vollzog die Hauptmann den risikoreichen Schritt in die Hauptstadt aber trotzdem. Sie träumte vom großen Leben. Sie wollte »Reisen machen, enorm viel Reisen machen, weite Reisen machen. Als ich dann nach Berlin kam – was ja nun eigentlich schon ein wichtiger Schritt war, den ich so unternahm [...] –, war es eine Zeit einer großen Wohnungsknappheit, nach dem Ersten Weltkrieg. Ich dachte immer: Was müssen das für Übermenschen sein, die im Besitz von Wohnungen, und vor allen Dingen von Atelierwohnungen sind! Eine Atelierwohnung war für mich überhaupt das Nonplusultra. So bescheiden wurde ich dann wieder – im Gegensatz zu den ganz großen Reisen, die ich machen wollte. Aber das hat sich dann auch im Laufe der Zeit gelöst, das Problem, und dann kamen ganz andere Probleme. Ja, und dann wollte ich eine Zeitlang schreiben, da wußte ich dann schon, daß ich den Lehrerberuf aufgegeben hatte. Ich wußte nicht, daß es eigentlich nur zeitweise war, daß ich wieder darauf zurückkommen würde.«
In der Hoffnung, sich das Geld zum Studium verdienen zu können, arbeitete sie zunächst bei einer kleinen Zeitung, dann bei einem Architekten, »der damals schrecklich viel Villen im Grunewald baute und selber schrieb, und deswegen wollte er mich eigentlich haben.[4] Dort war ich hingekommen durch jemand vom Fischer-Verlag, den ich kannte. Und von dort bin ich dann zu einem Schriftsteller gegangen, der den Buchhandel zwischen Deutschland und England und Deutschland und Amerika wieder in Gang bringen wollte.[5] [...] Ich saß da allein,

Elisabeth Hauptmann 1926. Auf der Rückseite von ihr beschriftet: »Von Brecht aufgenommen, Wien 1926 (Caféhaus)«

konnte aber da wohnen in der Wohnung, die vollgestopft war mit Büchern, es kamen auch jeden Tag neue. Und da mußte ich dann diese Bücher lesen und eine kleine Synopsis machen, und dann habe ich – obwohl ich wirklich gar nichts davon verstand, aber radikal nichts, da habe ich mir ein Verlagsverzeichnis verschafft durch diesen Bekannten im Fischer-Verlag und habe dann meine Synopsen auf lange Bogen sauber geschrieben, verschickt an die Verlage.«

Als sie einmal schwer an Grippe erkrankt war, wurde sie von einer Freundin aus dem Büro des Architekten eingeladen, bei ihr zu wohnen.

»Die hatten eine ganz große Wohnung, Uhlandstraße, Kurfürstendamm. [...] Die kannte sich aus, die kannte schrecklich viele Schriftsteller, Schauspieler usw. Und die sagte mir eines Tages: Ach, der Brecht ist wieder in Berlin! Nun ja, es ergab sich, daß der auch eines Nachmittags sie besuchte. Er kannte sie von ein paar Jahren zuvor. [...] Das war die Dora Mannheim, Doris.[6] [...] Ich hatte den Namen [Brechts] gelesen, weil dieser Mann, bei dem ich damals war, der kriegte auch Belegexemplare zugeschickt. Und da war von Kiepenheuer[7] gekommen der *Baal* und – was war da noch? – der *Eduard*. Die waren da, und ich hab versucht, sie zu lesen, und ich weiß, ich hatte ganz, ganz große Schwierigkeiten. Und ich weiß, ich bin rübergerannt zu einer Freundin, die bei einer Frau wohnte, die einen Sohn hatte, der Germanistik studierte. Und ich habe ihm gesagt, er möchte mir doch etwas erzählen von dem Brecht und mir auch mal was vorlesen. Das war der *Gesang vom großen Baal*, das weiß ich noch wie heute. Das war aber nicht sehr zufriedenstellend. Und dann habe ich gehört, wo Brecht herkam und daß er schon Stücke aufgeführt hatte, daß schon Stücke aufgeführt waren in München und auch in Berlin und dann hatte ich natürlich gehört im Herbst 24, daß ein Stück in Berlin aufgeführt war. Aber da hatte ich schon die Grippe und konnte nicht hin. [...] Das war das *Dickicht*, im Oktober 24. Nun ja, und dann hörte ich eben wieder von dieser Kollegin, Mitarbeiterin in dem Büro – von Brecht. Und als ich hörte, daß der eines Nachmittags kommen wollte – ich war nie so versessen auf prominente Leute, oder auf bekannte Leute, ich weiß es nicht, aber an dem Tage war ich besonders

unleidlich. Ich sagte: Du, mir ist so schlecht und ich will das nicht! – Willst du nicht wenigstens einen Tee mittrinken? – Nein, nein, nein. Dann bin ich rausgegangen, und dann war das Wetter so schlecht, und es hat so geregnet, daß ich nach einer Stunde wiedergekommen bin und hab mich hinten reingedrückt, und sie holte gerade neuen Tee und hat mich gesehen. Dann wurde ich mit nach vorn geschleppt und hab da gesessen und sah da einen sehr dünnen Menschen, der hin und her ging, mit Lederjacke, sehr freundlich, und der erzählte dann ein paar Geschichten. Die hatten ein Gesprächsthema – das weiß ich jetzt gar nicht mehr – Theater, Proben. Und ich war wirklich so verschnupft und so – ganz unlustig, mich zu beteiligen, daß ich kaum etwas sagte. Und dann mußte er zu irgendeiner Probe oder Aufführung gehen, und er ist gegangen, und wir haben uns verabschiedet. Sie brachte ihn an die Tür usw.
Ich geh zurück, dann wieder in die Wohnung, wo ich gearbeitet hatte, das war schon am nächsten Morgen früh. Und dann ging das Telephon, und dann war es: ›Hier Brecht. Ich bin noch nie so unfreundlich verabschiedet worden!‹ Ja, dann habe ich versucht, etwas freundlicher zu sein und daraus ergab sich dann diese lange Mitarbeiterschaft.«
Der Anruf des zielstrebigen Brecht sei für sie überraschend gewesen, denn sie sei bei der ersten Begegnung »eigentlich auch nicht besonders freundlich« gewesen. »Aber ich glaube, was ihn bestochen hat – das hat er mir auch gesagt – ich hätte so gut zugehört! Wir sind dann am selben Abend spazieren gegangen. Das war auch sehr angenehm, weil ich am Rande des Grunewalds wohnte, und das war wirklich sehr, sehr hübsch. Also – das Zuhören war es! Daß ich so erkältet war, das hatte er gar nicht wahrgenommen, daß auch das ein Grund war, weshalb ich den Mund nicht aufmachte. Das war es dann in Zukunft sehr viel – das Zuhören, bei der Arbeit zumindest. [...] Ich brachte einiges ein in die Zusammenarbeit. Der Brecht brauchte jemanden, der bestimmte Sachen begriff oder etwas, was er nicht so gut konnte, daß der andere das konnte.«

Elisabeth Hauptmanns souveräner Umgang mit Literatur, insbesondere auch mit englischsprachiger Literatur war es, der für Brecht außerordentlich interesssant war. Außer in Latein tat er sich in Fremdsprachen schwer. Der englische und der amerikanische Kulturraum waren nicht nur für ihn nach dem Ersten Weltkrieg kulturelles Vorbild und Inspirationsquelle von unschätzbarem Wert, um gegen die deutsch-nationale Restauration anzugehen.

Brecht schrieb Gedichte oft allein. Zum Arbeiten an den Dramen brauchte er ein lebendiges Gegenüber, einen intellektuellen Mitspieler. Solche Mitspieler fehlten ihm damals: »Es war dringend, daß er jemanden fand, der sich [mit ihm] hinsetzte, morgens. Das heißt, ich hatte vier Wochen Zeit, mir das zu überlegen. [...] Brecht war ziemlich unglücklich, was seine Arbeiten anging, in Berlin. Er kam nicht recht vom Fleck. Der Kiepenheuer hatte sich so gefreut, als der Brecht ihm mitteilte, er käme zu Reinhardt.[8] So war er in Reichweite vom Kiepenheuer Verlag. Der konnte ihm also im ›Genack‹ sitzen, daß er seinen Vertrag erfüllt, mit zwei Stücken und der Hauspostille. Und wie gesagt, allein setzte er sich gar nicht so gern hin, in dieser ihm ja noch sehr fremden Stadt, obwohl er viele Leute kannte. Er verwickelte mich in viele Gespräche über das, was ihn am meisten bedrückte: Das war die Arbeit an *Mann ist Mann*. Er sagte mir, er habe in München mit jemandem gearbeitet – das war der Burri.[9] Feuchtwanger hätte ihm geholfen. Aber die seien beide jetzt eben fern in München. Und es sei doch auch langweilig, da so zu sitzen, allein über einem Stück. Und er fing an, mir den Inhalt zu erzählen, und wo er jetzt nicht weiterkam, seiner Meinung nach. Und er hat es mir ziemlich ausführlich erzählt. Aber – ich werde es nie vergessen – ich fand mich nie in dem Stück zurecht. Denn ich verwechselte die Szenen immer, wenn er von den Szenen sprach: ›Waggon-Szene‹ oder die ›Pagoden-Szene‹ – das waren für mich alles böhmische Dörfer. Irgendwie konnte ich es mir nicht merken. Aber dann kam er zu diesem kritischen Punkt. Er wußte, wie es weiterging, nämlich, daß ein Mensch verwandelt werden wollte in einen anderen. Das war ein alter Augsburger Plan und er hatte schon mal in einem anderen Stück versucht, darüber zu schreiben.[10] Jetzt sollte er [Galy Gay] in einen Soldaten verwandelt werden, er sollte einen anderen Namen kriegen, er sollte ein ganz anderer werden. Jetzt waren er [Brecht] –

und auch schon seine Münchener und Augsburger Freunde – darauf gekommen, daß es am besten wäre, wenn er [Galy Gay] ein Verbrechen beging, das er nicht getan haben wollte. [...] Aber wie es dazu kam, daß der Mann in einen anderen verwandelt wurde, ja, daß er verwandelt werden wollte, ein anderer sein wollte? Dieses Glied in der Fabel – das war ihm noch nicht eingefallen.
Und nun hatte ich ziemlich genau zugehört, stellte ihn [Galy Gay] mir sehr bauernschlau vor. Es war ungefähr die Stelle, wo er immer wegwollte, weil er immer noch im Kopf hatte, daß er den Fisch zu seiner Frau bringen müsse. Und außerdem kamen sie ihm sehr merkwürdig vor, diese Herren Soldaten. Und sie hatten auch immer Angst, er geht weg. Er schien ihnen ein sehr dankbares Objekt für die Verwandlung zu sein, um ihren vierten Mann zu ersetzen. Und er wollte weg. Geht immer schon ein paar Schritte zur Tür, bis er schließlich wirklich schon an der Tür ist. Sie wollen ihn um eine Gefälligkeit bitten, den vierten Mann zu spielen. Und da sagt der Uria – das ist jetzt der Text, der sich dann ergab –: ›Wie immer Sie heißen mögen, Sie sollen für Ihre Gefälligkeit etwas gehabt haben.‹ Nun war Galy Gay schon empfänglich für Gefälligkeiten. Er war Packer am Hafen und auf Trinkgelder angewiesen. Und der Uria, er sagt: ›Bleiben Sie ruhig mit dem Türgriff in der Hand!‹. Es handele sich um ein Geschäft. Und jetzt fällt denen nicht viel dazu ein. Da sagt der Jesse: ›Dieses Geschäft ist das beste, was in Kilkoa zu machen ist!‹ Jetzt bauschen sie irgendein fiktives Geschäft auf. Der Uria beobachtet Galy Gay ganz scharf, bemerkt sein Interesse an dem Wort ›Geschäft‹. Und jetzt sagt der Uria: ›Es ist unsere Pflicht, Ihnen anzubieten, sich an diesem horrenden Geschäft zu beteiligen.‹ Darauf läßt der Galy Gay die Tür fahren und kommt wieder zurück: ›Geschäft?, sagten Sie eben Geschäft?‹ Und jetzt werden die drei ganz reserviert: ›Möglich, aber Sie haben ja keine Zeit, nicht?‹ Und er dann sofort wieder: ›Zeit haben und Zeit haben, das ist ein Unterschied‹, usw. Und das Wort ›Geschäft‹ ist ihm im Ohr, und damit hatten wir es, nicht wahr? Er steigt jetzt ein in den Verkauf des Armee-Elefanten Billy Hampf und damit sitzt der Galy Gay drin in der Verwandlung. Denn jetzt wird das so gedreht, daß er einen Armee-Elefanten un-

rechtmäßig verkauft usw. Es wird bestätigt, daß er der Käufer war, usw.[11]

Also, das Stück lief jetzt weiter. Wie gesagt, es war eine kleine Hilfeleistung, und ich hatte nicht gewußt, wie wichtig sie Brecht war. Sie war ihm dann so wichtig geworden, daß er den Kiepenheuer überredete, mich als Lektorin anzustellen, mit der Maßgabe, ihm zu helfen, Brecht, in diesem Stück zum Beispiel.«

Elisabeth Hauptmann zeigte den Filmleuten die Originalmanuskripte von *Mann ist Mann*, die Brecht Weihnachten 1925 für sie binden ließ und ihr als »hauptmanuskripte« zueignete:

»Ja, zuerst haben wir gar nicht an dem Stück gearbeitet, zuerst haben wir dann sehr viel andere Sachen gemacht. Und am Ende des Jahres war die Fassung doch fertig, also nicht eigentlich, was Sie hier sehen, sondern das wurde noch abgeschrieben und war x-mal wieder verändert worden. Dies hat Brecht dann einbinden lassen. Das sind Manuskripte aus der Zeit und aus der Zeit davor. Dies zum Beispiel ist, was er den *Ur-Galy Gay* nannte. Das ist die erste Fassung, die Augsburger Fassung. Und dann kam *Galy Gay oder Mann ist Mann*, 1925, von Brecht geschrieben. Das ist wahrscheinlich schon meine Tippschrift, die kann man ja alle [im Vergleich zu den Tippschriften anderer] sehr deutlich erkennen. Das ist ein Plan. Hier sind Skizzen von dem *Mann-ist-Mann-Song*: ›Ach Tom, hast du auch deinen Koffer gepackt/Hast du schon Reis gegessen?‹[12], wo wir dann auch diese hervorragende Melodie zu fanden, aus der *Butterfly*. Besetzungsvorschläge schon. Viele [Seiten] sind zusammengeklebt, aber das macht ja nichts. Das sind alles erste Szenen, die eigentlich die Grundlage waren dann für diesen Druck. Der ist ja ziemlich ähnlich wie die erste Ausgabe 1927. Dies zum Beipiel ist von Hesse-Burri geschrieben, nach Diktat. Das ist typisch Hesse-Burris Tippschrift. Hier ist eine Zeichnung vom Caspar Neher.[13] Das ist vor der Pagode des Herrn Wang, nachts. Einige Namen waren damals noch nicht [gefunden]. Hier ist wieder von Hesse-Burri geschrieben, in Augsburg. Aber das bin ich schon! [...] Ja, also, dies sind die wichtigsten Manuskripte für die Vorbereitung der Buchausgabe 1927, mit Brechts Sachen.«

Diese Manuskripte habe »Brecht dann gesammelt, aus unendlich viel Packen von Manuskripten. Er war ja sehr verschwenderisch mit Papier. Und dann hat er mir das binden lassen, das war alles. Hätt ich gar nicht für möglich gehalten, daß er solche Sachen macht. Aber er hat es eben gemacht, nicht?«

Sie las den Filmern die Widmung vor, die hier in Originalorthographie wiedergegeben wird:

»Das sind die hauptmanuskripte des lustspiels *Mann = Mann* oder *Galy Gay*, nebst dem viele Jahre vorher geschriebenen *Urgalgeianfang*. ich schenke es am ende des jahres 1925 beß hauptmann, die dieses ganze jahr ohne lohn mit mir gearbeitet hat. es ist ein schwieriges stück gewesen und sogar das zusammenstellen des manuskripts aus zwanzig Pfund papier war schwerarbeit; ich benötigte dazu zwei tage, ½ flasche kognac, 4 flaschen selters, 8–10 zigarren und alle geduld – und es war das einzige, was ich allein gemacht habe. brecht.«[14] Also das bezieht sich aber nicht nur auf mich, sondern das bezieht sich auch auf die Ratschläge vom Feuchtwanger. Er hat mir noch einmal ein Stück zusammengestellt, aber um das Manuskript bin ich gebracht. Es ist nicht schmerzhaft, weil es im Archiv ist. Er hat mir auch die ›Hauptmanuskripte‹ von der *Heiligen Johanna der Schlachthöfe* zusammengestellt.«

Die »hauptmanuskripte« und ihre Widmung waren der Forschung damals schon zugänglich. Elisabeth Hauptmann wunderte sich: »Da hab ich eine ulkige Sache gelesen. Da zitiert jemand draus und interpretiert das dann: Brecht hat mir das zu Weihnachten geschenkt, weil ich ohne Lohn gearbeitet habe. Das kommt nämlich drin vor: die ohne Lohn. Und da würde ich mich so gerne öffentlich druber lustig machen! Ich kriegte ja ein gutes Gehalt von Kiepenheuer! Ich war ja von Kiepenheuer bestellt, um mit Brecht zu arbeiten. Verstehen Sie? So etwas [d. h. ›öffentlich darüber lustig machen‹] würde ich aber gern machen. [...] Das war von Brecht scherzhaft formuliert! Und das wurde so interpretiert, als ob ich wirklich keinen Reallohn bekommen hätte. Ich war wirklich solide bezahlt. Und was man sonst dabei denken könnte, weiß ich eigentlich nicht. Mich hat diese selbständige Interpretation ein bißchen gestört. Man hätte mich doch zumindest fragen können, zu jener Zeit.«

Wer war dieser allzu selbständige Interpret? Ich konnte ihn

nicht ausfindig machen. Wichtig ist aber festzuhalten, daß das wahrscheinlich erste Bild des seine Mitarbeiterinnen auch im materiellen Sinne ausbeutenden Brecht aus der Fehlinterpretation einer Quelle entstand und von späteren Forschern dann weitergetragen wurde.
Zum Thema der Finanzen zwischen ihr und Brecht sagte sie in den Filmgesprächen 1972: »Denn wir hatten eine Abmachung, Brecht und ich. Ich hatte einen Horror davor, bei jemandem zu arbeiten im freien Beruf. Und nun war es schon sehr gut, daß ich ins Lektorat von Kiepenheuer kam als Dramaturgin, als Lektorin. Aber da wußte ich überhaupt nicht, was zu machen war, da hatte ich überhaupt keine Ahnung, ich hatte vom Verlagswesen zu wenig Ahnung. Vom Kiepenheuer wurde ich bezahlt. Und sonst, hatte ich gesagt, da will ich nichts haben, alles was ich sonst brauche, verdiene ich mir selber. Und die Zeit habe ich mir genommen, da habe ich viel übersetzt, weil das ging schneller als selber schreiben. Erst neulich ist mir eine Geschichte in die Hände gefallen, da habe ich ganz fix aus dem Französischen übersetzt, mit meinem Schulfranzösisch. Aber die Übersetzung ist ganz schön, das ist ganz erstaunlich. Ich würde es sicher heute nicht besser machen können. Ob sie ganz stimmt, das weiß ich nicht. Sie liest sich gut. [...] Ja, da habe ich viele Nächte durchgearbeitet, das muß ich schon sagen. [...] Das hörte freilich auf, diese goldene Zeit. 1926 löste sich der Vertrag mit Brecht und Kiepenheuer auf, und ich konnte mehr übersetzen, mußte mehr übersetzen und so irgendwelche Arbeiten machen.«
Bislang ist wenig beachtet worden, daß Emil Hesse-Burri, der damals selber Dramen schrieb, bis 1933 neben der Hauptmann an fast allen Stücken Brechts mitarbeitete. Auch seine ›Anteile‹ sind bislang nicht im einzelnen ermittelt worden. Die Vorstellung, daß sich Brecht vor allem weibliche Kreativität angeeignet habe, ist also nicht haltbar. Wichtig ist in diesem Zusammenhang auch, darauf zu verweisen, daß sich Hesse-Burri nicht zu schade war, für Brecht zu tippen, der dies im übrigen auch mal selber tat. Die kollektive Arbeitsweise muß eben mehr als patriarchale Instrumentalisierung spezifisch weiblicher Fähigkeiten gewesen sein.
In späteren Kapiteln werden wir freilich der Frage nachzuge-

hen haben, wieso z. B. Feuchtwanger und Burri – der später zum Film ging – neben der intensiven Arbeit mit Brecht sich zugleich eigenständige künstlerische Karrieren aufbauen konnten und Elisabeth Hauptmann dies nur ansatzweise gelang.

Ihn an eine längere richtige Arbeit kriegen

Nach ihrem ersten Jahr mit Brecht begann Elisabeth Hauptmann im Januar 1926 mit tagebuchartigen Notizen, teils in ihren Arbeitsheften, teils auf losen Blättern. Wahrscheinlich kam die Anregung dazu von Brecht. Denn er beklagte sich schon in jungen Jahren über ein sehr schlechtes Gedächtnis, und aus einer dieser Notizen der Hauptmann geht hervor, daß er von ihr erwartete, alle Pläne, Ideen, Formulierungen zu sammeln und abrufbereit zu halten.

Sie notierte – teilweise in Brechts Formulierungen –, was gearbeitet wurde, Stichpunkte über Gespräche, die er mit ihr und mit anderen führte, eigene Beobachtungen, Stichpunkte über Theaterproben. Viele Motive dieser Notizen sind leicht in den Aufsätzen, Interviews und Notizen Brechts aus derselben Zeit wiederzuerkennen.

Dennoch ist dieses Arbeitstagebuch der Hauptmann nicht mit Brechts späterem *Journal* zu vergleichen. Denn Elisabeth Hauptmann gab auch persönlichen Gefühlen freien Lauf.

Die Notizen von 1926, die nur in den ersten Monaten mit einiger Regelmäßigkeit, später öfter schon im Rückblick geschrieben wurden, und Anfang 1927 endgültig abzubrechen scheinen, entstanden offensichtlich nicht mit Ruhe und Abstand, sondern stichpunktartig und oft in Eile. Sätze sind oft nicht ausformuliert, blieben unvollendet. Die Schrift kann manchmal mitten in einer Aufzeichnung von lateinischen Buchstaben zu Sütterlin wechseln. Einige Worte sind unleserlich. Viele Seiten sind außerordentlich schwer zu entziffern. Sie sind mit Tinte oder Bleistift handschriftlich teils in einem Heft, teils auf einen Notizblock, aber auch auf losen Blättern geschrieben. Die meisten liegen im Hauptmann-Nachlaß der Stiftung Archiv der Akademie der Künste.[1] Ein paar lose Blätter, die teilweise aus dem Heft stammen, finden sich auch im Brecht-Archiv zwischen zeitgenössischen Notizen Brechts.

In den Jahren nach Brechts Tod wuchs natürlich das Interesse an Zeugenschaften der ›Mitarbeiterin‹ aus der frühen Berliner Zeit. Wegen der im Tagebuch von 1926 enthaltenen persönlichen Empfindungen – deren Relevanz sich mit den Jahren für sie selbst wohl auch verändert hatte – kam für die Hauptmann eine Publikation der Originalnotizen aber nicht in Frage. In ihrem Nachlaß finden sich Dokumente von zumindest zwei maschinenschriftlichen Anläufen, die Aufzeichnungen von 1926 von persönlichen Aussagen zu befreien oder diese abzumildern, um sie in einer ihr selbst vertretbar scheinenden Form publikabel zu machen. Bei diesem ersten Bearbeitungsversuch ihrer Aufzeichnungen von 1926 (hier mit [B][2] gekennzeichnet) war sie bemüht, den Duktus von 1926 beizubehalten. Sie fügte wichtige Ergänzungen hinzu, die manche Originalnotizen von 1926 erst verständlich machen. Diese Texte tragen aber wie die ersten deutliche Spuren von schneller Arbeit. Sie halten sich nicht immer an die Originaldaten, offenbaren auch manche andere Flüchtigkeit. Zum Beispiel wurde aus der von Brecht als Zeichen von Armut nach dem Ersten Weltkrieg verachteten »Rübenmarmelade« die in der DDR erhältliche, aber von Elisabeth Hauptmann wohl ebenfalls nicht geschätzte »Vierfruchtmarmelade«. Die einschneidendste Revision einer persönlichen Passage in [B] ist die Verwandlung eines der Hauptmann einmal »üble Faulheit« vorwerfenden Brecht zunächst in einen »wütenden« und schließlich in einen »bekümmerten« Brecht. Die [B]-Varianten blieben unpubliziert.

In einem weiteren Versuch, etwas Authentisches von 1926 anzubieten, verwendete sie einen Teil ihrer alten Notizen nur noch als Anregung, die hier mit [C][3] gekennzeichnet sind. Offenbar aus dem Gedächtnis fügte sie noch auf 1926 datierte Erinnerungen hinzu, für die ich aber keine Manuskriptbelege von 1926, sondern nur späte Manuskripte aus den fünfziger Jahren gefunden habe. In der gefundenen [C]-Form stellen sie wohl reifere Formulierungen allgemeiner Prinzipien von Brechts Ästhetik dar, die die Hauptmann 1926 zwar wohl schon in ihrer Neuheit wahrnehmen konnte, aber vielleicht nicht in dieser Dichte formuliert hätte. Sie können aber wenig

später entstanden sein, denn ein [C] -Text geht fast wörtlich auf einen 1930 von ihr in der Essener Theaterzeitschrift *Der Scheinwerfer* veröffentlichten Artikel über Brecht zurück. Der größte Teil der [C]-Texte ist 1957 im 2. Brecht-Sonderheft der Zeitschrift *Sinn und Form* gedruckt und später auch in *Julia ohne Romeo* übernommen worden.
Hier werden erstmals alle in beiden Archiven aufgefundenen entzifferbaren Teile des Tagebuchs von 1926 veröffentlicht. In deutlicher Absetzung hinzugefügt wurden Texte und Textteile aus [B] und [C] nur, soweit damit Ergänzungen bzw. neues Erinnerungsmaterial vorlagen. Die [C]-Texte gebe ich nicht in den Druckfassungen, sondern aus den etwas umfangreicheren Manuskriptfassungen wieder.
Weil sowohl der Block als auch das Heft in größtenteils losen Blättern vorliegen, wurde die Reihenfolge von mir in erster Linie nach chronologischen Gesichtspunkten festgelegt. Einige Blätter konnten nur annäherungsweise zugeordnet werden.

Das Tagebuch von 1926

3. Januar, Sonntag
Nachm. b. Dora M.[4] mit Busoni[5] und einem Freund von ihm. Abends bei Brecht. Zwei neue Lustspielpläne als sofortige Arbeit und um [?] auf den fröhlichen Weinberg[6] zu setzen 1. Bier, 2. Inflation L. [?] Mentscher. Das Positive der Inflationszeit zeigen, wo Schuljungen in Vorstädten mit Motorrädern handelten. In Vorstädten viel Platz. Alles teuer bezahlen, aber beschaffen Geld und unterhalten Familie. Ihr Nebenverdienst größer als Regierungsratsgehalt. Wollen alles ausprobieren. Experiment mit Mädchen. Am 10. März ist die Erna im Puff – wetten, daß! Freuen sich als Familie hinterher wieder zu essen hat, daß sie selbst nichts haben, stört sie nicht, sie haltens aus und leiden nicht darunter. Altklug und immer Ratschläge. »In Amerika legen wir uns jetzt auch mächtig ins Zeug«.
In Münster hat B. [unleserlich] *Karl den K.*[7] angefangen ¾ S. Es sei so leicht, daß schon nicht mehr interessant.
/[C] Das jammervolle Ende in dem überfrornen Tümpel, Gesicht nach unten, nur ein paar Finger ragen aus dem dünnen

Eis. Keiner von denen, die bei Grandson und Murton dabei waren, will ihn kennen. Sie erkennen ihn wohl auch nicht, da er sich auf der Flucht alte Kleider angelegt hat. Dieser Plan führt später, um 1930 zu einem anderen Plan *Die Ware Liebe* und später, 1940, in Finnland, zu dem Stück *Der gute Mensch von Sezuan. Karl der Kühne* blieb leider Fragment[8]/
/[B] abends bei Kortner[9] mit *Trommeln.*/

4. Januar, Montag
Wollten am Nachmittag arbeiten – aber Münchener Kammerspielleute waren da wegen *Galgei*-Aufführung. Wollen Homolka[10] nicht bewilligen. – Hinterher neues Stück besprochen (*Jugend von heute* – Mentscher) und was aufgeschrieben. Dann Kino: *Der Matrose* im Ufa Zoo. Mit Buster Keaton. Vorher Lists Rapsodie (später in dem Vorspiel dieselbe Rapsodie als Jazz)/[B] von Ernö Reepes Jazzband/
Herrlicher Film – nie langweilig. Kleine, durchschlagende Mimik. Als Taucher bei Schiffsreparatur wunderbar!
Brecht hinterher Café Nürnberg.- Küpper[11] und Homolka.
Brechts Erwerbungen machen Riesenfortschritte. Von Weihnachten: Brauner Hausanzug, elegante Pantoffeln. – Dann im Ausverkauf gestern [verbessert: vorgestern] Schuhe, Anzug f. 120 M.- Schlips f. 90 G.

5. Januar

6. Januar, Mittwoch
Morgens Seeler[12] da. Besprechung *Baal* – 2 Uhr. Dann Sybille Binder.[13] Ich nachm. zu Ullstein. Abends erzählt Samson Körner.[14] Brecht hinterher Schwänke [?]. Brecht taucht an diesem Tag im Magazin auf – *Der Kinnhaken.*[15]

7. Januar
Morgens um ½ 7 zu Brecht – an *Samson Körner* gearbeitet (1. Kapitel der Körner-Biographie) bis 9. Ich dann zu Toller[16] und Ullstein. Ullstein lehnen endgültig ab. Kann Brecht nachmittags nicht anrufen wegen Auseinandersetzung mit Toller. Später war Brecht in der *Lysistrata*-Generalprobe unter Engel.[17] Ich abends bei D. M.[18] – ›Leben und tot‹ gespielt.

13. Januar, Mittwoch
Mittag zerschlägt sich die Toller-Sache (Vertrag mit [unleserlich] wieder, gerade, nachdem ich vorher erklärt hatte, ich wolle 700.– M. haben).
Hinterher zu Brecht, der müde von der ersten *Baal*probe kam. Samson kommt nicht, ich kann nichts machen, alles verzögert sich, ich werde sehr nervös. Mit Brecht in den letzten Tagen viel geredet. – Interview mit Brecht. Warschauer[19] interviewt ihn f. *Literarische Welt*. Wie interviewt man? Fragen.[20]

18. Januar, Montag
Gestern Sonntag morgens f. mich gearbeitet, nachmittags Dora M. da. Dann zu Brecht, Samson Körner. Vorher erklärende Zeitungsnotiz über den *Urbaal* geschrieben.[21] Dann Samson K. [unleserlich], erzählt [unleserlich] Hinterher kam die Binder – ich habe sie nicht mehr sprechen [unleserlich], da ich in den Sportspalast ging mit Kaul[22] zum 6-Tage-Rennen von 9–3 Uhr. Fabelhaft die Spurts, vor allem der Amerikaner. Mc Namara[23] mit seinen Partner Hovan. Dann die Belgier Vandenhove und die Italiener Torani und Scorpitto. Auch das Paar Hahn-Tief ist gut. Es ist leichter für mich zu begreifen als Boxen – übersichtlicher – [unleserlich], aber ungeheuer aufregend, manchmal direkt erhebend, z. B. wenn einer einen Vorstoß macht und Unruhe hineinbringt und sofort die Ablösung aufsitzt, um parat zu sein zur Ablösung und wenn dann alle im Feld sind.
In der letzten Zeit viel Gespräche mit Brecht. Ich müßte sie hinterher immer gleich aufschreiben – das Beste vergißt man. Besonders im Zusammenhang mit den Baalproben wurde viel gesprochen. Die Proben sind sehr erschwert dadurch, daß alle Schauspieler andere Proben haben, daß nur die Probebühne zur Verfügung steht, daß die Auswahl der Schauspieler Schwierigkeiten macht.

Was soll im Theater gespielt werden?
Was wert ist, daß man sich 2 Stunden damit befaßt.
Wir sind in den alten Theatern ebenso wenig am Platze wie Jack Dempsey[24] bei einer Rauferei in einer Kneipe voll zur Geltung kommen kann. Da haut ihm einer einfach einen Stuhl über den Kopf und er ist k. o.

Ebenso peinlich ist es, wenn sie ein Stück von uns in den Fingern haben, sich damit abplagen, es möglichst hellblau zu spielen, wo doch rosa gemeint war.

Was haben Sie gegen den Vorwurf zu erwidern: Sie stammeln!? Kein Mensch kann doch klarer sein. Meine Sprache ist mehr als deutlich, grammatisch vollkommen intakt und übersichtlich. Was ich sage, ist ebenso intakt und übersichtlich. Ich sage nur das, was ich ganz klar im Kopfe habe und ich schreibe nur das, was ich sage. Meine Sekretärin kann das bezeugen. Bei mir ist alles auf den Gestus gestellt, deshalb muß es deutlich sein. Ganz einfach.

Wir passen nicht in diese Häuser! Wir haben einen anderen Geist. Wir halten unsere Zigarren anders als ihr.
Anläßlich des Hesseschen Durchfalls in Hannover (*Amerikanische Jugend*[25]) sagt Brecht (Seeler war auch da), es handele sich bei Hesse nicht [durchgestrichen: nur] um Handlung, sondern um Delikatessenhandlung
Hesses Probleme sind interessant, wie z. B. im neuen Stück: *Das mangelhafte Mahl.* Aber diese Stücke sind nicht deutlich genug für die Leute. Natürlich auch Brechts nicht. Die müsste zum Beipiel Rehfisch[26] erst interpretieren. R. s. *Duell am Lido*, was demnächst am Staatstheater herauskommt, soll eine Interpretation vom *Dickicht* sein. –

22. J.
Brecht steckt in *Baal*proben, die Besetzung ist jetzt endgültig. Er hat immer die besten Leute.
Vorgestern abend hatte er Vortrag in der Volksbühne. Er war vollkommen unpräpariert und las bis auf Bargan[27] alles sehr schlecht. Hinterher am *Baal* gearbeitet.
/[B] (Restsumme von M 75 ausgezahlt bekommen) Vorher Manchesteranzug gekauft am Spittelmarkt/.

26. Januar
Einige Tage war ich nicht bei Brecht, immer *Baal*proben. Toller ist zurück, weniger verliebt und vernünftiger. Paul Knapmann ist hier und verliebt auch sich in mich. – (Schrecklich!)

Heute Mittag war ich bei Ullstein wegen *Taschenpostille*, *Samson Körner*, *Kampfmaschine*. Ich denke, daß ich diese Woche diese Sachen unter Dach kriege. Ich telephonierte später darüber mit Brecht.
Was möchten Sie gern beherrschen? Außer schriftstellern. Zu Ihrem Spaß u. Ihrer Erholung?
Was halten Sie vom Untergang des Abendlandes und von der Zukunft Amerikas?
Was halten Sie für das Allernotwendigste, was die gegenwärtige Theaterkrise angeht?
Das Theaterelend in Ihrer Formulierung.

29. Januar 26
Bronnens[28] *Ostpolzug* unter Jessner[29] mit Kortner. Eine schlechte Regie – ein Gemisch von Naivem und Intellektuellem. Auch bei Kortner. Applaus gabs – nach der Szene: Autokolonne. Triumph der Technik! Ein schönes Stück, vielleicht nicht immer ganz durchschlagend und mehr für Rednerpult und Leinwand als Bühne, aber es stimmt alles drin [darüber geschrieben: es stimmt nichts!] und es ist so »modern!« »so sachlich« und »souverän«.
/[B] B. spricht viel über Drama. Bronnens *Ostpolzug* ein purer Bluff, Verwertung einer *Dickicht*arie, gefälschter Tatsachenstil./

31. 1.
Gestern abend *Der 13. Stuhl* – eine Mord-Detektiv [unleserlich]geschichte eines Engländers. Gutes Magazinniveau, »beglückende« Mitte – leicht, spannend, elegant, [unleserlich] Mit Fehling[30] gesprochen.
Brecht ist gestern von Secolomann[31] interviewt worden. (Lotte Eisner dolmetschte) Er sagt, der Italiener sei ein dummer Mann, so durch und durch Gefühl – eben dumm.
In Amerika Rolle der Neger. [unleserlich]

1. Februar 26
Anläßlich einer persönlichen Auseinandersetzung sagte Brecht: Es scheint in dieser Stadt noch schrecklich viele Menschen mit Privatangelegenheiten zu geben. Alle stellen unbillige Forde-

Arbeitssitzung in Brechts Wohnung Spichernstraße 16. Von links: Samson Körner, Brecht, Hermann Borchardt, Samson Körners Manager Seelenfreund, Hannes Küpper, Elisabeth Hauptmann. Im Hintergrund ein von Rudolf Schlichter stammendes Gemälde der Helene Weigel.

rungen und fällen zu selbständige Entscheidungen. Alle sind zu sentimental und lächerlich.

Hinterher Valeska Gert.[32]
Guillemin kann heute vormittag nicht kommen zum Interview – er ist vor 12 unausgeschlafen und unberechenbar. Brecht ist erstaunt darüber. Über die Unfähigkeit der Rasse.
/B: Valeska Gert erscheint nicht auf *Baal*probe, statt ihrer Margo Lion[33].
Warschauer legt das *Literarische Welt*-Interview nieder. Statt seiner macht es Guillemin./

7. II. 26
Motorloses Tischchen rechts mit Binder. Holzfäller sollen Baal nicht wie rohes Ei behandeln, das besorgt er selbst.[34]

Ermordungsszene
Neben Souffleuse im Sessel. Viertel
Brecht macht alles vor. Erklärt, geht auf Schauspieler ein, beruhigt, einzig Lässiger in der allgemeinen Unruhe.

Ganz vorn im Eingang rechts, damit die grelle Lampe neben der Souffleuse, die vorn an einem Tisch auf der Bühne steht, nicht stört, erkenne ich ein paar Köpfe – Engel und Merkel.

Weiter zurück u. mehr in der Mitte zeichnet Rahel Spalit.
Aber die Bühne zieht noch mehr als am Abend das Interesse auf sich.
Als ich komme, stehen alle herum.
Homolka, dem man seine Anwesenheit bis in den Zuschauerraum anmerkt, aber auch seine gute Laune. Gerda Müller[35] steht am *Schanktisch*, d. h. ein [unleserlich] tisch – spielt weiter.
Also los!
Spricht vor, macht vor!
»Sehr gut« – »Ausgezeichnet!
Ich meine, es wäre besser so –
gut, probieren Sie's aus.
Weiter.

»Tittschke« – genauso, aber etwas leiser – geräuschloser – dämmrig.
Zu Anfang ist bei einer Szene nichts da. Die Bühne ist leer bis auf drei Stühle, einen Tisch. Dann geht Br. rauf und arrangiert die Requisiten. Dann ruft er Hallo u. zieht die Aufmerksamkeit auf sich.
Bitte schön, wir wollen die 3 Szenen probieren.[36]

14. II.
Früh Aufführung *Baal.*
Bis gestern nacht 1 Uhr Frage des Chorals und der Vorsprüche unentschieden.
Baal singt Choral selbst.
Stimmen/[B] während + nach der Aufführung/
Tun sie nicht so entrüstet, sie sind ja nicht richtig entrüstet
Idioten [?] macht Licht – daß man die Pfeifer rausschmeißen kann.
Wenn ich nur wüßte, was das für einen Sinn haben soll!
Zu lang – Wiederholung.
Dann kann ich im Zoo die wilden Tiere ansehen. –
Im Theater will ich was Amüsantes oder Interessantes sehen – dies ist nicht amüsant oder interessant. – Das reinste Kino.
Pinthus sehr aufgeregt – und Homolka gut, Binder schlecht, alles unfertig.
Kerr[37]: er hat alles sehr gemildert, viel gestrichen, aber sie wissen nicht, was Dramatik ist, ha! Sowas ist eine Schande auf die Bühne zu bringen.
langweilig.

27. Februar
wieder mehr bei Brecht gearbeitet: Geschichte geschrieben: *Zuviel Glück ist kein Glück oder 4 Männer und eine Pokerpartie.*[38] Daneben zur Hauptsache Gespräch über Schwierigkeiten des Stückeschreibens anläßlich der Tollerschen Premiere: *D. entfesselte Wotan.*[39]
[unleserliche Worte]
/[B] Ich hatte mit Toller immerfort auf die Probe gehen müssen, fand Stück und Inszenierung schlecht/
Baal wird (als Widerlegung der Presse anläßlich der Berliner

Aufführung) von Reinhardt in seinem Wiener Theater herausgebracht am 14. März. Jessner bringt die *Trommeln*.
Viel Pläne: Roman (Robinsonade i. d. Stadt[40])
Stück (Historie vom Mann der nicht mehr mag)
Revue (für Reinhardt: Wie der kl. Moritz sich die Südsee vorstellt. – Parodie auf Amerikanismus.[41])
Stück: Arbeit an *Dan Drew. Fleischhacker.*[42]
B. meint, er arbeite *im Gegensatz* zu seiner Ansicht vom Geldverdienen, er solle Zugstück schreiben.
In der *Berliner Illustrierten* erscheinen die Köpfe der »jungen Generation«. Brecht in der Mitte – es fehlt Toller! (Statt dessen Berger[43]) auch Rehfisch fehlt.

Am 25. Februar 26 sagt Brecht, zur jungen Generation gehören: er, Burri, Döblin, Benn[44]. Bronnen stünde an der Grenze.[45]
Brecht hilft Feuchtwanger an der Bearbeitung von *Warren Hastings*. Ich lese Macaulays[46] *Hastings* u. sehe, wie Feuchtwanger ihn zugerichtet hat. Hastings ist »eine tolle Erscheinung auf diesem Planeten«. Brecht sollte einen *Hastings* schreiben – er hat viele Ideen dazu – wie Hastings im Alter von 80 Jahren ins Unterhaus kommt und sich alle erheben. Dazwischen (wie im Film: *Der schwarze Engel*) schattenhaft diejenigen Mitglieder die ihn damals verurteilt haben.
Mit Brecht in Rehfischs »Duell am Lido«/[B] mit Kortner und Forster/, das einen guten 2. Akt hat. Da wo Rehfisch Brechts Dichtung [möglicherweise auch: Deutung] verläßt, wird er schlecht.
/[B] Deutsches Theater im Baalanzug. B. auch auf Akademiefest in diesem Anzug/
Mit Brecht auf Kostümfest in Akademie!/[B] langweilig/
" " in der Negerrevue bei Nelson. Die Josephine Baker herrlich. Man wird ganz deprimiert, wenn man an die Schauspieler hier denkt.
Am 25. früh sagt Brecht, als Hesse ihn fotografiert, er sei ein »Gebirge von einem Gent.«/[B] Wir hatten keine Veranlassung, es zu bezweifeln/
An diesem Morgen nach dem Akademiefest wird der Mann [unleserlich]
/[B] An diesem Morgen den *Mann ist Mann-Song* fertig ge-

macht und noch einen anderen Song angefangen. *(You may tell me)*/

Als erste Matinee am Josefstädter Theater soll *Baal* gespielt werden, eine schöne Widerlegung der Presse anläßlich der Berliner Aufführung. Jessner bringt *Trommeln*. Ullstein kauft *Trommeln* von *Drei Masken* für 1200.
Hastings soll endlich das Auto verschaffen. *Hastings* ihm anscheinend langweilig. Abends Küpper und [unleserlich] wegen Inszenierung von Küppers *Wachsenden Maschinen*. Brecht verspricht, sich um Regie zu kümmern. Vorher *Gespräch über die Südsee* geschrieben. Plan in die Südsee zu fahren mit Hilfe der Zeitungen.
Idee: *Fleischhacker* und Hurrikanstück zusammenlegen! Scheint die Lösung zu sein. Vorher: Gespräch mit Toller, dem B. rät, Dokumentenstücke zu machen.[47]

10. III. 26
Wenn ich jetzt mit Brecht machen könnte, was ich könnte, dann würde ich 1. dafür sorgen, daß er ringsherum 1 cm fetter würde und schwerer. Daß er 2. eine andere, weniger provisorische Wohnung bezöge. (Er würde mit einem Atelier tauschen, nach Osten, Südosten, damit er früh Sonne hat.) Ich würde ihn an eine längere richtige Arbeit kriegen – nicht nur an Essays, usw, kurze Sachen, Fetzen, Halbfertiges. Er muß *schwerer* werden. Vielleicht kommt mir dieser Gedanke, weil ich einen Brief vom Walter Brecht[48] hatte. B. ist unruhig, seit keine Post. Ich sage, bei mir geht die Angst in den Magen. Er sagt, er habe schon sehr lange keine Angst mehr gehabt. Vielleicht sei das falsch.

/[B] 12. 3.
Es rentiert sich hier nichts mehr, sagt B. Nichts wird in diesem Lande bezahlt außer einem ganz populären Namen [...] *Samson Körner* stockt, angefragt bei Rowohlt und *Uhu*-Blatt. Auch große Geldknappheit.
Chaplins *Goldrausch*. Brecht schreibt Prinzipielles über Grenzen des Films.[49]/

13. März 26
Selbst wenig gearbeitet, weil bei Brecht gewesen. Kipling übersetzt. Sehr schöne Sachen darunter.
/[B] B. meint, ein Band Kiplinggedichte macht die ganze deutsche Lyrik kaputt.[50] Feuchtwanger schätzt Stevenson[51] mehr. Anläßlich einer Rundfrage in der *Voss.*[52] [über] den Niedergang des Dramas meint Brecht, daß es tatsächlich heute nichts im Drama gäbe außer ihn, und nur ihn würde man 1975 noch lesen./
Jeden Tag arbeitet Brecht am *Hastings* 3 Stunden. Gestern war Feuchtw. da, ich hörte durch die Tür, wie Brecht diktiert und Feuchtwanger schreibt. Brecht macht alles, alle Ideen u. Formulierungen, aber er läßt sich in keine großen Diskussionen ein, weil es ihm zu langweilig ist. Brecht macht das *Gedicht vom Grab des Unbekannten Soldaten unterm Triumphbogen*[53] – ein herrliches Gedicht über den Krieg (Metaphysischen [?] Soldaten). Seine schöne Geschichte (*Pokerspiel + 4 Männer* will der Uhu nicht, die *Voß* nicht, Scherl nicht) – komisch. Auch einen Song gemacht: *You may tell me what you want me to tell* ... sehr schön. Vor allem viele, viele Gespräche. Über die Grenzen des Films. Über das gegenwärtige Drama. Es gibt heute garnichts, was in Frage kommt. Bronnens *Ostpolzug* ist ein purer Bluff. Er verwendet die Arie aus dem *Dikkicht* – und macht daraus ein ganzes Stück mit einem Spieler! Es ist eine Frechheit über die Besteigung des Mount Everest [am] 17. Dezember 1925 – etwas Dokumentarisches. Falscher Tatsachenstil. Auch Rehfisch ist ein unverschämter Bursche mit unglaublich viel Chuzpe. Er nimmt auch das *Dickicht*-Motif. Er verfeinert das Milieu – dieser grobe Bursche! – Auch über Döblin (so sehr er ihn verglichen mit den übrigen schätzt), spricht Brecht sehr negativ – er mag die Chinoiserie, die, das peinlich – geographisch etnologisch genau – Döbl. spricht von China[54] als wie von einem »fernen Land«. – Heute, wo Radio u.Telegraf überall hinkommen, alles auf *nah* eingestellt ist! Döblin kann über eine Sache 80 sehr gute Seiten schreiben, aber dann hörts auf. Brecht ist degoutiert von dem tödlichen Ernst, mit dem alle schreiben. Sie legen sich über ihre Bücher breit und schwer. Brecht sagt, und das leitete das oben erwähnte Gespräch ein: »Ich möchte mal wissen, was Goethe

von Schiller u. Schiller von Goethe richtig meinte. Das steht erst nirgends.« Brecht meint, es sei gut, daß niemand seine richtige Meinung hörte. Und dann sagt er, daß 0,03 was da ist. – Ich sage sehr wenig, was ich sage [gemeint ist möglicherweise: sagen will] sagt er.
Heute morgen steht B. spät auf. Er war gestern abend bei Rehfisch – alle im Smok, (wie im *Duell am Lido*) – er im Manchester Arbeiter Anzug. Er erzählt mir die Gespräche.
Brecht sagt: Döblin beklagt sich immer darüber, daß ihn der Schuh drückt. Schließlich hilft er sich, indem er ein Stück Leder aus dem Schuh herausschneidet. Daß er ganz neue Schuhe haben müßte, daran denkt er nicht.
Zwischen Party [möglich auch: Poetry] u. Rehfisch
Neulich abend mit Kaul vom Börsencourier im Café Nürnberg zusammen. Kaul erzählt entzückende Geschichten von dem Rennfahrer Rütt. Von dem Rennfahrer und seinem Gebiß, Rütt, der 9 Stunden lang fuhr und dem 6-Tage-Gent, der beim Rennen der Held der Damen war und hinterher matt u. gleichgültig im Sessel sitzt.

13. abends, Sonnabend
Nachmittags frnz. Lieder gesungen. Abends Kipling übersetzt, dann geredet und Artikel angefangen.
B. will aggressiv werden und nicht mehr eingehen auf die alten Leute im Theater, die durch Kondensmilch und Rübenmarmelade/[B:] Vierfruchtmarmelade]/gegangen sind. Man soll sich nicht mehr mit ihnen befassen. (Bohnenstangen können keine Bache hinunterschwimmen). Bei B. ist es Theater und immer wieder Theater, was ihn interessiert. Auch am einzelnen Menschen.

20. März, Sonnabend
/B. mittags nach Dresden gefahren (+ Bronnen – Döblin), morgen Vortrag in Matinee.[55]/
Ein Bekannter (von Italien her) von B. ist da – E. Leyden[56] aus Holland, der nach Moskau weiter will, nur der uns ziemlich in Anspruch nimmt.
B. läßt sich scheiden u. will H. von Münster holen. Er sieht elend aus.[57]

B. viel auf anderer Regisseure Proben.
Wenig gearbeitet. Er mit Feuchtwanger, der sehr drängt, an Hastings – 5 Rohübersetzungen von Kiplinggedichten fertig gemacht. – Viel über Kipling geredet. Überhaupt viel.
Einige Tage herumgeschlagen mit einem Theateraufsatz: Der piskatorsche Versuch (über Verwendung des Films auf der Bühne). Das »was« des Aufsatzes war ziemlich einfach, das Suchen der für solche Aufsätze geeigneten *Form* war schwer. Wie Physiklehrbuch.[58]

Mittwoch, 23. III. 26 [Korrektur: 24. März 26]
Bis jetzt B. sehr wenig gesehen. Ich habe mich 2x sehr über ihn geärgert – Mißtrauensvotum und Unhöflichkeit kann ich schwer ertragen. – Sonntag habe ich den ganzen Tag in seiner Wohnung gesessen, weil Ernst Leyden dort malte. Brecht kam am Nachmittag, erzählte von dem Skandal [Ergänzung: Dresden] – er abends bei Elias.[59]
Montag nachm. um 5 hinbestellt, kam aber nicht. Abends 9 hinbestellt, bekam aber um 11 Besuch, ohne mirs zu sagen. Da wurde so ich gereizt und ging 10.15 [?]. Gestern war ich krank. Fieber. Er hält es nicht für nötig, sich zu erkundigen, bloß als es sich um ein Ansagen einer Zeitungsnotiz handelt, ruft er mich an.
Das Wichtigste in der letzten [Zeit] waren Gespräche. 5 Kiplingballaden an Reisiger geschickt. Ich bin sehr gespannt, was er dazu sagt.
Brecht sagt, daß sich zur Zeit des großen englischen Theaters Ben Jonson[60] und Shakespeare bitter beklagt hätten, daß die Leute immer zu den Ringkämpfen liefen. Aischylos soll auch verstimmt gewesen sein, daß die Leute mehr für Wettrennen übrig hatten als für seine Stücke. Zu Zeiten des großen *Theater-Gedankens* war es immer so, daß die Leute sportlich eingestellt waren und das Theater war immer nur Sache weniger Freunde. Zu einer allgemeinen Sache wurde es nie, es kam gleich immer wieder eine ungeheure Ebbe. Ich denke, es ist nicht unwichtig, daß man die großen Theaterzeiten auch dadurch charakterisiert findet, daß die Namen ihrer großen Schauspieler bekannt sind.
Brecht sagt, Shakespeare sei auch Zuschauer-Dramatiker ge-

wesen. Seine Stücke seien labil gewesen, immer von ihm selbst und anderen bearbeitet, man zweifelt sogar daran, ob die großen anerkannten Ausgaben reine Shakespeares sind. Sh. schrieb, was ihm und seinen Freunden Spaß machte. Genau so Brecht. Er will was auf der Bühne sehen, was er gut findet. Deshalb schreibt er (in seinem Sinne) gute Stücke. Deshalb sagt er so oft »ausgezeichnet« zu seinen eigenen Sätzen und wird maßlos wütend, wenn ihm ein Regisseur was versaut. Findet er, daß in seinen Sachen ihm etwas keinen Spaß macht, dann geht er sofort hin und ändert um. Daß ihn seine eigenen Sätze so oft freudig überraschen, ist ein großes Plus für B. als Regisseur. Wenn der Schauspieler »ausgezeichnet« hört, so ist ihm das natürlich angenehm. –

Brecht macht immer das Naheliegende, welches das Schwere ist – was die anderen nicht nachmachen können.

Brecht sagt, daß seine Sachen eigentlich alt sind mit einem neuen Dreh.

Ganz »neue« Sachen sind nichts. –

Er möchte Shakesp. aufführen – auf seine Art. Es wird sich dann herausstellen, ob Sh. kleiner oder größer wird. Man kann immer nur auf seine Art darstellen. Man kann ein chinesisches Stück nicht von brasilianischen Schauspielern auf Honululu aufführen lassen. Aber man kann vielleicht ein jap. Stück, in dem Totschlag vorkommt, für den man auch auf Honululu Verständnis hat (nicht ein Stück mit Harakiri), von honululischen Schauspielern in Honululu spielen lassen. –

Sehr komisch eine Unterhaltung mit Baudisch[61] im englischen Café. Bau. zweifelt Kiplings Bedeutung an. Bau. widerspricht Brechts Ansicht von der Dauerhaftigkeit des englischen Empires und der Baufälligkeit Amerikas. Amerikas Größe besteht im Wachsen, so ähnlich sagt Brecht, wenn es nicht mehr wachsen kann, dann geht es kaputt. Einmal haben die Wolkenkratzer ihre größte Höhe erreicht. Baudisch empfielt Lord Cargorrs *Lost Empire*. Er hält Amerika und Rußland für die größten Mächte. – London sei klassisch und Amerika romantisch, sagt Brecht.

/[B] Verschiedene Ansichten über Lenin, über Lenins Begräbnis/

Undurchdringlichkeit ist noch nicht Tiefe.

28. III. Sonntag
Brecht las nie anderer Dramatiker Dramen, selbst nicht Shakespeare, als ihm neulich jemand sagte, in *Antonius und Kleopatra* sei keine Seeschlacht, war er sehr bekümmert, denn auf das hatte er es gerade als Regisseur abgesehen. Hesses *Mangelhaftes Mahl* + *Dan Drew* hat er nicht gelesen, auch die Fleißer nicht. Arbeitet er mit Schauspielern ihm fremde Stücke, dann ist er immer gleich im Bilde, kann jeden Gag + Ton angeben + immer stimmts. Was das Stückelesen angeht, nannte er sich einen Hochstapler. – Aus einem anderen Gespräch habe ich nur die eine Hälfte eines Vergleichs behalten, ich weiß nicht, worauf es sich bezog: »Die Pyramiden sind auch Steinhaufen, aber sie haben einen Zweck, es sind Königsgräber.« –
Die letzte Woche B. fast gar nicht gesehen. Ich verstimmt u. krank. Am Dienstag Hasenclevers[62] *Mord* mit einer fabelhaften Engelschen Regie.
Am Donnerstag sage ich B. den Grund meiner Verstimmung + er sagt, ich hätte eine unerquickliche Art, es zu sagen, wenn ich wirklich unrecht habe. Ich gehe. Freitag abend Premiere *Herodes und Mariamne* mit Kortner, Weigel.[63]

[ohne Datum]
Ich mit Zuckmayers[64] in den »fröhlichen Weinberg«. Ein gesundes gutgebautes Stück, aber ganz altes Theater. – Ausdrücke wie: entjungfern usw., die sehr spärlich sind, fallen auf. Die Typen, die Harmlosigkeit, alles ist alt. Zuckmayer schreibt auch als Zuschauer, er hatte einen schrecklichen Spaß an seinem Stück + an den Schauspielern. Er ist ein anderer Zuschauer als Brecht. Er beklagt sich über d. schlechte Reklame zur 100. Auff., denn er wolle doch 60 Jahre von diesem Stück leben, sagt er, und außerdem wolle er jetzt bessere Stücke schreiben.
Hinterher im Hackerbräu, wo auch die *Herodes u. Mariamnen*leute sind. Brecht sieht mich entgeistert an, es gehen einige Pflaumereien zwischen den Tischen hin und her – ich sitze mit dem Rücken zu B. Später gehen wir in die hintere Ecke. Der andere Tisch bricht um 12 Uhr auf. Um 1 Uhr rief B. an. Ob ich im Theater gewesen sei. Ich bin mir heute noch nicht klar über seinen Anruf.[65] Ich muß wissen, wann er nach Münster fährt u. die Hanne holt u. ob sie lange hier bleibt + ob er nach

Wien fährt und überhaupt noch, wie geplant, nach Hiddensee. Es ist ein so großer Abstand zwischen B. u. den anderen. Bronnen, der auch b. Hacker [Kneipe Hackerbräu] war, machte einen schlechten Eindruck auf mich. Sobald Bronnen etwas vermiest aussieht, ist er ein ganz kleiner Mann.

Bei Zuckmeyer waren 2 seiner Freunde, sehr nette Leute, ein Arzt und ein Kaufmann, auch B.s Freunde haben anderes Format.

Der Dresdener Matineeskandal wird wohl endlich beigelegt sein – ich habe keine Zeitung gelesen.
Brecht wird von Ernst Leyden gemalt –

+ *100.* Aufführung

29. III.
B. sagt, dass er wahrscheinlich als einzigster den Anbruch der neuen Zeit so erfasse und beobachte. Er will ein Traktat (oder Abhandlung) schreiben über diese gute Zeit. Er ist *für* die Zeit.
Das Gute an d. Zeit ist, dass sie *neu* ist. ›Alt‹ ist ein Schimpfwort. Eine neue Zeit ist bestimmt durch ein neues Weltbild. Der Imperialismus + viele andere alte Ideen werden abgelehnt, neue befestigen sich. Nur in neuen Zeiten sei man aufs Historische erpicht (Beweis: seine Aufzeichnungen mit Daten.) Alle seine Typen stellen den neu heraufkommenden Typus Mensch dar. Charakteristisch für das Heraufziehen einer neuen Zeit ist eine allgemeine Furcht – auf allen Seiten.
Eine solche Übergangszeit bringt heroische Typen hervor (Lenin), die ihre Schulung durch das Alte bekamen, und das Neue lehrten + starten, ehe das Neue eigentlich da war.
Kennzeichen einer neuen Zeit sind: die Grenzen fallen, die Rassen vermischen sich, der Besitzbegriff geht verloren.

Über den Besitzbegriff hatte B. vorgestern schon mit Küpper debattiert. Es gibt keinen Besitz mehr nur Ware, die man tauschen kann. Wesen des Besitzes? »Ich kanns zusammenschlagen«. Das kann man nicht.

Zu Beginn einer neuen Zeit sagte Hutten[66]: es ist eine Lust zu leben! Luther usw fanden die damalige neue Zeit auch *gut*.

Montag
Vormittags ein paar Stunden b. Brecht, der hinterher zum Staatstheater u. Ullstein fährt. Auch nachmittags 2 Stunden da. Abends B. mit seinem Vater[67] ins Theater.
Brecht findet die Formel fürs epische Theater – »aus dem Gedächtnis spielen«
/[B] Die meisten heutigen Dramatiker verwirren alle Fädchen der Handlung höchst kunstvoll, aber aus dem Gedächtnis spielen kann man sie nicht, es fehlen die Gesten, die zitiert werden können./
/[C] Er spielt sich die Vorgänge vor. So entstehen die *Zeigeszenen*, wie B. sie nennt./
Rehfisch + Bronnen, die wohl alle Fädchen der Handlung verwirren können, können einiges, was man aus dem Gedächtnis spielen kann.

B. will jetzt doch den *Fleischhacker* machen, + zwar nach dem neulichen Plan, ihn mit der Geschichte von der Familie zusammenzulegen.
Glücklicher Einfall: Joe ist der Bruder in der Stadt, den die Familie sucht.
Welche Rolle spielt der Streik?
Calvin? Durch Calvin + Joe geht die Familie kaputt.

In der Osterwoche[68] sonst. Filmvorführung des Zaubermärchens *Wak Wak* von Kochs[69] u. in Potsdam bei Kochs gesehen, wie der Film entstand. 2 Jahre Arbeit Tag und Nacht. Herrliche aus Schwarzpapier geschnittene Marionetten mit fabelhaften Gelenken, Material nur Papier! Herrliche Exaktheit. (Seesturm: Berechnung der Wellen!)
Brecht will mit ihnen filmen. – Ernst Leyden filmt Brecht im Zuge.
Karfreitag fährt Leyden ab – er filmt uns vom Zuge aus auf dem Bahnsteig.
Brecht will Leydens Auto kaufen + schreibt deshalb an Bergner[70] u. mahnt wegen Kameliendame-Honorar.

Aus Gesprächen: Bei Corneille, Molière z. B. besteht ein Mann aus einer Leidenschaft – er ist ganz Geiz z. B. – heute ist er daneben noch vieles andere, er schlägt seinen Vater tot, kauft eine Bibliothek, kaut Kaugummi und ist höflich usw. Das müssen die Leute heute noch lernen – das Nebeneinander von Sachen.
Die heutigen Dramatiker haben keine Ahnung vom Theater. Sie schreiben Stücke wegen der Premiere und um sich zur Geltung zu bringen, nicht als Zuschauer u. Spaß am Theater, sie kennen ja auch nichts von der Bühne, vom Zuschauerraum usw. Ohne Theatermanie gibts keinen Dramatiker.
Mit Koch über Möglichkeit der Verfilmung von Kafkas *Verwandlung* gesprochen. Man glaubt, daß der Film hierzu nicht ausreicht.
Ich kann die Geschichte *4 Männer und 1 Pokerspiel* nirgends anbringen!!
Von Brecht 100 Mark für Mantel + Hut!!
Walter Brecht lehnt *Mann ist Mann* in dieser Form ab! Es stünde u. fiele mit der Aufführung! Als ob das nicht bei jedem Stück so wäre! Es ist ihm zu ungentlemanlike. Vermißt auch Dschungel und Tiger!

In der Geschichte: Im Express Rom – Paris geschieht kurz vor Paris ein Mord.
Die Aufhellung ist sehr gut. Aber die Mordkonspiration nicht gut. Bei Kriminalfällen zunächst Verdacht auf andere lenken.
Das unkünstlerische Verbrechen
Der Verbrecherkünstler.
Guter Anfang einer Geschichte: Meisterverbrecher u. Meisterdetektiv nebeneinander in Schlafwagenabteilen! Verbrecher erzählt seinem Freund, daß er wegen Wette Verbrechen begehen will u. nicht entdeckt werden wird, auch nicht vom Meisterdetektiv.
Sofort wird gestohlen, einer Dame ihre Juwelen. Führt denselben Namen wie Meisterverbrecher. Hat sie in der anderen angrenzenden Abteilung gelegen?[71]

/[C] 29. April 26
Gespräch über die Wichtigkeit guter Geschichten- und Stückanfänge. Ich bin entzückt von dem Anfang der Kurzgeschichte

von B: *Zuviel Glück ist kein Glück*. Der erste Satz lautet: »Wir saßen in Korbstühlen auf Havanna und vergaßen die Welt.« Das finde ich herrlich, und das kann ich mir auch merken. Nach einem solchen Anfang kann in einer Geschichte alles passieren, was zwischen Erde und Himmel passieren kann. (Zitierbarkeit!) Brecht verweist auf die Anfangsszene in *Mann ist Mann*. B. möchte, daß ich einsehe, daß die klassisch ist. Ich sehe es ein; ich kann sie auch (fast) auswendig. Im Anschluß daran meint B., *Mann ist Mann* sei eben überhaupt ein klassisches Lustspiel.

/[C] 30. April 26
»Mann ist Mann« noch einmal umgebaut. (Ich glaube, das siebente Mal, einige Szenen noch öfter.) Und zwar nach Gesichtspunkten, die nicht die Theaterwirkung betreffen. Daran ist Brecht, solange die Bühne nicht in Sicht ist, sehr schwach interessiert, sondern nach anderen ungleich schwereren, die mit der menschlichen Gesellschaft und dem Verhalten darin zu tun haben./

20–23. Mai
Nicht dagewesen, da Kind und Frau da, heute wieder weg. Schon zweimal angerufen.[72]

Peckelsheim, den 8. Juni 1926
Brecht sagte mir eines Nachmittags Mitte Mai, es sei eine der übelsten Auswirkungen meiner Faulheit, daß ich nicht immer alle Sachen gleich von ihm aufschriebe./[B] B. sagt mir eines Nachmittags wütend [korrigiert: bekümmert] es sei schlimm, daß ich nicht alles gleich aufschriebe./
Sonst müßte ich doch schon ein ganzes Arsenal haben von Material/[B] Pläne, Fabeln, Einfälle Formulierungen, Vorschlägen, Änderungen usw./, das wir sukzessive aufarbeiten könnten. Ich sagte ihm, wie schwierig es sei, das mit dem immer gleich aufschreiben und weil immer Pausen kämen usw. Es chien das einzusehen. Aber es tut mir selber leid, daß ich nicht immer gleich alles aufgeschrieben habe, denn Brechts Sätze kann ich nie so wiedergeben wie sie waren. –
Vom 1. Mai bis zu Brechts Abreise am 29. Mai war, so weit ich mich erinnere, eine ganze Menge los.

Wir machen verzweifelte Anstrengungen, ein Auto zu bekommen.
Ich gehe zu Autofirmen, (Y. D. A.), Ford, Opel, usw. und versuche die Herren zur Hergabe eines Reklameautos zu bewegen. Aber sie sind nicht dafür zu haben.
Auch die Bergner[72] rührt sich nicht, ich wollte sie mal nach dem Theater abfassen, aber da war nur ihre Schwester.
Ganz zum Schluß sagt mir Brecht, daß die W. ihm 2000 M. geben wolle, er müsse sie im Herbst zurückgeben. Ich bin am 31. Mai von Berlin abgefahren und weiß nicht, ob die W. und Müllereisert[73] inzwischen ein Auto besorgt haben – sie wollten dann zusammen nach München fahren.
Auch wegen einer neuen Schreibmaschine versuchte ich auf dem Wege der Reklame mein Heil, aber nach vielen Gängen und langem Reden bekam ich nur eine neue gegen die alte und 100 M.

Geh hin Moses. 1.

Geh hin, Moses
dort unten nach Egyptenland
und sag dem alten Pharao,
daß er mein Volk gehen läßt
Als Israel war in Egy[p]enland
Laß mein Volk gehen,
so hart bedrückt, sie konnten nicht stehen,
laß mein Volk gehen.

So sprach der Herr
sagt Moses *kühn*
Laß mein Volk ziehen
Wenn nicht, schlage ich Eure [?] Erstgeburt
Laßt mein Volk ziehen

Kleiner David, spiel deine Harfe. 63.

Kleiner David, spiel deine Harfe
Halleluja!
Der kl. David war ein Hirtenknabe.
Er erschlug Goliath und schrie vor Freude.[74]

[ohne Datum]
Dann bekommt B. im Mai einen neuen grauen Anzug, neue Mütze, Schlipse usw.
Schließlich will B. einen Illustriertenroman schreiben. Elias und Krell legen sich sehr ins Zeug, aber Hey will nicht. Wir machen eines Morgens bei heruntergelassenem Vorhang, hinter rotem Paravent bei Whisky und Tabak ein 12 Seiten langes Exposé des *Boxerromans*, aber auch das hilft nicht.
Ich versuche es mit dem *Samson-Körner*buch beim Volksverband, die wollen aber keinen Vorschuß geben und ohne Vorschuß ist Brecht die Sache uninteressant.
Wir kommen sogar auf den Gedanken irgend einer reichen Frau ein Bändchen Sonette, nur für sie, zu verkaufen. Helcia Täubler denkt an eine Frau Hirsch in Frankfurt. Aber das wird dann auch fallengelassen.
Wir schreiben die Geschichte *Nordseekrabben*[75] (Geschichte der Wohnung Fr. Kroners), bringen sie aber nicht unter. Inzwischen brachte die *Voss.*[76] *Kohlen für Mike*[77] und die *Frankfurter 4 Aufforderungen an einen Mann*[78] Das letztere Gedicht kommt auch ebenso wie *Das Grab des unbekannten Soldaten* in die Postille.

Die *Postille* wird jetzt gedruckt bei Ullstein, in der alten Anordnung, in der Vorrede sind ein paar Sätze gestrichen und ein paar sind dazugekommen, in großem Format. Viele Gedichte geändert. (25 und 26)
Von Kiepenheuer kamen 25 ungebundene Exemplare der *Taschenpostille*, von denen wir bisher 8 binden ließen – 6 in schwarz [em] Leder, 2 in rot.[79]

Im Mai kam auch der englische und französische P. E. N. Club nach Berlin und die deutschen alten Leute schlossen bewußt das Junge, sogar Döblin, aus. Ich selbst sah eines Abends gegen 11 die ganze Gesellschaft oben bei Borchardt[80] und war so angewidert, daß ich nicht schnell genug wegkonnte. Ich sah u. a. Scheffauer und Anna Schmiegelow, Galsworthy[81] lud Brecht und Toller zum Mittagessen ein.[82]

Im Mai ist Brecht mal mit Koch/Lotte Reiniger zusammen. Sie wollen im Sommer/Herbst einen Film machen. Oft Besprechungen über Grundfragen, auch Warschauer ist dabei. Brecht macht ein Film-Exposé: *Marie kommt!*[83] und später, als Kochs schon weg, eines für Valeska Gert in der Hauptrolle: *Die Erschießung der Tänzerin Mata Hari.*[84]
Kochs wollen das Ganze in etwa 3 Wochen machen, evtl. sogar nach London oder Paris gehen für Aufnahmen.
Zwischen ihrer Tournée + Wien ist die Binder da u. schließt Vertrag mit Saltenburg.[85]

Gedicht für *Knüppel*[86]: *8000 arme Leute kommen vor die Stadt.*[87]
Plan, *Dickicht* drucken zu lassen. Dabei, am 7. Mai kommt Brecht auf den Gedanken, das *in Granit* zu machen, in Jamben – Wir fangen auch die erste Szene an, sie wirkte sehr gut und klassisch so.
Den *Galgei* (Mittelakt) umzuarbeiten, dazu kommen wir nicht – teils aus Zeitgründen, teils aus anderen.

Ende Mai telegrafiert Hardt[88] vom Kölner Schauspielhaus, B. solle doch kommen zur Aufführung vom *Eduard* am 29. B. schreibt, er wolle schon, aber Hardt will im Programmheft Sachen veröffentlichen. Ich verschaffe B. einen Freiflug nach Köln

Der Gedanke, nach *Paris* zu reisen, taucht am 26. auf.
Neher. Er verkauft Bild zur *Taschenpostille* an Ullstein f. 200 M. u. fährt per Bahn n. Köln, wo er B. trifft.
Sie wollen evtl. nach Marseille und über Italien zurück. Ich besorge mit einiger Anstrengung die Visen.

An der Volksbühne soll im Herbst *Die Hochzeit*[89] gespielt werden?
Erich Probst interessiert sich für Uraufführung *Hochzeit* für Harzer Bergtheater, läßt aber nichts von sich hören.
Während wir auf die Ausfertigung des Passes warten, erzählt mir Brecht, daß er noch einen Einakter machen will *Der Postschalter* – von der Frau, die 2 Briefe (Abschiedsbriefe vom Le-

ben) in den Kasten geworfen hat + sie zurückhaben will. Sie gerät in ein Gespräch mit dem Beamten in seinem Kober, der ihr gute Ratschläge erteilt, sie wird am Schluß zur Kommunistin u. verläßt zornentbrannt das Postgebäude, um die Stadt aufzuwiegeln.

Verschiedene Pläne zu short stories.

Eines morgens kommt ein etwa 15jähr. Judenknabe in blauem Anzug und gelben abgenützten Halbschuhen. Er hatte B. + [unleserlich] ein blaues Schreibheft mit Geschichten geschickt u. will jetzt B.'s Ansicht hören. Er setzt sich arrogant und ausfragerisch in den schwarzen schaukelnden Stuhl. Seine Schwester läse seine Sachen u. fände sie schlecht. Seine Schwester habe Brecht in Positano gesehen, so hätte sie sich Toller gedacht. Der Knabe ist links orientiert + möchte Journalist werden, Leute kennen, alles wissen. Er denkt sich das höllisch einfach.
Als ich ihn frage, warum er nicht zu Toller gegangen sei, sagt er, er stünde nicht im Telefonbuch, aber B. hätte dringestanden.
Das beste an der ganzen Geschichte war, als B. von seiner Zeitungszeit in Augsburg erzählt. Wie er seine Schärfe Wendelin Thomas[90] zu verdanken habe. B. sagte mir hinterher noch, es sei bei ihm ein eigenartiges Gemisch aus Schüchternheit/Frechheit/Höflichkeit/Bescheidenheit/Bescheidwissen gewesen, was ihm immer sehr genützt habe; er habe auch immer gefragt.

Ein andermal erzählt mir B., daß er die Art zu erzählen von seiner Großmutter habe. Die habe wunderbar erzählt besonders aus d. Bibel. Seiner Zeit, wo seine Mutter in München operiert worden sei, sei die Großmutter abends immer gekommen, sie habe gestrickt + dabei erzählt. Sie hätte die Sache immer spannend gemacht und zu Fragen angeregt. Über dumme Fragen habe sie sich sehr geärgert, auf andere sei sie eingegangen + habe meistens mit der Moral geantwortet + ihre Antwort habe immer angefangen mit: »Ha« oder »Ha no!« Sie habe einen Sinn gehabt f. natürliche Logik.

B. sagt, als ich ihn danach frage: er habe sich beim Arbeiten nie besonders angestrengt, wie so ein Steineklopfer.

Wenn in Amerika das höchste Stockwerk gebaut ist, geht es kaputt.
Ein Land, das keine Laster hat, geht auch kaputt.

Sehr lange spreche ich mit ihm über *Historien* und historisches Aufziehen einer Sache. Darüber muß ich später genau schreiben.

Gegen Ostern entdeckt B. Leihbibliothek u. von Ostern bis Ende Mai verschlingt er sehr viele Bücher, darunter: *Der arme Weiße* von Sherwood Anderson,[91] *Dr. Arrowsmith* von Lewis[92], Romane von [?] Babitt [?] usw., Kriminalromane

Wien 21. Juli 26[93]
Als wir die Mariahilferstraße hinuntergingen, nachdem Br. einer Aufforderung der Neuen Freien Presse, sich sozusagen im Namen der jungen Generation zu Bernhard Shaw zu äußern, nachgekommen war, sagte er unvermittelt, daß es wirklich schade sei, daß er früher beim deutschen Schulaufsatz nicht achtgegeben hätte. Er hätte eine direkte Abneigung dagegen gehabt, aber er hätte sicher eines dadurch lernen können: einen Plan machen. Das hätte er nie gekonnt. Was er immer gehabt hätte, sei eine genaue Einteilung gewesen, die habe sich aber nur auf die Länge der einzelnen Abschnitte bezogen. Sie hätten nur 4 Seiten für den Klassenaufs. bekommen, und er wäre niemals hingegangen, um sich noch eine neue Seite zu holen, wie die meisten anderen es taten. Die Überschrift betrug etwa ½ Seiten u. der Aufsatz betrug nie mehr als 3 ½. Die 3 ½ Seiten teilt er genau ein, soundsoviel Zeilen für brave Männer, soundsoviel für [unleserlich] Männer, die an sich selbst zuletzt dachten usw. Dadurch machte er sich besonders unbeliebt. Seine Aufsätze waren fast immer die schlechtesten u. wurden dennoch öffentlich vorgelesen. An dem Rand stand fast immer Th. v. [= Thema verfehlt?]. Die meisten Schüler benutzten 2 Schlußformulierungen – etwa dieser Art: So sehen wir nun, wie recht Sch. hatte [unleserlich] – Die Schlußformu-

lierungen pflegte B. auch bei seinen Aufsätzen anzuwenden [unleserliche Wörter] Überhaupt trug der deutsche Aufsatz auch Feindschaft ein.

B. galt im Deutschen als hoffnungslos verloren, als Depp. Eine besondere Frechheit, die allerdings nie auffiel [?] war die, daß Brecht fortwährend mit Zitaten von großen Männern angab, die es niemals gegeben hatte.
Trotzdem erhielt B. in weiser Voraussicht beim Abgang von d. Schule, obwohl er in d. Prima nur 2 dtsch. Aufsätze [unleserlich] mit [unleserliche Zahlen] + 4 hatte, im Deutschen einen Einser.

Notizen [?] mit Freunden [durchgestrichen]

Beschimpfungen [durchgestrichen]

oder beim deutschen Aufsatz über Wallensteins Lager, [unleserliche Wörter] damit man nachm. Lust bekam in der Gesellschaft dieser harmlosen netten Burschen ein Glas Bier zu trinken, die ersten literarischen Dokumente für Wotan. Sie würden mit den Freunden aus der Klinik [unleserlich]
[zwei unleserliche Seiten] [94]

[fehlende Seiten]
Direktor selbst schob ihm den Stuhl hin. Auf der anderen Seite aber war er so schlecht angezogen – hatte so wenig Haltung, daß er dadurch einen sehr großen Teil seines Erfolges einbüßte.
B. war Vorturner, nur für einige Übungen, für andere gar nicht zu gebrauchen – wurde aber immer wieder abgesetzt wegen seiner mürrischen [?] Haltung. Unlust, sich am Spiel zu beteiligen. [Unleserliche Sätze]

[Erinnerungen Brechts an seine Studentenzeit]
Täglich 8 Stunden Kolleg, abends Volksküche gegessen. 2–3 Jahre allein herumgelaufen. In allen Kollegs: Um sich bestätigen zu lassen, daß alles falsch sei, daß nichts stimmte. Hielt alle für Deppen. Tat alles schweigend. Äußerte sich nur einmal im

Seminar bei Kutscher[95] über aller Liebling: Hanns Johst.[96] Er sagte u. a. folgende ausgezeichnete Sache, seine Sachen wären wie gewisse Deckenbilder in alten Dorfkirchen, wo ein Engel mit einer Posaune hingemalt sei, daß die Posaune noch über den Rand des Bildes ging und plastisch im Holz fortgesetzt wird – »mit allen Mitteln der Kunst«. Notiz auf Zettel. Scharren u. große Unruhe.
Kutscher sagte, eine so große Meinungsverschiedenheit sei ihm noch nicht vorgekommen, dazu auf solche höchst verletzende Weise vorgetragen.
Brechts Art war wie eine Mischung aus Schüchternheit, (die man aber als aufgelegte Frechheit empfand) + Aggressivität. [?] [Unleserliche Worte] Empfand alle als Gegner, denen er nichts zu sagen hatte und sie mit Schärfe umgehen [?] konnte. Er sah überall Orangenschalen zum Ausgleiten und gestellte Beine und ging deshalb linkisch.
Später forderte Kutscher ihn auf, bei [Name fehlt] über die Biskische Heilmethode und Diagnostik zu sprechen.

[Weiterführung auf demselben Blatt, offenbar aus der Rückschau geschrieben]
bis 3. Mai
Es ist alles durcheinander. Bei Brecht finde ich mich nach der Abreise[97] kaum noch durch. Er hat keine Lust zum Arbeiten. Es ist maßlos schwer für mich.
Zur Aufführung vom »Fegefeuer in Ingolstadt«[98] ist die Fleißer da, 24 Jahre, blonder Bubenkopf, schmale Hüften, Basedowsche Augen. Da Weigel eine Woche auf Gastspiel oft mit Brecht und der Fl. zusammen. Viel geredet. Krach mit Dr. Seeler.
Für die Fleißer Vertrag gesucht – bei Ullstein 200 M. à fond perdu.

Sonnabend Abend:
Panzerkreuzer Potemkin – der schreck- u. eindrucksvollste Film, den ich gesehen habe – Handlung, Filmtechnik.
Gestern, Sonntag: Marionettentheater von Lotte Reiniger.[99]
Abends bei Fr. Kirner vom *Uhu* – der herrlich erzählt (aber schlecht schreibt).
(Vormittags in Karlshorst): *Man sucht XY-Geisterviehweide.*

Zwischendurch viel mit Brecht geredet – üb. das schlechte Theater usw.
Häusser-Vortrag!
R. L. ist *anders*, fremd, was hat sie in unserm Land aufzuhetzen? Keine Privatgeschichte darin. (B. meint, bei diesem Stück [?] würde er vor der Generalprobe in die Schweiz fahren)[100]

[vorherige Seite fehlt]
ihn anzurufen. Er las Szenen aus Dickicht.
Gemachte Lyrik: Gefühl, wann Lyrik kommen muß. Er zeigte mir das an verschiedenen Beispielen. Wir saßen auf Zinkabfallbehältern in der Wösendorfer Straße und warteten auf die Elektr. nach Baden.

Brecht sprach [?] sehr viel in den Tagen in Wien vom 14.–26. Juli.
Gelegentlich der »Ovationen für Shaw«, die Brecht f. die Presse schrieb, sagte er, daß Cäsar eine der gelungensten Gestalten sei. Der wäre gar nicht besonders gewesen. Alle anderen hätten fürchterliche Angst gehabt. Er sei sich bloß immer gleich geblieben. Sonst sei er ganz gewöhnlich gewesen.

Dann beklagte er sich darüber, daß unsere Zeit soviel Aufhebens wegen ihres technischen Fortschritts mache. Alles sei noch ganz schlecht – alle Maschinen. Das Auto gebraucht man noch nicht (bis auf Paris) als Gebrauchsgegenstand.
Der Phonograph sei noch genauso schlecht als wie vor 20 Jahren, als Edison ihn erlassen [?] habe.

Dabei ist lächerlich, daß Leute im Zeitalter der Technik – die Schriftsteller einen so schwülstigen Stil pflegen. Sie sind empfindlich, umständlich [?] verwirrend.
Sie haben kein Gefühl u. Gespür [?] f. d. Schwerkraft, f. Gefälle. Sie führen den Leser nur auf Irrwege, verwechseln sehr Bedeutung von Haupt- u. Nebensätzen. Keiner schreibt etwa so. Sie waren sehr stolz auf ihre Maschinen. Sie gingen so weit, daß sie ihre Zeit nach den technischen Irrungen benannten [?]. Sie waren großzügig + zugleich genau [?] [101]

/[C] 26. Juli 26
Die wichtigste Umstellung während der Arbeit geschah bei der Überprüfung des Materials für *Joe Fleischhacker*. Dieses Stück sollte in Chicago spielen, und zwar in großem Stil, und sollte innerhalb einer Reihe *Einzug der Menschheit in die großen Städte* den aufsteigenden Kapitalismus zeigen. Für dieses Stück sammelten wir Fachliteratur, ich selber fragte eine Reihe von Spezialisten aus, auch auf den Börsen in Breslau und Wien, und am Schluß fing Brecht an, Nationalökonomie zu lesen. Er behauptete, die Praktiken mit Geld seien sehr undurchsichtig, er müsse jetzt sehen, wie es mit den Theorien über Geld stehe. Bevor er noch in dieser Richtung zumindest für ihn sehr wichtige Entdeckungen machte, wußte er aber, daß die bisherige (große) Form des Dramas für die Darstellung solcher moderner Prozesse, wie etwa der Verteilung des Weltweizens, sowie auch für Lebensläufe der Menschen unserer Zeit und überhaupt für alle Handlungen mit Folgen nicht geeignet war. »Diese Dinge«, sagt B., »... sind nicht dramatisch in unserem Sinn, und wenn man sie ›umdichtet‹, dann sind sie nicht mehr wahr, und das Drama ist überhaupt keine solche Sache mehr, und wenn man sieht, daß unsere heutige Welt nicht mehr ins Drama paßt, dann paßt das Drama eben nicht mehr in die Welt.« Im Verlaufe dieser Studien stellte Brecht seine Theorie des »epischen Dramas« auf./[102]

/[C] Okt. 26
Nach der Aufführung von *Mann ist Mann* beschafft sich Brecht Arbeiten über den Sozialismus und Marxismus und läßt sich aufschreiben, welche Grundwerke er davon zuerst studieren soll. Aus dem Urlaub schreibt er in einem Brief kurze Zeit später: »Ich stecke acht Schuh tief im *Kapital*. Ich muß das jetzt genau wissen ...«

[ohne Datum]
Immer, wenn man mit B. auf eines seiner Stücke oder eine seiner anderen Arbeiten zu sprechen kommt und er sich das Geschriebene wieder ansieht, meint er, dessen Hauptschwäche nicht in Bescheidenheit besteht: Ja, das muß man auch einmal ändern. So sehr Brecht später oft den Zweifel als das Sicherste

hinstellte, so sehr stellte er von früh an als das sehr Sichere das »Verändern« hin, wobei es ihm darauf ankam herauszufinden, [gestrichen: wie sich diese Veränderung vollzog]: schnell, sprunghaft oder langsam und fast unsichtbar, oder zumindestens von Figuren auf der Bühne (und in der Wirklichkeit) für ihn selber und für die Figuren auf der Bühne./

während er Wien Auto gekauft. gl. kaputt ... in Düsseldorf.

Auff. in Darmst. mit B.[103]
" " Düsseldorf

Bis in d. November hinein Hastings.
Mann ist Mann Frankfurt ...

24./1.
29. Januar 27

1. Dezember: Auto kl. Opel, neues Modell, nach langen Scherereien.
Am 4. fährt B. schon erstklassig nach Brandenburg, durch Potsdam, teils durch B'burg, teils d. Berlin am Abend.

Polemik Ihring[104]!
Sechstagerennen!
Proletarischer Totentanz.
Wie v. 4 Leuten.
Fleischh.
Dan Drew.[105]

Wie Poiret[106] und Paquin[107] einer halben Erde die Moden der Kleider diktieren, so werde ich, Bert Brecht, der Erde Theater + Film diktieren.
Ich gebe eines Tages von meinem Lotterbett aus ein kleines Zeichen [darüber geschrieben: nur mit einmal Richtung haltend] und alle werden gierig in meine Vergewaltigung stürzen. Nur an jedem Ort wird man sich mit der Ausbeutung [einer] eigenen kleinen Variante meiner hervorragenden Idee – denn ich halte [mit] meinen Ideen nicht zurück – königlich amüsie-

ren und ein kleines Geschäft dabei zu machen suchen. Aber den Hauptspass + das Hauptgeschäft werde ich davon haben.

Die sitzende Haltung – wenigstens so wie ich es jetzt gesehen – ist ihm nicht kongenial. Die horizontale Lage ist sicher die einzig richtige für ihn.

Er geht sehr leicht – wie einer, dem [es] besser geht als allen anderen und dem vieles leichter ist.
Er spricht sehr leise aber deutlich und manchmal sagt er was, was grob ist, doch sehr höflich klingt.
Seine Schläfen sind eingedrückt und sehr dünn; zum Springen dünn; beängstigend.
An und für sich ist alles an ihm sehr festgelegt, neben Geerbtem, Gewolltes, Wille zum Typ – (Ledermütze [darüber: flach, schief], die ins Gesicht fällt, halblanger Ledermantel.[108]

Kommentar

Elisabeth Hauptmanns Tagebuch von 1926 und die in seinem Umkreis entstandenen Aufzeichnungen zeigen, wie schnell und umfassend sie sich in die Welt der Gedanken und des Geschmacks von Bertolt Brecht hineinbegeben hat. Es handelte sich aber keinesfalls um eine einseitige Abhängigkeit. Sie griff in den kreativen Prozeß selbst ein. Neben den vielen Rohübersetzungen, die sie anfertigte und die Brecht oft passagenweise in die Endfassung übernahm, gehen kleinere und auch größere Textabschnitte ganz auf sie zurück. Wichtig war auch ihr Urteil über Einfälle Brechts während der Arbeit. Das geht aus einer Zeugenschaft von Alfred Braun hervor, Deutschlands erstem Hörspielregisseur, unter dessen Regie Brechts Bearbeitung von Shakespeares *Macbeth* am 14. Oktober 1927 in der *Berliner Funkstunde* gesendet wurde. Braun erinnert sich: »Ich weiß noch heute genau, wie bei Brecht gedichtet wurde. Da saß eine Dame an der Schreibmaschine, die mithalf. Zuerst legte sie eine Schallplatte auf und machte Musik, und Brecht rannte im Zimmer auf und ab und hatte eruptive Ideen. Zum Beispiel wollte er Macbeth die Form einer Moritat geben und jeder Szene einen Messerklingenvers als Überschrift voransetzen. ›Macbeth reitet bei Nacht über die Zugbrücke eines Schlosses.‹ Leider – die Sekretärin fand es nicht gut und sagte ›nein‹, und das galt dann auch. So kam unter ganz wesentlicher Mitwirkung der Sekretärin, auf die Brecht sehr hörte, die Bearbeitung zustande.«[109]

Wenn die erste Funktion dieser Aufzeichnungen der Hauptmann auch das Festhalten von Arbeitsergebnissen und -plänen war, notierte sie doch auch ihre Empfindungen über Nachlässigkeiten und Grobheiten, zu denen Brecht fähig war. Im Tagebuch zeigt sich eine Frau, die sich nicht alles gefallen läßt und ihrerseits mit dem Druckmittel des Sich-Entziehens reagiert. Oder sie verkehrt demonstrativ mit der Konkurrenz, z. B. mit Carl Zuckmayer, der zur selben Zeit wie Brecht bei Reinhardt als Dramaturg angestellt, aber mit seinen Stücken erfolgreicher war. Im Vergleich zu Zuckmayer und den vielen anderen Autoren und Theaterleuten, die Elisabeth Hauptmann in dieser Zeit kennenlernte, erscheint ihr Brecht aber selbst in solchen Phasen der Entzweiung immer als der Überlegene und Interessantere. Sogar seinen Freundeskreis möchte sie nicht gegen den von Zuckmayer austauschen.

Die Verliebtheit Ernst Tollers, die im Tagebuch einmal angedeutet scheint, war Elisabeth Hauptmann eher lästig, keine Alternative zu Brecht.

Auch in späteren Lebensabschnitten, in denen es nicht nur zu größerer emotionaler Entfernung, sondern immer mal wieder auch zu Phasen tiefer Verstimmung kommen sollte, bleibt ihr Interesse an den gemeinsamen Projekten unverändert.

Die noch Spuren jugendlicher Beschwingtheit tragenden frühen Notizen der Hauptmann sind nicht nur für die 1926 zwischen ihr und Brecht herrschende Arbeitsatmosphäre aufschlußreich. Darüber hinaus enthalten sie wichtige Belege für die kollektive Arbeitsweise Brechts mit anderen Intellektuellen, die nicht nur – wie oft behauptet – einseitige Vorteile für Brecht brachte. Einige Passagen dieses Tagebuchs erlaubten es kürzlich, das bislang unter Lion Feuchtwangers Namen gespielte Stück über den britischen Indien-Gouverneur *Warren Hastings* als einen Text zu erkennen, den Brecht – wie die Hauptmann beobachtete – Feuchtwanger »diktiert« hatte –

offenbar als Gegenleistung für dessen Unterstützung beim *Leben Eduard des Zweiten von England.* Mit dem neuen Titel *Kalkutta 4. Mai* wurde das Hastings-Stück 1928 unter Feuchtwangers Namen von Erich Engel am Staatstheater inszeniert, 1994 ist es unter Brechts Namen in Hastings Villa in Kalkutta aufgeführt worden.[110]

Daß Arnolt Bronnen in seinem Stück *Ostpolzug* und Hans José Rehfisch im *Duell am Lido* erhebliche Anleihen aus Brechts *Dickicht* gemacht hatten, belustigte Hauptmann/Brecht offenbar mehr, als daß sie es krumm nahmen. Mit Bronnen war Brecht damals ohnehin befreundet, mit Rehfisch hatte er offenbar zumindest kollegiale Kontakte. In dieser Atmosphäre künstlerischen Austauschs, die offensichtlich die von Brecht zur ›jungen Generation‹ gezählten Schriftsteller untereinander pflegten, fiel es der Hauptmann nicht ein, nach sofortiger materieller Entgeltung zu fragen, wenn sie enthusiastisch mitschrieb, mitdichtete. Die Gesetze des Copyrights waren – zumindest informell – außer Kraft gesetzt. Wichtiger als die Wahrung seiner Urheberrechte war Brecht die Herstellung intellektueller Bündnisse und einer Atmosphäre experimenteller Partnerschaft. Die Intertextualität, das Verweben verschiedener individueller Diskurse, war also ein Zug der Zeit, zumindest in bestimmten intellektuellen Kreisen.

Und mit derselben Selbstverständlichkeit, wie man sich in diesen Kreisen der Ideen der anderen bediente, so selbstverständlich verarbeitete Brecht Ideen oder auch poetische Bilder aus bereits gedruckten Büchern. Aufschlußreich ist die Wieder gabe seiner Überzeugung, notwendige Kollektivität großen künstlerischen Schaffens auch mit dem Vorbild Shakespeares begründen zu können. Ihm fühlt er sich nicht nur deshalb verwandt, weil er ebenfalls mit seinen Freunden zusammen geschrieben hätte, sondern auch, weil er sich – wie angeblich auch Ben Jonson und Aischylos – in Konkurrenz zu Sportveranstaltungen gesehen habe, die mehr Publikum anzogen als Theateraufführungen.

Da Brecht es damals darauf abgesehen hatte, eben jenes große Publikum für sein Theater zu gewinnen, das normalerweise eher in Sportveranstaltungen zu finden ist, studierte er deren

Faszination genau. Davon ließ sich Elisabeth Hauptmann offensichtlich anstecken. Sie besucht – auch ohne Brecht – Sechstagerennen. Beide treffen öfter mit dem Boxer Samson Körner zusammen. Er erzählt seine Biographie, woraus eine Kurzgeschichte entsteht, die an ein populäres Magazin verkauft werden soll. Der gemeinsame Freund und Mitarbeiter, Emil Hesse-Burri, hat übrigens auch eine Zeitlang geboxt.

Von der amerikanischen Short story angeregte Kurzgeschichten für Magazine schrieb damals auch die Hauptmann. Es war nicht einfach, diese oft als Abenteuergeschichten angelegten, aber vor dem Hintergrund des sozialen Elends der zerrütteten Weimarer Republik spielenden Geschichten zu verkaufen, gleich, ob sie von ihr selbst oder von Brecht stammten. Denn die Magazine waren natürlich auch damals schon kommerziell eher auf die Verwertung trivialer Wunschtraumliteratur ausgerichtet.

Sowohl mit ihrem Interesse an den Massenkonsumartikeln Sport, Film, Jazz als auch mit der Zielstellung, in die großen populären Zeitschriften einzudringen, verfolgten Brecht und Hauptmann damals eine kulturelle Strategie, wie sie auch Antonio Gramsci[111] – den sie freilich nicht kannten – schon seit 1918 in Italien formuliert hatte: Der große, nicht nur in seiner quantitativen, sondern auch in seiner politischen Bedeutung enorm zunehmende Bereich der Massenkultur sollte nicht kampflos der systemimmanenten Unterhaltungsindustrie überlassen werden. Wie Gramsci wollte Brecht Unterhaltung und Aufklärung zusammendenken.[112]

Brecht/Hauptmann lasen nicht nur zeitlebens Kriminalromane, das Tagebuch offenbart, daß sie in dieser frühen Zeit auch versucht haben, selbst Kriminalgeschichten zu schreiben.

Aus dem Tagebuch geht auch hervor, daß die Hauptmann 1926 meinte, Brecht verzettele sich zu sehr und schriebe zu viele kurze, leichtgewichtige Sachen, eben ›nur‹ Short stories und Artikel. Sie wollte ihn »an eine längere richtige Arbeit kriegen«. Das sollte ihr wenig später gelingen. Die satirische Verfilzung des Milieus der Verbrecher und Huren mit dem Milieu der offiziellen Ordnungshüter wie Polizei und Religion bilden etwas später die Stoffgrundlage von *Dreigroschenoper* und *Happy End*. Auch hier ist ein enger Bezug zur populären Trivialkunst gegeben, der ganz in Gramscis Sinne polemisch umfunktioniert wird.

Daß die Beziehung des Brecht-Kreises zur Trivialkultur auch umgekehrt verlaufen konnte, wird die spätere Entwicklung von Emil Hesse-Burri zeigen, der nach 1933 hauptsächlich Drehbücher für seichte deutsche Unterhaltungsfilme schrieb. Brecht und Hauptmann sollten ihn – trotz der politischen Bedenken, die diese Tätigkeit Burris zunächst einmal auslösen mußte weiterhin schätzen und ihm lebenslang Zusammenarbeit anbieten.

Wirklichkeit und Fiktion: Die Schmerzen der freien Liebe

Obwohl gerade die westliche Literaturwissenschaft lange Zeit stolz auf ihre streng textbezogenen Methoden war, die moralische Fragen der Bewertung ausschlossen, kamen solche Verfahren im Falle Brechts immer weniger zur Anwendung. Fuegi ist der Extremfall, denn er analysiert die Texte gar nicht mehr auf ihren objektiven Gehalt hin, sondern beschränkt sich auf Angaben der Art, daß in einem Stück wieder viele Huren und/oder Verbrecher vorkämen. Damit ist nur ein puritanischer Fingerzeig auf die charakterliche Verworfenheit von Brecht beabsichtigt. Die satirische Verschiebung, die Zuspitzung oder auch die Ironie, die mit einer solchen Stoffwahl bezweckt gewesen sein kann, fällt unter den Tisch. Aber auch für einen großen Teil des literarischen Publikums ist Literatur heute vornehmlich ein Feld der Selbsterfahrung. Und deshalb kann schnell behauptet werden, daß auch Brechts Charakter aus einer psychoanalytisch daherkommenden Deutung der Texte ermittelbar sei. Nicht wenige Forscher scheint ein Brechttext nur in diesem Sinne noch zu interessieren.

»Wen immer ihr sucht – ich bin es nicht!« warf aber schon Brecht Kritikern entgegen, die in seinem Werk nach biographischen Bezügen forschten. Hans Mayer, der von 1948 an mit Brecht befreundet war und zusammenarbeitete, hält fest, daß es ihm von Anfang an beim Schreiben darum gegangen sei, »Abstand von sich selbst zu finden. Bereits in den frühen Gedichten seiner grandiosen *Hauspostille* erscheint jenes Ich im lyrischen Gedicht jeweils gespiegelt in einem anderen Ich, das eher episch-reflektierend zu verstehen ist. Beide heißen Bert Brecht [bzw. B. B., armer B. B., bidi], haben freundlichen Umgang miteinander, sind aber in vielen Dingen, vor allem in Bereichen der Gefühle und Triebe, durchaus verschiedener Meinung.« Auf die Kunstfigur des »coolen und herzlosen Men-

schenverächters« seien nicht nur viele Leser Bertolt Brechts hereingefallen, sondern leider auch Kritiker.[1]
Wenngleich eine umfassende Persönlichkeitsdeutung Brechts aus dem Werk auszuschließen ist, gehe ich doch davon aus, daß ein Teil der Lyrik auch mit persönlichen Empfindungen und Haltungen in Zusammenhang gebracht werden kann. Allerdings sind wohl die Gedichte nicht als Abbild von Brechts Innenleben zu interpretieren. Bereits die Stilmittel des ganz jungen Brecht zeigen das Bestreben, die eigene Erfahrung zu verfremden und in eine epische Erzählung allgemeinerer Erfahrungen umzumünzen. Auf diesem Weg wird ihm Elisabeth Hauptmann rasch folgen.

Unter den Gedichten des jungen Brecht, insbesondere denen, die einen zeitlichen – wenn sich auch nie ganz mit der Biographie deckenden – Zusammenhang mit seinen Beziehungen zu Paula Banholzer[2] und Marianne Zoff[3] erkennen lassen, fallen einige auf, in denen es unsicher erscheint, ob die Folgen der Liebe – außerhalb der bürgerlichen Ehe – zu einer neuen Art von Leben führen oder nicht doch in den Tod. Es ist belegbar, daß Brecht sich über die Kinder, die er mit der Banholzer und der Zoff hatte, einerseits freute. Andererseits empfand er die Schwangerschaften auch als Katastrophen, weil er finanzielle Verpflichtungen auf sich zukommen sah, denen er nur hätte nachkommen können, wenn er seine schriftstellerischen Pläne zugunsten einer bürgerlichen Karriere aufgab.
Es ist nicht so – wie z. B. Herbert Frenken meint[4] –, daß der junge Lyriker Brecht nur die Frauen an diesem Widerspruch sterben läßt, sei es, daß sie als Ophelia-Leichen die Flüsse hinunterschwimmen, sei es, daß sie – verborgen hinter einer Schiffsmetapher – auf den Meeresgrund sinken. Er, Brecht, habe sich dagegen als stets regenierungsfähige männliche Essenz gefeiert.
Wer in den frühen Gedichten blättert, kann sich schnell vom Gegenteil überzeugen. Angesichts des hohen Preises, den die Geliebten für das gemeinsame Ausleben des Triebes zu zahlen hatten, fühlt sich auch der junge Brecht durchaus schuldig und sogar todeswürdig. Folgendes Prosagedicht entstand wahrscheinlich angesichts einer ungewollten Schwangerschaft:

1. Nachts erwache ich schweißgebadet am Husten, der mir den Hals einschnürt. Meine Kammer ist zu eng. Sie ist voll von Erzengeln.
2. Ich weiß es: ich habe zuviel geliebt. Ich habe zuviel Leiber gefüllt, zuviel orangene Himmel verbraucht. Ich soll ausgerottet werden.
[...]
5. Meine Geliebten bringen ein bißchen Kalk mit, in den Händen, die ich geküßt habe. Es wird die Rechnung präsentiert über die orangenen Himmel, die Leiber und das andere. Ich kann nicht bezahlen.
6. Lieber sterbe ich. – Ich lehne mich zurück. Ich schließe die Augen. Die Erzengel klatschen.[5]

Das ›Ich‹, das man sich hier durchaus männlich und mit katastrophischen persönlichen Projektionen des Autors verbunden vorstellen darf, wird, nachdem es sich einen »Liebesbiß« zugezogen hat, auch mal zur Wasserleiche, die sich, nicht anders als im Gedicht *Vom ertrunkenen Mädchen*[6], allmählich in den Urelementen auflöst:

[...]
4
Blaue Salzflut überschwemmte
Mir das Fleisch bis auf das Bein
Wusch mich schnell von Kot und Hemde
Faustschlag (und auch Küssen) rein.

5
Bösen Träumen hingegeben
Mit mir selbst im Tod vereint
Hab ich Algen mich ergeben
Sie beschlafen, wie es scheint.

6
Als der Sommer wiederkehrte
War ich Aas in grüner Bucht
Und in einem Baum der Erde
Schlug ich himmelwärts die Flucht.

7
Grüne Wände wuchsen sommers
Über mich verfaultes Aas
Und im Herbste schwammen Wolken
Weiße, ob verfaultem Gras.[7]

Sowohl Banholzer als auch Zoff strebten eine bürgerliche Ehe an. Paula erreichte sie trotz des unehelichen Sohnes mit einem anderen Mann. Und Marianne setzte sie schließlich sogar mit Brecht selber durch. Dieser Ehekontrakt war allerdings das Papier nicht wert, auf dem er stand. Er bedeutete zwar keineswegs das Ende der gegenseitigen Anziehung, konnte aber gerade die Problemlösungen, für die er gesellschaftlich vorgesehen war, nicht leisten. Denn Brecht hatte natürlich nach wie vor nicht die Absicht, vom Weg des radikalen Schriftstellers abzuweichen.

Aber der Tod war ausgeblieben. Im Gegenteil, Marianne Zoff hatte sich, als sie zum zweiten Mal schwanger wurde, zum Austragen des Kindes entschlossen und 1923 die auch von Brecht sogleich vergötterte Tochter Hanne geboren. Als das Paar schon in der Krise steckte, sich aber eine dritte Schwangerschaft ankündigte, machte er in einem Brief deutlich, daß er sich ganz nach ihrer Entscheidung richten würde.[8]

1924 bekam auch Helene Weigel ein Kind von ihm, den Sohn Stefan. Brecht machte in diesen Jahren die Erfahrung, daß nicht nur er, sondern auch Banholzer, Zoff und Weigel keineswegs an der Liebe zugrunde gingen. Die letzten beiden gehörten dem Milieu der Oper, beziehungsweise der Schauspielbühne an, in dem es seit jeher eine Form von Frauenemanzipation gab: eine gewisse Wahlfreiheit hinsichtlich der männlichen Partner. Relativ neu aber war, daß Künstlerinnen die Liebe bewußt in ein Drittes umsetzten, daß sie sich Mutterfreuden leisteten. Zoff und Weigel entschieden sich dafür, ohne davon ausgehen zu können, daß Brecht seinen bürgerlichen Pflichten nachkommen würde. Wie dem Hauptmann-Tagebuch von 1926 zu entnehmen war, konnte Brecht Mitte der zwanziger Jahre sogar mit der finanziellen Unterstützung der Weigel rechnen. Sein Vater – wie auch der Vater von Elisabeth Hauptmann – hatte 1924 jegliche Geldzuwendungen eingestellt.[9]

Weigels Haltung war eine matriarchale, wie sie später immer mehr Frauen eingenommen haben, wenn sich ihnen die Perspektive gesicherter Berufstätigkeit bot. Erst wenn größere materielle Schwierigkeiten auftraten, forderten sie die Mitverantwortung des Mannes für die Kinder ein. Der Mann hat in dieser Konzeption durchaus etwas von einem ›Lustobjekt‹, das man sich eben leisten, unter Umständen aber auch fortschicken kann.

Banholzer, Zoff und Weigel führten Brecht weibliche Stärke und einen Willen zur Selbständigkeit vor, die er nicht automatisch hatte erwarten können und auch nicht erwartet hatte – weil sie in dieser radikalen Form historisch neu waren. Als er nach solchen Erfahrungen Ende 1924 Elisabeth Hauptmann kennenlernte, mag er bei ihr von vornherein mehr Autonomie vorausgesetzt haben als bei früheren Partnerschaften. Aus den finanziellen Abmachungen – die denen ähnelten, die zwischen ihm und der Weigel bestanden – sprach nicht aufopferungsvolle Schüchternheit der Hauptmann, sondern eher eine Art weiblicher Stolz, der im nach links tendierenden Milieu intellektueller Frauen ein Zug der Zeit war. Elisabeth Hauptmann glaubte, von Übersetzungen und Redaktionsarbeiten, später vielleicht auch von eigenen literarischen Arbeiten leben zu können. Die strukturelle Benachteiligung von Frauen auf dem Kulturmarkt, die anhaltend schlechte Bezahlung für solche Arbeiten war in der Mitte der zwanziger Jahre auch noch nicht vorherzusehen. Der Stolz dieser Frauen – damals Pionierinnen – zielte auf völlige Gleichheit von Mann und Frau im Beruf und in der Liebe. Emanzipation à la Kollontai war Mode.

Der heutige Feminismus geht davon aus, daß die soziale Gleichheit der Geschlechter keine Realität geworden ist und es auch in absehbarer Zeit nicht werden kann, weshalb Gerechtigkeit nur über die Anerkennung der – letztlich biologisch begründeten – anderen Lebensformen von Frauen erzielbar ist, sei es durch staatliche Leistungen, sei es durch Alimentierung des Mannes. Da in den USA schon immer, in der neoliberalen Ära auch in Europa, nur noch die letztere Variante möglich scheint, verlagert sich der feministische Anspruch immer mehr von Forderungen an die Gesellschaft auf Forderungen an die Moral der Männer als Privatpersonen. Aus dieser Sicht wirkt

Brecht schlicht asozial und der finanzielle Verzicht von Frauen wie Weigel und Hauptmann auf eine antiquierte Art idealistisch. Von den entmutigenden Erfahrungen, die hinter den heutigen Positionen stehen, waren die damaligen Avantgardistinnen aber ebenso weit entfernt wie von der aktuellen Vorstellung, daß Frauen sich überhaupt erst als Persönlichkeiten entfalten könnten, wenn sie zumindest in einigen Phasen ihres Lebens die Männer daraus ausschlössen. Die Gleichheit war vielmehr auf der Basis vollkommener materieller Unabhängigkeit konzipiert, die wiederum als notwendige Voraussetzung erotischer Freundschaft zwischen Männern und Frauen galt.
Solche Partnerschaften konnten auch damals schon von vornherein als offene Beziehung konzipiert sein und auch die Freiheit zu bisexuellen Experimenten einschließen. Obwohl an solchen Lebensformen heute eigentlich nichts Befremdliches mehr zu konstatieren ist, stellt Fuegi die von ihm unterstellte homosexuelle Beziehung zwischen Brecht und seinen Jugendfreunden, später auch zwischen Brecht und Bronnen –, kurioserweise als besonders abstoßend dar.
Die Beziehung Brecht-Weigel war wohl von Anfang an eine offene Beziehung. Lotte Lenja und Kurt Weill lebten sie übrigens auch. Die zum Freundes- und Mitarbeiterkreis um Brecht und Hauptmann gehörenden Bernhard Reich[10], Asja Lacis[11] und Walter Benjamin lebten eine Zeitlang ein Dreierverhältnis. Die mit der Hauptmann ebenfalls befreundete Lilja Brik[12] hatte während ihrer Ehe mit Ossip Brik ein offenes Verhältnis mit Wladimir Majakowski. In ihrer dritten Ehe mit W. A. Katanjan war sie weiterhin zugleich mit Brik liiert. In unbürgerlichen Verhältnissen lebten auch andere Hauptmann-Freundinnen wie Agnes Smedley[13] und Therese Giehse. Letztere hat am Ende ihres Lebens gesagt, daß ihre Liebesbeziehungen ohne »Besitzanspruch« gewesen seien.[14]
Es ist bekannt, daß die Weigel nicht nur die durchaus noch mit erotischer Spannung erfüllte Ehe Brechts mit der Zoff tolerierte. Sie hatte eine Atelierwohnung, wie sie die Hauptmann für sich und Brecht erträumte. Und das Unglaubliche geschah – die Weigel räumte das Atelier. Es wurde ab Februar 1925 zum gemeinsamen Arbeitsplatz von Brecht und Elisa-

beth Hauptmann. Die polizeiliche Neuanmeldung der Weigel in der Babelsberger Straße 52 füllte Elisabeth Hauptmann aus.[15] Bis Ende der zwanziger Jahre gab sie die Spichernstraße 16 als ihren festen Wohnsitz an. Von der Weigel aber blieb dort ein großes, von dem Maler Rudolf Schlichter geschaffenes Bild hängen, vor dem man arbeitete.
Diese scheinbar kleinen Details zeigen bereits, daß man sich die Rivalität um Brecht, die zwischen diesen beiden Frauen geherrscht haben muß, nicht allzu platt vorstellen darf und daß Brecht nicht – wie Fuegi behauptet – die eine gegen die andere ausspielte. Gegenseitiger Respekt bestimmte von Anfang an auch ihr Verhältnis untereinander. Da es sich allerdings um reale Menschen und nicht um idealtypische VertreterInnen eines utopischen Wertesystems handelte, spielten Hoffnungen, gerade den Mann, der immer sagte, »daß der Mensch nicht der Besitz des Menschen sein« solle, doch noch für sich allein zu erobern, zweifellos auch eine Rolle. Und Brecht hat diesen Wünschen der Frauen verbal auch teilweise nachgegeben – und gelogen. So schrieb er, drei Monate, nachdem er Elisabeth Hauptmann kennengelernt hatte, an die Ehefrau Marianne, die sich – da er ihr kaum Geld schickte – gewundert hatte, wieso er sich eine ›Sekretärin‹ leisten konnte: »Was Fräulein Hauptmann betrifft, so schreibt sie einige Tage in der Woche auf der Maschine für mich und wird von Kiepenheuer bezahlt und beschäftigt. Ich bin mit ihr so wenig befreundet wie mit Kiepenheuer selber.«[16]
Und auch gegenüber der Weigel hat er immer wieder versucht, die Beziehung zur Hauptmann sachlicher darzustellen, als sie zumindest in den ersten Jahren gewesen ist. Freilich ist kaum anzunehmen, daß ihm die Zoff oder die Weigel solche Versicherungen geglaubt haben. Die Verheimlichung der polygamen Verhältnisse hatte in erster Linie eine Funktion nach außen, auch einem Teil der Freunde gegenüber. 1931 schrieb er der Weigel aus Frankreich, wo er mit Hauptmann, Hesse-Burri und Weill an einem Lehrstück arbeitete: »Ich bin also in Le Lavandou und wohne im Hotel Provence, wo auch Weills wohnen. Hesse und Hauptmann wohnen in einer Privat-Pension, ich glaube nicht, daß es so ein Gerede geben kann.«[17]
Brecht brüstete sich mit seinen Liebschaften vor anderen

nicht. Diese Diskretion ist ein Zeichen dafür, daß ›offene Beziehungen‹ auch in intellektuellen Kreisen nur von wenigen gelebt wurden. Aus diesem Grunde hat die Hauptmann auch später, als Herausgeberin Brechts, kaum etwas Privates preisgeben wollen.

Dem Bemühen um Diskretion entsprang auch die Aufrechterhaltung des Siezens, zumindest vor anderen, aber auch im Brief. Allzu phantasievolle Spekulationen über das Siezen zwischen Hauptmann und Brecht erübrigen sich jedoch mit dem Hinweis, daß Brecht sich auch mit anderen, ganz engen Mitarbeitern siezte, wie es z. B. die Briefe an Emil Hesse-Burri verraten.[18]

Obwohl also über das Liebesverhältnis Hauptmann/Brecht fast nichts bekannt ist, zirkulieren in den Brecht nahen Kreisen Berlins bis heute einige diesbezügliche Anekdoten. Es ist zwar denkbar, daß sie zunächst von Damen – zum Beispiel von Ruth Berlau – in die Welt gesetzt wurden. Dennoch haben sie das Niveau von Herrenwitzen. Ich möchte keine dieser Gerüchte und Anekdoten wiedergeben, denn sie scheinen mir – im Gegensatz zu den zahlreichen Anekdoten über Brecht – weder wesentliche Charakterzüge der Hauptmann noch das Verhältnis Hauptmann-Brecht angemessen wiederzugeben. Brecht-Anekdoten bestätigen oft nur bereits Bekanntes. Außerdem kann ein Denkmal seiner Statur solcherlei Zunder auch dann besser aushalten, wenn sich eine Anekdote einmal als übertrieben oder unwahr erweisen sollte.

Elisabeth Hauptmann lernte Brecht in dem Monat kennen, in dem Stefan Weigel geboren wurde. Sie hatte im Februar 1925 nicht nur mit den Wohnungsangelegenheiten der Weigel zu tun, sondern war zugleich mit der Suche nach einer Wohnung für Marianne und ihre Tochter in Berlin beauftragt.[19] Wie das Tagebuch von 1926 zeigt, war auch sie sich der noch immer emotionsgeladenen Beziehung Brechts zu Ehefrau und Kind durchaus bewußt. Sie kann sich von Anfang an am wenigsten Illusionen über den notorischen Polygamisten Brecht gemacht haben.

Aber die aus protestantischem Provinzmilieu stammende Elisabeth Hauptmann hatte vielleicht weniger Lebenserfahrung

in sexuell experimentierenden Kreisen als Weigel und Zoff. Nach dem Ersten Weltkrieg konnten aber – besonders in den großen Städten – mehr Frauen an einem Emanzipationsschub teilnehmen als jemals zuvor. Durch kurze Haare und kurze Röcke zeigten viele an, daß sie sich den überkommenen bürgerlichen Moralvorstellungen nicht mehr beugen wollten. Im oberflächlichen historischen Rückblick wird diese Revolution der ›kurzen Haare‹ und der ›kurzen Röcke‹ vor allem bei der Bohème oder der Prostitution verortet. Ein Massenphänomen wurden diese provokanten Veränderungen indes nur, weil nicht wenige Frauen diese gerade als Gegenpol zur Prostitution konzipierten: Ein freieres Frauenleben sollte möglich werden durch materielle Unabhängigkeit, durch eisernen Fleiß im Berufsleben.
Wenn die kurzen Röcke auf einen selbstbewußteren Umgang mit dem eigenen Körper deuteten, wiesen die kurzen Haare ebenfalls auf die durch Berufstätigkeit möglich werdende ›Vermännlichung‹. Es wird häufig vergessen, daß dieser Emanzipationsschub nicht allein dem Kampf von Frauenrechtlerinnen zu verdanken war, sondern in dieser Breite vor allem eine Folge des Ersten Weltkrieges war. Wegen des Männermangels waren sowohl die Wirtschaft als auch die Frauen selbst auf ihre Berufstätigkeit angewiesen. Und wegen des Männermangels konnte auch die bürgerliche Ehe nicht mehr als selbstverständliche Perspektive für alle gelten. Auch in den durch die Inflation geschwächten kleinbürgerlichen Familien gewann der Beruf der Lehrerin an Prestige. Nicht nur Elisabeth Hauptmann durfte diese Laufbahn beschreiten, sie war ursprünglich auch für Paula Banholzer vorgesehen gewesen.
Der Staat betrachtete die Lehrerinnenlaufbahn freilich nicht unter einem emanzipatorischen, sondern unter dem utilitaristischen Gesichtspunkt, daß damit ein Teil der sozialen Kriegsfolgen abgefangen werden konnte. Frauen durften im Lehramt nur bleiben, solange sie nicht heirateten und damit durch einen Mann versorgt wurden. Daß eine Lehrerin uneheliche Liebesbeziehungen oder gar ein uneheliches Kind – wie Paula Banholzer – haben könnte, war erst recht ausgeschlossen. So kam es, daß dieser für Frauen eigentlich attraktive Beruf sie zugleich zum Zölibat verpflichtete – ein, wie

man sich denken kann, von den Individuen nur sehr konfliktvoll gelebter Widerspruch. Er hat in der patriarchalen Alltagsmetaphorik das lächerliche Bild der Lehrerin als ›Blaustrumpf‹ hervorgebracht.

Diesem Schicksal entzog sich die Hauptmann.

Wie lange und intensiv ihr sexuelles Verhältnis mit Brecht gewesen ist, läßt sich nicht feststellen. Spekulationen darüber zeugen nur von geschmackloser Phantasie. Ich fand aber ein eigenartiges Dokument, das es erlaubt, dieser Beziehung auch jenen experimentellen Charakter zuzuschreiben, wie er für manche intellektuelle Paare der ersten Jahrhunderthälfte belegt ist – z. B. Anaïs Nin und Henry Miller. Als die Hauptmann in den sechziger Jahren bei dem gemeinsamen Jugendfreund Hans Otto Münsterer Erkundigungen über frühe Gedichte einziehen wollte, beschrieb sie mit ungewöhnlichem Freimut eine Episode aus der Entstehungszeit der *Augsburger Sonetten*[20], ein Versuch Brechts, mit pornographischem Wortmaterial umzugehen: »Übrigens, als die *A. S.* schon fast alle geschrieben waren, gab Brecht eines mittags vor, er habe keinen rechten Eindruck von ihnen, ich möge sie ihm doch einmal vorlesen (was ein echter Brecht war). Das war in Augsburg. Wir einigten uns dann, dass er sie mir vorlas. Ich bestand aber darauf, dass ich ihn dabei fotografierte. Daran erinnere ich mich die ganzen Jahre sehr deutlich. Da ich aber viele meiner Sachen durch die Emigration verloren habe, glaubte ich die Fotos auch verloren. Meine sind auch fort, aber bei Brechts Sachen fand ich noch einige.«[21]

Im Brecht-Archiv liegen zwischen frühen Notizen Brechts auch einige lose Blätter mit autobiographisch inspirierten Aufzeichnungen von ihr, die sich auf die ersten Berliner Jahre beziehen. John Fuegi und Astrid Horst kennen einen Teil davon und haben sie als schmerzerfüllte autobiographische Aufzeichnungen der Hauptmann angesehen und nur mit Brecht in Verbindung gebracht. Übersehen wurde, daß hier auch Erfahrungen mit anderen Männern wiedergegeben sind und daß selbst dort, wo Brecht wahrscheinlich gemeint ist, eine literarische Distanz geschaffen wurde, wie sie auch für seinen literarischen Umgang mit dem eigenen Leben charakteristisch ist.

Darauf deutet u. a. das Experimentieren mit verschiedenen Erzählperspektiven und die für die literarischen Arbeiten der Hauptmann typischen, Abstand schaffenden Einleitungssätze. Diese kleinen, Fragment gebliebenen Texte sind wahrscheinlich gewissenhaft begonnene, aber nicht beendete Exerzitien, die Brecht Freunden und Mitarbeitern gern empfahl: das eigene Leben von ›außen‹ zu sehen, es ›zitierbar‹, d. h. literarisch zu machen. Dennoch hat die hier dargestellte Frau sicher viel mit Elisabeth Hauptmann zu tun, ist aber zugleich eine mal in diese, mal in jene Richtung radikalisierte literarische Fiktion. Der folgende Text liegt handschriftlich vor:
»Wer sie so sah, hätte ihr das nie zugetraut. Keinem hatte sie gesagt, daß sie ohne Stellung sei u. eigentlich ohne Wohnung, denn ihre Miete hatte sie schon seit 2 Monaten nicht [bezahlt], aber auch hier wie bei vielen anderen Gelegenheiten halfen ihr ihre großen offenen braunen Augen und ihr schüchtern-ernster Mund. Nur wenige wußten, daß sie kein Geld hatte. Sie hatte eben ihren Stolz. Sie dachte immer, es würde sich schon alles bald regeln und schließlich sei es auch schon recht so. Sie habe es auch nötig, sich zu schinden. Dabei ging es ihr aber von Tag zu Tag schlechter.
Es sickerte so langsam durch u. eines Tages kam es eben raus. Keiner wußte genaues über ihr Privatleben, keiner wußte, daß sie vom Lande sei, wo ihr Vater Arzt war, infolge seines Alters nicht mehr [vier Worte unleserlich] habe, auf sich gesetzt, ihre Mutter als einziges Kind reicher Eltern. Es mußte vieles zu Hause nicht stimmen, u. ihre Jugend schien trüb [?] gewesen zu sein.
Sie hatte, das wußte man bestimmt, nur ihr Lehrerin.exam. f. höh. Schulen gemacht, habe ihre Zöglinge mit Erfolg auf [unleserlich] Lyzeum 1, Kt. gebracht, habe selbst nicht mehr Erzieherin sein können, sei aus Liebe zu einem Vetter [?] ihrer Schülerin nach Berlin gekommen.«[22]

Obgleich aus der Ich-Perspektive geschrieben, war folgender in einer Schreibmaschinenfassung vorliegende Text vielleicht die Fortführung der obigen, in vielerlei Hinsicht unfertigen Erzählung. Er handelt vom Wunsch zu heiraten. Die Protagonistin sieht die freie Liebe offenbar nicht als eigentliches Le-

Möglicherweise eines der von Elisabeth Hauptmann aufgenommenen Fotos: Brecht beim Vorlesen der *Augsburger Sonette*, etwa 1928

bensziel, sondern nur als Phase an, die der Ehe vorausgeht. Die Ehe erscheint noch als das gesellschaftlich Normale und also Erstrebenswerte. Der merkwürdige Anhang – aus dem hervorgeht, daß die Geschichte einem Magazin angeboten werden sollte – offenbart einige Minderwertigkeitskomplexe, enthält aber mit dem respektvollen Bezug auf eine Urgroßtante, die nie heiratete, auch schon eine Relativierung des Ehewunsches:
»Jawohl, das ist der springende Punkt. Nicht mehr allein herumschinden. Nicht mehr allein alle Steuerschikanen ausbaden müssen, nicht immer sich wenn man heimkommt mit dem Hausschlüssel herumquälen, das Licht anknipsen und das unheimlich stille Stiegenhaus emporsteigen!
Aber da sind auch noch die Bekannten ... Die sind natürlich auch dafür, dass ich heirate, schon deswegen, dass ich sie dann viel besser und ausgibiger einladen könnte. Und manche und mancher hätte dann vielleicht Gelegenheit, bei mir wieder manche oder manchen kennen zu lernen ...
Nicht, daß ich keine Männer kennen würde. Oder nichts von ihnen wissen wollte! Oh nein, ich kenne nicht gerade übermässig viele, aber ausreichend viele und es ist auch mancher darunter, den ich heiraten würde. Und ich mag die Männer sehr gern. Sie sind für eine Frau der einzig richtige Umgang, um sie auf der Höhe zu halten. Ich will auch heiraten. Ich stelle gar keine besonders hohen Ansprüche.
Woran liegt es, daß ich diesen Mann nicht finde?
Ich habe einen Hauptfehler, ich habe nicht viel Geld. Was ich brauche, verdiene ich mir, aber ich hoffe immer mehr zu verdienen.
Wie ich mir das früher gedacht habe.
Tatsächlich: es muss ein Prinz sein.
Ich komme in die Großstadt und denke nicht ans Heiraten
Jetzt möchte ich schon ...
Zunächst, glaube ich, muß ich wegen der Bildbeigabe etwas rechtfertigen. Denn ich bin keine prominente Filmschauspielerin, keine berühmte Schriftstellerin, besitze keine Tennisweltmeisterschaft und habe nicht den Kanal durchschwommen, und trotzdem glaube ich, muß ich Ihnen mein Bild hier zeigen. Damit Sie nämlich sehen, daß ich gar nicht so übel aussehe. Und damit Sie nicht denken: wer weiss, was das für eine

miese Person ist, die hier noch keinen Mann gefunden hat, sondern sehen, daß ich eigentlich gar nicht so mies aussehe. Meine Urgroßtante, die in der ganzen Familie die Fürstin hiess und die mit 84 Jahren starb und bis zu ihrem Tode mit langen weissen Glacéhandschuhen bei Tisch erschien, war die schönste Frau, die es geben konnte, aber sie hat nicht geheiratet. Sie war ungeheuer stolz und ungeheuer energisch.«[23]

Diese Fragmente haben zweifellos eine autobiographische Basis. Hauptmanns erste Erfahrungen mit der freien Liebe lagen vor Brecht. Ziel des Experimentierens war die Suche nach einem »Prinzen« gewesen, aber statt dessen hatten sich Frustrationen eingestellt.

Auf gleichem Papier und mit gleicher Maschine geschrieben ist ein weiterer kleiner Text, der vielleicht ebenfalls einen Teil derselben Geschichte darstellt. Jetzt wird wieder in der dritten Person geschrieben, zugleich aber ein Rahmen geschaffen, der das Ganze deutlich als literarische Erzählung hervorhebt. Wie Brecht versucht nun auch Elisabeth Hauptmann, ihr eigenes Erleben mit einem ›fremden‹ Blick zu betrachten.
»Siehst du, ihr Fall ist ein Schulbeispiel. Sie war nicht eine Frau wie jede andere, sie konnte ungeheuer viel und hatte nicht ohne Anstrengung und bittere Erfahrung gelernt sich immer selbst zu helfen – in jedem Sinne, den du willst. Aber daraus erwuchs ihr Unglück. Sie wurde immer und von allen im Stich gelassen und man rechnete es sich fast noch zur Ehre an, dass man ihr zumutete, dass sie eine Frau war, die sich zu helfen wußte. Nichts ist mehr wert als eine gewisse Hilflosigkeit, mit der man nicht hinter dem Berg zurückhält und die intensiv genug ist, andere zur Hilfe zu zwingen. Du weißt das alles besser als ich: du bist nicht aus eigenem Antriebe in die Stadt gekommen. Ein Mann hat dich dazu überredet. Er war schon länger in der Stadt. So lange du noch nicht telephonieren konntest und es dir peinlich war, wenn er dich aus deiner Pension abholte, ging alles gut, so bald du dich einigermaßen zurechtfandest, war es aus. Eigentlich ging es nicht von ihm aus, sondern von dir, du kriegtest ihn über, weil er dauernd von Indien faselte und die Hauptstadt und ihre Vergnügungen über die

Feste der Tolteken stellte, die es nicht mehr gibt. Eines nachts wart ihr im Café in der Nürnbergerstrasse und du standest um ½1 Uhr auf und sagtest: du müßtest leider gehen, zu einer Freundin. Am nächsten Tage sagte er mir: wenn Frauen läufig werden, dann kann man nichts machen, dann sollen sie laufen. Und am Tag darauf passte er dir auf und er war dir widerlich. Ich weiss: er ist dir noch heute widerlich. Aber letzte Nacht warst du bei ihm. Er ist [durchgestrichen: einer von der Sorte, die dünn sind wie ein Häring] wie der Teufelsfisch, der die Größe eines Härings hat, aber die Menschen anfällt wie ein Jaguar. Ich glaube nicht, dass seine Freundschaften länger als zwei Jahre dauern. Ich begreife nicht wie du zu ihm gehen konntest, der dir so widerlich geworden ist. Ein Mann, der sich zwei Jahre, nachdem er mit einer Frau zusammen war, den Vater ihrer ungeborenen Kinder nennt, ist ein Schwein. Seine Hände sind kalt und rissig und als er meine Knie anfassen wollte, habe ich ihm auf die Hand gespuckt. Darauf holte er ein kleines Bild, dass er damals vor zwei Jahren von dir gemalt hatte, und sagte du sähest noch genau so aus wie damals, als du ihn liebtest und ihm zu Weihnachten einen Baum schicktest, ehe du wegfuhrest, und du hast ihn angebrüllt, du sähest nicht mehr so aus, du wolltest nicht mehr so aussehen und er solle dich endlich schlafen lassen, denn es sei schon drei Uhr. Gegen morgen machte er dir Tee und du liessest dich von ihm bedienen, du batest ihn um einen japanischen Holzschnitt, den er besonders liebte, und er gab ihn dir, voll guter Hoffnung. Du stecktest ihn in deine Manteltasche und gingest ohne ihm die Hand zu geben, denn sie war dir zu widerlich und als du draußen warst, hattest du schon alles vergessen, so wenig war er dir mehr wert, und du warst schlechter Laune, weil du müde warst und keinen Ort hattest, wo du schlafen konntest. Und aus lauter Trotz schlossest du mit einem Mann ein Geschäft ab, den du von einem Straßenautomaten anriefst, und du verdientest dadurch für die nächsten vier Wochen sehr viel Geld, wofür du nur 1 Tag zu arbeiten haben wirst. Du fängst überhaupt an, dir die Zeit mit Geschäften zu vertreiben, und niemand weiss es, wie glücklich dich das macht.«[24]

Die Frau, von der hier die Rede ist, trägt noch eigene, zugleich aber auch schon fiktive Züge: Als die Arzttochter und ehemalige Lehrerin mit 24 Jahren nach Berlin kam, war Elisabeth Hauptmann wohl kaum noch das Mädchen, das »nicht telephonieren« konnte. Und als sie mit 26 Jahren begann, mit Brecht zu leben und zu arbeiten, war sie bereits mehr als eine versierte Bürokraft. Der Schreiberin war bewußt, daß sich eine naivere Figur in epischer Darstellung besser ausnimmt als das eigene Ich.

Obwohl auch nicht alle Elemente auf Brecht, sondern wahrscheinlich eher auf den Mann verweisen, dessentwegen sie nach Berlin gekommen war, ist es doch wahrscheinlich, daß dieser Text in einer der – laut Tagebuch schon früh stattfindenden – Phasen der Entzweiung mit Brecht entstanden sein kann, in der es zu »Pflaumereien« und vielleicht auch zu Ekelgefühlen kommen konnte. Die dargestellte Verletzung der Frau gehört zu den nicht ungewöhnlichen Schmerzen der freien Liebe, vor denen freilich die bürgerliche Ehe auch nicht wirklich schützt. Die Erkenntnis, daß es sich um ein allgemeineres Problem zwischen Männern und Frauen handelt, drückt der Eingangssatz »Siehst du, ihr Fall ist ein Schulbeispiel« aus, womit der Text von vornherein eine allgemeinere feministische Relevanz bekommt. Das Mädchen wählt einen Ausweg, der für die echte Hauptmann wohl nicht in Frage kam: Das viele Geld, das an einem einzigen Tag verdient werden kann, deutet eher auf eine Tätigkeit als Fotomodell oder Prostituierte – ein Thema, das in ihrer 1931 im *UHU* veröffentlichten Magazin-Geschichte *Auf der Suche nach Nebeneinnahmen*[25] weitergeführt scheint.

Der »dünne Häring«, aber auch das Café in der Nürnberger Straße verweisen auf Brecht. War er aber auch der die Menschen anfallende Jaguar? Er soll selbst dann, wenn er zynisch sein wollte, eher ruhig gewesen sein.

Auch das folgende, nur handschriftlich vorliegende Textfragment ist als Plan für ein literarisches Unternehmen erkennbar. Hier stimmen aber auffallend viele Elemente mit bekannten biographischen Eckpunkten in Zusammenhang mit Brecht überein.

»*Das Mädchen, das sich seine Vorzüge machte*
November aufgefischt. Er keine Wohnung, sie Grippe.
Sie läßt sich darauf ein. Liest eines Morgens Zettel, auf dem steht – –
Von dem Moment an war ich wie verwandelt.
Nun wußte sie ziemlich genau, was er von Frauen hielt – versuchte, sich danach zu richten.
Oh, sie war nicht dumm. Aber sie wurde immer dümmer.
Sie wußte, daß er sie nicht ungern sah, Krieg der Frau –
Sie nannten sich immer »Sie«. Sie fügte nur ungern einen Namen hinzu.
Sie sah auch, daß andere Frauen kamen. Alles war für sie 10 x schwieriger als für die anderen Frauen. Konkurrenz unentbehrlich zu machen.«[26]

Aus diesem frühen Text geht hervor, daß das ›Sie‹, das Hauptmann und Brecht vor anderen und auch im Brief verwandten, nicht erst das Ergebnis einer Ernüchterung war. Es diente offenbar auch von Anfang an der Betonung einer Sphäre gegenseitiger Unabhängigkeit.
Der Schreiberin ist bewußt geworden, auch diesmal den »Prinzen« nicht gefunden zu haben, daß sie sich vielmehr in einer Wettbewerbssituation mit anderen Frauen befand. Diese Lage nimmt sie als Herausforderung an und will die Seiten an sich herauskehren und entwickeln, die ihr vielleicht doch noch die Priorität bei diesem Mann verschaffen. Daß Brecht Frauen gar nicht in Konkurrenz zueinander setzte und es insofern keine Priorität zu erringen gab, hatte damals offenbar nur der sensible Realitätssinn der Weigel erfaßt. Sie hat sich von Anfang an als autonom gegenüber Brecht konzipiert. Daß sie als Schauspielerin damals erfolgreicher war als er in seiner Schriftstellerexistenz, hat ihr diese Haltung vielleicht erleichtert. Elisabeth Hauptmann hatte einen solchen Rückhalt nicht.
Komplexe, Selbstzweifel sind auch in folgendem Text zu erkennen, der offensichtlich nach dem im Tagebuch erwähnten gemeinsamen Wienaufenthalt entstand, aber ebenfalls unvollendet blieb. In eigenartigem Gegensatz zu der Kommentierung der eigenen Unsicherheiten steht aber die Virtuosität in der Benutzung verfremdender literarischer Stilmittel. Das legt

den Verdacht nahe, daß auch hier kein hundertprozentiges Selbstporträt vorliegt, sondern daß hier bewußt ein etwas einfacheres ›Mädchen vom Lande‹ gestaltet wurde, als sie selbst es gewesen war. Wie Brecht in seiner Lyrik beschreibt sich Elisabeth Hauptmann hier von außen, aus der Perspektive einer anderen Person. Sie stellt sich vor, wie ein gewisser »P« sie gesehen haben könnte. Hinter »P« steckt sicher der mit Brecht befreundete Schriftsteller und Mathematiker Leo Perutz.[27] Da die Hauptmann vor Brecht in Wien eintraf, trat sie »P« zunächst allein gegenüber, wobei sie sich offenbar von ihm »ausgefragt« gefühlt hatte. Der Titel *Auch ein Interview* ist vielleicht ein verborgener Bezug zu dem wenige Monate zuvor von Guillemin gemachten Interview Brechts.

»Eines morgens werde ich angerufen. ›Ach bitte, könnte ich vielleicht Herrn P. sprechen‹ – ›Das bin ich‹ – ›Ach bitte, ich spreche im Auftrage von Herrn B. B., ich habe Ihnen etwas von ihm auszurichten, am besten wäre es, wenn ich Sie auf einige Minuten sprechen könnte – wenn es Ihnen recht ist, es handelt sich um die Aufführung von dem Stück MIM[28], ich weiss genau darüber Bescheid, es ist, glaube ich, nicht ganz unwichtig für Sie.‹
›Bittschön, Fräulein, haben Sie Herrn B. in Berlin gesprochen? Er wollte doch auch herkommen‹. – ›Ja, ich arbeite bei ihm und er wird wohl auch in etwa vierzehn Tagen kommen.‹
›Wollen Sie nicht heut nachmittag gegen 5 zu mir heraufkommen.‹ – ›Ach bitte, ich kenne mich überhaupt nicht hier aus, wie komme ich am besten zu Ihnen hin von meiner Pension aus?‹
Das war interessant, dass MIM jetzt aufgeführt werden sollte, das war sehr wichtig, ich hatte es sonderbarerweise in den Zeitungen nicht gelesen. Und von B. hörte ich nur was, wenn ich im Winter auf einen Sprung in Berlin war oder er im Sommer auf einen längeren Sprung in Wien. Dann waren wir allerdings fast jeden Tag zusammen, aber in der Zwischenzeit kümmerten wir uns nicht umeinander. Und jetzt schickt er mir irgendein Mädchen auf den Hals wegen MIM. Ob die in sein richtiges Sortiment gehörte? Oder war sie etwa seine Stenotypistin? Die konnte er sich doch eigentlich nicht leisten? Und wenn,

wieso fuhr sie nach Wien? Bezahlte er sie so gut oder war sie Sekretärin zum Spass? Merkwürdig – immer: ach bitte – so schüchtern, gar nicht berlinerisch, aber mit B. kannte man sich ja nie aus.
Um 5 Uhr läutete es – das war sie. Meine Aufwärterin schlurfte hin und ich hörte ganz deutlich eine leise Stimme: ›Ach bitte, bin ich hier recht bei Herrn P., ich sollte um 5 herkommen.‹ Mir wird immer ungemütlich, wenn ich es mit schüchternen Menschen zu tun habe. Aber da stand sie schon im Zimmer: ›Ach bitte, Herr P.?‹ Ich war schon vorher aufgestanden und kam jetzt hinter dem Schreibtisch vor und begrüßte sie, aber sie schien meine Hand nicht zu sehen. ›Also Sie kommen von B. Wie gehts ihm?‹– ›Danke, sehr gut, er ist jetzt in A ...‹ Ich bat sie, abzulegen und half ihr dabei und nachdem der Hut weg war und der helle Mantel, da stand nun eine mittelgroße zierliche Person vor mir mit glatt nach hinten gestrichenem Bubenkopf – hübsch, sehr hübsch.
›Sie sind das erste Mal in Wien? Ja – aber gehen Sie, waren Sie immer in Berlin?‹ – ›Nein, ich bin erst seit zwei Jahren dort‹ – ›Aber Sie sehen so großstädtisch aus.‹ – ›Oh, eigentlich sagt man immer, ich sei noch sehr weit zurück, mein Haar zum Beispiel habe ich erst vor acht Wochen schneiden lassen. Und noch vor einem halben Jahre waren meine Röcke ekelhaft lang.‹
Manchmal gebrauchte sie Ausdrücke, die gar nicht zu ihr passten, machte das der Einfluß von B.?
Wir sprachen dann noch vieles hin und her, sie kannte schrecklich viel Leute, vermutlich alle durch B., aber sie fügte meistens hinzu: ›Eigentlich kenne ich doch sehr wenige, ich gehe so ungern ins Café, aber bei den Premieren sieht man immer diese Gesichter.‹
Ich fragte sie dann über Wien aus. Sie war fünf Tage jetzt in Wien, in dem sie ausser einem vielbeschäftigten Schriftsteller niemand kannte. Und was sie sagte, schreibe ich hier auf.
›Ich glaube, daß das Leben hier angenehmer ist. Es wird hier im großen und ganzen wohl nicht soviel gearbeitet. Ich glaube, das ist berechtigt. Mir ist es so, als ob die Leute hier mehr Einfälle haben, schneller sind im Denken, es ist doch Temperamentssache.«[29]

An anderer Stelle im Brecht-Archiv fand ich ein Blatt, das inhaltlich, vom Papier und vom verwendeten Farbband her eine Fortsetzung der Rede von ›B.s. Stenotypistin‹ sein muß, die trotz ihres kurzen Aufenthalts in Wien bereits lebhafte Vergleiche mit Berlin angestellt hat:
»›Sehen Sie, unsere besten Journalisten kommen von Wien und auch unsere Schauspieler und Schauspielerinnen. Es ist wirklich Temperamentssache. Man ist hier an und für sich ungehemmter, glaube ich, freier. Ich sage immer von den Leuten bei uns, daß eigentlich nur mit denen was los ist, die unterhalb der Maingrenze herkommen. Ich selbst stamme aus einem kleinen Nest in Westfalen, ich merke sehr, was das ausmacht. Ich bin durch einen Zufall in die großen Städte verschlagen worden, erst vor zwei Jahren nach Berlin, jetzt nach Wien, die Stadt macht mir noch immer schwer zu schaffen. Ich bin etwas menschenscheu, obwohl mir das die meisten auf den ersten Blick nicht glauben wollen, aber man muß sich ja einigermaßen sicheres Auftreten angewöhnen, nicht wahr, ich mache sowieso immer noch so viele Dummheiten in der Stadt. Die Leute sind lockerer in ihrem Kopf, unbeschwerter. Ich beneide sie direkt. Daher auch die kleinen praktischen Sachen, die ich hier im Gegensatz zu Berlin gefunden habe, obwohl im großen sicher sehr viel Umständlichkeit hier herrscht. Ich habe zum Beipiel meine Schreibmaschine hierher nachgeschickt bekommen, sie ging mir am Tage vor der Abreise kaputt, ich mußte sie zur Fabrik schicken lassen. Gestern früh drei Stunden auf dem Güterbahnhof der Nordbahn zugebracht, aber von diesem schlechten Eindruck will ich Ihnen jetzt nichts sagen.
Ich habe fast noch nichts von dem gesehen, was man sich ansehen sollte. Aber allein macht mir das keinen Spass. Ich bin aber viel in der Stadt herumgefahren, gelaufen und kenne mich schon sehr gut aus. Man muß sich aber zum Beispiel daran gewöhnen, daß hier die Fahrtrichtung eine andere ist als in Berlin. Auf der Straße fällt mir auf, [bricht ab]
Fräulein – Trinkgeld – Wasser – Backwerk und Bäckerei – Abadie! [?] – Zug ins Freie! – Kultur im Beieinandersein! – Zeitungen – schwarzer Kaffee – kleine Schlüssel – 10 Uhr Haustürschluss – Fensterfeststeller – Fensterkissen aus braunem

Wachstuch, oft mit hübschen Bezügen – Häuser wie Hotels – hoch, enorme Lichtschächte – Bereitwilligkeit, einem alles zu zeigen – Talent zum Erzählen – Tabaktrafiken Zeitungen und Marken – mehr auf die Annehmlichkeit des Lebens bedacht – Theater schlechter als in Berlin – Duell Telephon –«[30]
Hier war offensichtlich eine Art Wien-Reportage geplant.
Der Kontakt zu Leo Perutz muß bald weniger steif gewesen sein, denn Hauptmann wohnte drei Monate bei ihm und bearbeitete sogar ein Stück von ihm für die Bühne.[31]

Unter den Hauptmann-Manuskripten zwischen Brechts frühen Papieren fand ich auch ein schwarzes Heft mit dem handschriftlichen Anfang einer Geschichte über das aus Liebeskummer wahnsinnig gewordenes Bauernmädchen Sophie Krahl. Sie ist aus der Perspektive einer in der Großstadt lebenden Arzttochter geschrieben, die zu Besuch nach Hause gekommen ist, die Einlieferung der Kranken miterlebt und dann deren Geschichte rekonstruiert. In der Einführung läßt sich eine lebenserfahren und abgeklärt wirkende Frau vernehmen, die im Gegensatz zu der wahnsinnig gewordenen nicht mehr mit einem Prinzen rechnet. Die Schreiberin äußert hier eine Weisheit, die sprachlich und inhaltlich auf eine voll entwickelte Philosophie der freien Liebe aus weiblicher Sicht weist – und auf die dasselbe Thema betreffenden, aber viel später begonnenen Texte von Brecht in *Me-ti*:
»Wenn man etwas liebt, dann muß man die Hindernisse mitlieben. Die meisten Menschen aber streichen von dem, was sie lieben, soviel weg, daß das, was sie schließlich haben, zu ihrem Erstaunen ganz anders aussieht als das, was sie eigentlich haben wollten. Besonders zwischen Mann und Frau sollten die Hindernisse niemals unter ein gewisses Maß herabsinken, doch kann ein Übermaß dann ebenso schädlich sein. Auf keinen Fall soll eine Frau, die einen Mann liebt, den Boden verlassen, denn nichts ist höher über dem Boden als die ausgestreckte Hand eines Mannes.«[32]
Diese schöne Passage, deren genaue Entstehungszeit nicht ermittelbar ist, deutet darauf hin, daß Elisabeth Hauptmann mit der Zeit eine ähnliche Lebensphilosophie wie Helene Weigel entwickelte. Dennoch blieb sie hin und her gerissen zwischen

dieser Haltung und dem Wunsch, doch noch eine dauerhafte Partnerschaft mit einem Mann zu erreichen, worunter sie freilich etwas anderes verstand als eine Versorgungsinstitution. Ihr polemisches, zugleich aber etwas neidisches Verhältnis zur bürgerlichen Ehe kommt in einem Brief an Walter Benjamin aus den USA deutlich zum Ausdruck, wo »die Leute trotz ihres legeren Sitzens in ihren bequemen Stühlen fabelhaft diszipliniert« seien: »Ich glaube auch, dass die scharfen und menschlichen Gesichter der Männer meist davon herrühren, daß sie die Spielregeln der Ehe und des Familienlebens bewußt anerkennen: wenigstens scheint mir das bei 90 Prozent der Fall zu sein. Sie können nicht, wie sie möchten, aber sie wollen auch mit bewußter Resignation nicht, was sie möchten. Das Auge der Gesellschaft wacht über ihnen, das ganze Land ist ein Glashaus, wenigstens die Städte. Die 10 Prozent, die tun, was sie mögen, sind unter den künstlerisch oder politisch links Interessierten zu suchen. [...] Auch die Frauen sind von einer bewußten und heroischen Pflichterfüllung ihren Hausarbeits- und Familienpflichten gegenüber.«[33]

Elisabeth Hauptmann gehörte selbst zu denen, die – nicht immer glücklich – in unbürgerlichen Partnerschaften lebten. In der ersten Euphorie der Selbstbefreiung war es nicht erkennbar gewesen, daß dies damals für Frauen einen viel schwereren Lebensweg bedeutete als für Männer. Die so entstehende zwiespältige Selbstwahrnehmung habe ich auch oft in der ersten Generation ökonomisch selbständiger und sexuell unabhängiger Frauen nach dem Zweiten Weltkrieg beobachtet. Erst seit den sechziger und siebziger Jahren, als viele junge Frauen freiwillig auf die Ehe zu verzichten begannen, ist deutlich mehr weibliche Souveränität nicht nur in den Zeiten zu spüren, in denen die Freiheit Genuß bedeutet, sondern auch, wenn Partnerschaften schwierig geworden sind oder in die Brüche gehen. Elisabeth Hauptmann erwarb die für Frauen kapitale, aber bis heute nicht allgemein übliche Fähigkeit, auf manche Zumutungen mit ‹nein› zu antworten und eigene Forderungen anzumelden. Sie tat dies nicht immer früh genug, aber sie tat es – mit Bestimmtheit. Das gab ihr auch die Flexibilität, in späteren und viel späteren Phasen ihrem privaten Leben immer mal wieder eine neue Richtung zu geben.

Die Produktion des schreibenden Duos

Von *Bessie Soundso* über *Die Dreigroschenoper* und *Happy End* zu *Die heilige Johanna der Schlachthöfe*

Soweit in den autobiographisch inspirierten Fragmenten der Hauptmann reale Konflikte mit Brecht wiedergegeben sind, wurden sie in irgendeiner Weise entschärft. Denn wären sie Teil eines intimen Tagebuchs gewesen, lägen sie sicher nicht zwischen zeitgenössischen Arbeitsmaterialien von Brecht. Eher ist anzunehmen, daß sie selbst Arbeitsmaterialien waren und zwar nicht nur Übungsstücke für die Hauptmann, sondern z. T. auch Stoffquellen für Brecht.
In einer von Elisabeth Hauptmann für Brechts Gesammelte Werke von 1967 angelegten Rubrik *Zum Lesebuch für Städtebewohner gehörige Gedichte* frappierte mich jetzt eines davon. Denn es beschwor mir das Bild der Frau der Fragmente herauf, insbesondere des *Mädchens, das sich seine Vorzüge machte*. Auch hier kämpft eine Frau mit den etwas raffinierteren weiblichen Waffen darum, einen Mann für sich allein zu bekommen, befreit sich aber schließlich von diesem Anspruch.

Es war leicht, ihn zu bekommen.
Es war möglich am zweiten Abend.
Ich wartete auf den dritten (und wußte
Das heißt etwas zu riskieren)
Dann sagte er lachend: das Badesalz ist es
Nicht dein Haar!
Aber es war leicht, ihn zu bekommen.

Ich ging einen Monat lang gleich nach der Umarmung
Ich blieb jeden dritten Tag weg.
Ich schrieb nie.
Aber bewahre einen Schnee im Topf auf!
Er wird schmutzig von selbst.

Ich tat noch mehr als ich konnte
Als es schon aus war.

Ich habe die Mentscher hinausgeworfen
Die bei ihm schliefen, als sei es in der Ordnung
Ich habe es lachend getan und weinend.
Ich habe den Gashahn geöffnet
Fünf Minuten bevor er kam. Ich habe
Geld auf seinen Namen geliehen:
Es hat nichts geholfen.

Aber eines Nachts schlief ich
Und eines Morgens stand ich auf
Da wusch ich mich vom Kopf bis zum Zeh
Aß und sagte zu mir:
Das ist fertig.

Die Wahrheit ist:
Ich habe noch zweimal mit ihm geschlafen
Aber, bei Gott und meiner Mutter:
Es war nichts.
Wie alles vorübergeht, so verging
Auch das.[1]

›Zitiert‹ Brecht hier die Fragmente der Hauptmann? Übersetzt er sie in die eiskalte Sprache der *Hauspostille*? Führt er gar, wenn auch verfremdet, die reale Geschichte weiter? Die Hauptmann unternahm 1929 tatsächlich einen Selbstmordversuch. Eine biographische Parallele ist vielleicht auch darin zu sehen, daß die Frau nach einer Phase des Leidens bewußt einen Abstand zwischen sich und den Mann setzte, ohne endgültig mit ihm zu brechen. Durch die Aufgabe der Idee, ihn allein besitzen zu können, war die Ebene erreicht, auf der man auch mit dem Schreiber dieser Zeilen lebenslang befreundet sein konnte.

Bei der Unterstellung der sex for text-These bleibt oft unterbelichtet, daß die Basis der Gemeinsamkeit zwischen Brecht und seinen Freundinnen von Anfang an auch eine ähnliche

Weltsicht war, die auf eine – zunächst noch gar nicht genau definierte – radikale Veränderung der Welt zielte. Der sogenannten ›dritten Sache‹ waren Brechts Mitarbeiterinnen mindestens ebenso leidenschaftlich verbunden wie ihm – aber teilweise auf andere Art, zum Beispiel durch Mitgliedschaft in der KPD, die für ihn selber nie in Frage kam. Da Brecht das Prinzip gesellschaftlicher Veränderung aber gerade in heiklen Fragen anders und überzeugender vertrat als die Partei, entstand hier eine Bindung, die über jede denkbare körperliche Attraktion hinausging.
Fuegi meint, daß Brecht auch in politischer Hinsicht mit ähnlich charismatischer Ausstrahlung wie Stalin und Hitler – die großen Vernunftverächter und Gegenaufklärer des Jahrhunderts – Menschen angezogen hätte. So wird unterschlagen, daß er mit seiner Vergötterung der Vernunft den genauen Gegenpol darstellte. Spielerisch und zugleich streng war die Art von Rationalität, mit der er die Welträtsel anging. Die erotische Ausstrahlung, die dieses Denken offensichtlich hatte, war aber nicht nur Verführung durch, sondern auch Verführung zur Vernunft. Sie wirkt auch post mortem und nicht nur auf Frauen.
In der Mitte der zwanziger Jahre, in der ersten Zeit der Beziehung Hauptmann-Brecht bestand die ›dritte Sache‹, das gemeinsame Engagement, wohl zunächst vor allem in der Ablehnung jener politischen Kontinuität, die Verantwortung für den Weltkrieg, die Niederschlagung der deutschen Revolution und das Inflationselend trug. Der ausbleibende wirtschaftliche Aufschwung, das nicht endende Massenelend stand – ähnlich wie in der heutigen Welt – in groteskem Widerspruch zur rasanten technologischen Modernisierung. Letztere wurde damals aber gerade auch von Linken nicht nur als natürliches Produkt und Wirkungsfaktor der kapitalistischen Entwicklung gesehen, sondern auch als relativ autonome und vor allem gestaltbare Potentialität. Die Anziehungskraft Amerikas beruhte schon nach dem Ersten Weltkrieg vor allem darauf, daß die moderne Technologie hier nicht nur in Kriegsmaschinerie umgesetzt wurde, sondern auch eine beispiellose Revolutionierung des zivilen Lebens versprach: erste Formen von Massenkonsum wie z. B. erschwinglich scheinende Autos.[2]

Mit der weitgehenden Zustimmung zur zivilen technologischen Moderne ging auch die Beliebtheit amerikanischer Kulturelemente einher, wie neuer Formen des Sports und vor allem auch der Musik.
Hauptmanns Tagebuch von 1926 zeigt, daß nicht nur Brecht, sondern auch sie selbst von diesen neuen Amerikanismen fasziniert waren. Zugleich offenbart die Arbeit an *Mann ist Mann* aber bereits Skepsis: in dieser neuen Welt ist der einzelne Mensch nicht nur hundertprozentig austauschbar, er ist auch hundertprozentig manipulierbar. Er läuft Gefahr, eine Sache unter Sachen zu werden. Die Versachlichung der menschlichen Beziehungen ist – wie ihre Voraussetzung, die moderne Technologie – aber janusköpfig. Ihre zweite Seite ist die der Maschinenwelt durchaus nachempfundene Sachlichkeit des Denkens, die unabdingbar scheint, um die immensen Möglichkeiten der Moderne doch noch posititiv zu entwickeln. Von daher bricht Brecht – und wie wir sehen werden, schließlich auch die Hauptmann – mit allem, was mit der romantischen Gefühlswelt des 19. Jahrhunderts zu tun hat. Als deren Nachschein wird sogar der zeitgenössische moderne Expressionismus verhöhnt. Bewußt aufgesetzte Kühle und Sachlichkeit nutzte Brecht damals auch als provokanten Reklame-Effekt, wenn er in der Öffentlichkeit auftrat.
Die von vielen Kritikern und Lesern empfundene »Kälte«, die aus vielen Texten weht, war keine Gefühlskälte im Sinne von Mitleidlosigkeit. Es war eher die Kälte des Verstands, den sich Brecht ungetrübt von schwärmerischen Gefühlen wünschte. Dennoch wurde die »neue« Sachlichkeit – an deren literarischer Entwicklung Hauptmann und Brecht originär arbeiteten – zweifellos besonders von Brecht auch bewußt und zu weit ins Private getragen. Eine Passage aus den Filmgesprächen von 1972 belegt aber, daß die Hauptmann in der künstlerischen Objektivierung der zwischenmenschlichen Sachlichkeit in dieselbe Richtung mitging:
»Gedichte, Lyrik – das war oft Brechts alleinige Sache. Aber man konnte reinreden. Ich überleg grad mal wo? Ich weiß nicht, ob Sie sich daran erinnern: ›Wenn ich mit dir rede, kalt und allgemein, mit den trockensten Wörtern, so red ich doch nur wie die Wirklichkeit selber.‹ Dann habe ich dazu ge-

schrieben: ›Die du mir nicht zu erkennen scheinst.‹[3] Das steht bis auf den heutigen Tag. Das war von mir auch nicht als Witz gemeint. Oder so überhaupt. Wenn er meinte, es war richtig, hat er's mit reingenommen.«

Auf die Frage der Filmer, ob sie öfter geändert habe, antwortete sie 1972:

»Ich glaube, ich hab Ihnen mal erzählt, daß Brecht mir 1925 mal ein Gedicht schickte: ob ich nicht [damit] was anfangen könnte? Weil wir nicht so sehr viel Geld hätten, könnte ich es vielleicht an irgendeine Zeitung schicken. Und er schrieb dazu: natürlich könne ich es ändern, selbstverständlich.«

»Haben Sie öfter geändert?«

»Ja. Zugefügt auch.«

Diese umfassende Vollmacht galt für Elisabeth Hauptmann lebenslang. Wir werden weitere Beispiele ihrer Änderungen und Erweiterungen bringen. Aber immer wieder versicherte sie, daß keine ihrer Änderungen und Erweiterungen ohne Zustimmung Brechts in den Druck gegangen seien.

Aus dem Tagebuch von 1926 ging bereits hervor, daß vor allem ein Teil der damaligen Kurzprosa Brechts in gemeinsamer Arbeit entstand. Elisabeth Hauptmann schildert das im Film 1972 als ein gemeinsames Lernen:

»[...] damit das nicht so aussieht, als ob die Mitarbeiter ausgebeutet wurden. Wir hatten ja unendlich viel davon. Hätten wir gesucht, hätten wir inseriert, hätten wir die besten Leute gefragt, wäre wahrscheinlich keiner darauf gekommen zu sagen: Ja, wenn Sie etwas schreiben lernen müssen, gehen Sie zu Brecht! Der hätte sich auch wahrscheinlich bedankt. So hatten wir das, nicht wahr. Er hat einem ja auch geholfen. Es tut mir immer leid, daß ich das eine Manuskript nicht habe, wo er so am Rand angestrichen hat, was ihm gefiel, was er veränderungswert fand und so. Oder was man sonst gelernt hat! Brecht lernte damals Kurzgeschichten schreiben. Er nahm sich so Genres vor, und die mußte er dann beherrschen. Das war aber auch sehr leicht und locker. Damals kam die Short story nach Deutschland, nach dem Krieg. Und die Form ist ja nicht einfach die Form einer gewöhnlichen Erzählung oder Novelle oder von irgend etwas, sondern eben eine Short

story. Und das wurde exerziert. [...] Da gab es zum Beispiel *Das Paket des lieben Gottes*[4] oder *Eine kleine Versicherungsgeschichte*.[5]
[...] Und dann hat er mich ermutigt und hat mir sozusagen Ratschläge gegeben, wie man das macht. Ja, das soll mal ein anderer kriegen, so am gewöhnlichen Vormittag, so nebenbei! Also das fand ich immer großartig. Oder auch für das Stückeschreiben.«
Die vielen in den zwanziger Jahren für das große Publikum bestimmten Zeitschriften und Magazine wandten sich ja ganz besonders an Leserinnen und waren deshalb wohl auch für Frauen, die sich als Schriftstellerinnen versuchen wollten, eine leichter zugängliche Publikationsmöglichkeit als Buchverlage. Elisabeth Hauptmann war es schon vor ihrer Bekanntschaft mit Brecht gelungen, eine Geschichte in einem Magazin zu veröffentlichen. Später trat sie gegenüber Redaktionen und Verlagen als Agentin der ‹Skandalnudel› Brecht auf, während sie selbst für Magazine mehr übersetzte, als daß sie eigene Texte anbot. Klaus Völker meint zu Recht, daß es dahingestellt bleiben muß, »ob sie durch die Verbindung mit Brecht solche Auftragsarbeiten erhielt oder ob sie ohne Brecht sich als Schriftstellerin einen ganz eigenen, erfolgreicheren Namen gemacht hätte.«[6]
1926 erschien in *Das Leben* unter dem Pseudonym Kathrin Ux Hauptmanns Geschichte *Romeo ohne Julia*. Die Liebe erscheint hier zwar als menschlicher Urtrieb, der aber in der versachlichten modernen Welt – hier Amerika – ganz und gar von Geld und Kalkül domestiziert wird und schließlich erlischt. Sogar der Selbstmordversuch der Protagonistin erweist sich als Berechnung. Am Ende gehen weder Romeo noch Julia an ihrer Liebe zugrunde, sie fliehen sie sogar und werden standardisierte Berufsmenschen. Der Bezug auf Shakespeare schlägt ins Polemische, ins Komische um.[7] Diese Sicht auf die Liebe steht in eigenartigem Kontrast zu den autobiographisch gefärbten Textfragmenten, sie wirkt ganz brechtisch. Brechts Einfluß blitzt auch auf der Wortebene auf. Wenn »der Mond schon zweimal über Kansas City gewechselt« hat – ist eine Anleihe an die Zeitrechnung mit Mondkalender zu konstatieren, wie sie Brecht zum Beispiel in der 1920 entstandenen *Erinnerung an die Marie A.*[8] praktizierte.

Die meisten der Geschichten, die Hauptmann in den zwanziger Jahren in Magazinen publizierte, handeln vom Elend der Arbeitslosen, Ausgestoßenen, Alten, oft auch von der Erfindungsgabe der Frauen, um aus Notsituationen auszubrechen. In *Er soll dein Herr sein* versucht die Frau eines kranken und bankerotten Motorradhändlers mit verzweifelten Transaktionen das Geschäft zu retten. Jedesmal wird ihre Position dabei besonders schwierig, weil sie eine Frau ist. Ein möglicher Kunde will ihren Körper als Zugabe, der andere nutzt ihre geschäftliche Unerfahrenheit aus und als sie nach unendlichen Strapazen Erfolg hat, erntet sie wegen ihrer panischen Aktivität nur Hohn, der Ehemann rechnet sich den guten Ausgang selber an: »Wenn ich nicht wieder mal rechtzeitig telephoniert hätte, säßen wir jetzt auf der Straße oder an einem schlimmeren Ort! Aber das kommt von diesem kopflosen Herumgerenne!«[9] Diese 1929 im *UHU* publizierte Geschichte erschien mit einem Foto, das Elisabeth Hauptmann selbst als Proletariergattin mit Schürze vor dem Motorradgeschäft zeigt.[10] Die Inszenierung suggeriert durchaus sex appeal, wenn auch ganz im Sinne der gramscianische Wende im Massenmedium: ein erotischer Hauch im Alltagsleben der durch Armut Erniedrigten. Aus jetziger Sicht finde ich erstaunlich, daß ein Magazin eine solche Geschichte und ein solches Foto im Kontrast zu der auch damals schon hauptsächlich verbreiteten gelackten Frauenschönheit überhaupt brachte. Sollte die Massenpresse der Weimarer Republik vielleicht größere demokratische Potenzen gehabt haben als die heutige?

Der Körper der mittellosen Frau als ihr einziges Kapital ist auch der Inhalt der Erzählung *Auf der Suche nach Nebeneinnahmen*. Eine mit ihrem Haushaltsbudget unzufriedene junge Ehefrau gerät an einen Fotografen, der vorgibt, ihr schönes Gesicht an Magazine verkaufen zu können. Er macht ihr aber schnell klar, daß sie mehr zeigen muß, wenn sie wirklich nennenswerte Summen verdienen will.

Dieser Geschichte ist ein Prolog in Brechtscher Sprache vorangestellt. Er wirkt im ersten Moment auf eigenartige Weise überproportioniert, weist aber darauf hin, daß die Hauptmann diese Art Frauenschicksal nicht als Banalität, sondern als höchste Tragödie auffaßte:

»Mit einer ähnlichen Geschichte begannen ganz ähnliche Frauengestalten ihren Weg zum Schaffott oder Galgen, nach nicht größerer Enttäuschung versanken Ungezählte im Schlamm der Städte, mit gleicher Aussichtslosigkeit füllen sie die Gefängnisse aller Länder. Wenn der Mensch nicht den anderen Menschen verkaufen kann, dann verkauft er, in die Enge getrieben, sich selber. Zehntausende gesichtsloser Männer und Frauen in zehntausend Situationen suchen stündlich an sich herum, was an ihnen verkaufbar wäre, der Kopf oder die Beine, ihre Jugend oder ihr Alter, ihre Nachtstunden oder ihr Sommer. So suchen sie immerfort nach immer neuen Tricks und auf Grund immer neuer Enttäuschungen ihre Lage zu verbessern, die nicht verbesserbar ist.«[11]

Die nur unvollendet erhaltene und wohl auch unpubliziert gebliebene Geschichte *Kleopatra* thematisiert beinahe à la Michel Foucault die schier grenzenlose Modellierbarkeit des Körpers in extrem unterschiedlichen sozialen Bedingungen: eine alt und verbraucht wirkende Bettlerin verliert ihren Mann und ihr Obdach. Eine Frau nimmt sie aus Mitleid in eine Kneipe mit. Dort bringt ihr abstoßendes Äußeres einen Revuetheaterbesitzer auf die Idee, mit ihr einen satirischen Auftritt als Königin Kleopatra zu inszenieren. Die Nummer hat jahrelang Erfolg, die Frau gelangt zu Berühmtheit, Wohlstand und auch wieder zu einem angenehmen Äußeren. Ihr jugendlicher Freund ahnt nicht, womit sie nächtens ihr Geld verdient.[12]

Die meisterliche Erzählung *Gastfeindschaft* schrieb Elisabeth Hauptmann für eine 1931 von Wieland Herzfelde im Malik-Verlag herausgegebene Anthologie *Dreißig neue Erzähler des neuen Deutschland*. Ein Obdachloser wird von einer mitleidigen Familie zum Weihnachtsfest eingeladen und man bietet ihm schließlich sogar eine Dachkammer zum Wohnen an. Aber der Gast bleibt nicht. Auch die bestgemeinte Mildtätigkeit dieser Art ist keine Lösung, gibt dem Mann weder Autonomie noch Würde zurück.[13]

Während mir die Erzählungen der Hauptmann beim ersten Lesen in den siebziger Jahren zeitgebunden und daher nur von historischem Interesse schienen, finde ich sie heute ausgesprochen spannend, denn die neoliberale Ära bringt wieder ähnli-

che Schicksale hervor. Auch heute können viele Frauen nichts anderes als ihren Körper vermarkten. Und eine aktuelle Neuauflage der Geschichte *Gastfeindschaft* hörte ich neulich als reale Geschichte im Kirchenfunk des SFB!
Hauptmann und Brecht bearbeiteten damals manche Stoffe zunächst getrennt. So entstanden zwei Varianten, die man vielleicht später dann wieder koordinierte. Von Brechts Kurzgeschichte *Der Arbeitsplatz oder Im Schweiße deines Angesichts sollst Du kein Brot essen*[14] gab es auch eine Variante der Hauptmann, die leider verloren ist – und übrigens auch Varianten von Anna Seghers.[15]
Sowohl diese Brecht-Geschichte als auch Hauptmanns Erzählung *Er soll dein Herr sein* verweisen auf provokante Verwertung von Stellen aus der Bibel. Brecht und Hauptmann hatten Spaß daran, die Gesellschaft durch Konfrontation mit ihren hohl gewordenen Werten zu schockieren. Für Brecht waren aber nicht nur Zitate aus der Bibel wichtig. Die frühbürgerliche Klarheit der Sprache Luthers und die ungeschminkte Epik der Bibel waren für seine eigene poetische Sprache von Anfang an Vorbild. Elisabeth Hauptmann sagte in den Gesprächen mit dem Filmteam 1972, daß sie in der ersten Zeit mit Brecht auch »das rein Sprachliche betreffend« Schwierigkeiten gehabt habe, weil »ich den süddeutschen Sprachgestus nicht gut genug kannte. Aber wir haben uns da ganz erstaunlich schnell verständigt und nicht zuletzt über das Lutherdeutsch. Brecht hatte ja eine große Hochachtung vor dem Lutherdeutsch. Es war kein leeres Wort für ihn: ›Den Leuten aufs Maul geschaut.‹ Es kam dem süddeutschen Sprachgestus sehr nahe [...], es ergab sich dann so irgendwie aus der Arbeit heraus: Brecht kannte die Bibel sehr gut, und ich kannte sie sehr gut von Hause aus. Brecht sagte irgendein Zitat, ich ein anderes – wir übertrafen uns da gerne, einer wollte mehr wissen als der andere. [...] Und so gab es unendlich viel Sachen, die man dann exerzieren konnte. Und es ist wirklich ein Mittel gewesen, um mich sprachlich etwas – was soll man sagen – ja, etwas auf den süddeutschen Sprachgestus hinzuführen. Das Lutherdeutsch war mir nicht so fremd, weil ich so viele Jahre meines Lebens im Thüringischen, Sächsischen verbracht habe.«[16]

Wenn in Luthers Protestantismus Glaube und Vernunft auch keine direkten Gegensätze darstellten, so wurden seine Sprache und die Gleichnisse der Bibel von Brecht/Hauptmann mit entgegengesetzter Zielstellung verwandt: Der Mensch soll sich nicht auf Gott verlassen, sondern allein auf seine Vernunft. In Hauptmanns Erzählung *Bessie Soundso. Eine Geschichte von der Heilsarmee*, die 1928 im *UHU* erschien – übrigens mit einem Foto von ihr im Kostüm der Heilsarmee [17] – wird die Tätigkeit dieses Wohltätigkeitsvereins verspottet. Während des großen Erdbebens von San Francisco im Jahre 1906 kommt es wegen eines quer über der Straße liegenden Karrens zur Verstopfung einer Straße. Den Leuten scheint jeder Fluchtweg versperrt. Ein gerade am Vorabend zu vertiefter Frömmigkeit erleuchteter Heilsarmeesoldat namens Brown spornt die in Panik geratenden Menschen zu religiösen Gesängen an, wodurch das Chaos aber nicht geringer wird. Das Mädchen Bessie, das als Leutnant der Heilsarmee zur selben Gruppe wie Brown gehört, sagt plötzlich: »Stop that nonsense!« Sie erreicht nach einiger Anstrengung, daß die Leute wirklich zu singen aufhören und sich von ihr zu geordnetem Abzug aus der Straße, aus der Stadt dirigieren lassen: »Sie ragte über die Menge hinaus, sie ließ sich irgendwie von irgendwem hochheben, sie hielt ihre beiden Hände wie ein Schalltrichter vor den Mund, und sie rief unaufhörlich: ›[...] Laßt den Unsinn! Tut den Wagen zur Seite! Verlaßt die Stadt!‹ Sie schrie es taktmäßig und verzweifelt, und obwohl ihre Stimme nicht sehr stark war und obwohl die um Brown nur um so lauter sangen und obwohl einige sogar versuchten, sie herunterzuzerren, brachte sie doch zuwege, was sie wollte, nämlich, daß einige Burschen, deren Verstand noch nicht ganz weggesungen war, den Karren anfaßten [...] und [...] auf die Seite schafften.«
Das »Menschenknäuel« kann sich nun aus der Straße herausarbeiten, »fast als sei es die natürlichste Sache der Welt.« [18]
Folgenreich für spätere Arbeiten von Hauptmann und Brecht ist nicht nur das die Glaubensinstitutionen lächerlich machende Heilsarmee-Motiv. Von kapitaler Bedeutung wird auch Bessies Gestus der Erleuchtung sein, der freilich keine Erleuchtung durch den Glauben, sondern durch die Vernunft ist. Im Rahmen derselben Umkehrungsdialektik, in der die

Sprache und die Gleichnisse der Bibel verwendet werden, tritt hier die Vernunft im Gestus einer Heiligen auf.
Diese Heilige wird im Verlaufe eines langen intertextuellen Austauschs zwischen Hauptmann und Brecht den Namen Johanna tragen. Und auch Simone Machard trägt wohl noch einige ihrer Züge.
Die pionierhafte feministische Relevanz der frühen Erzählungen von Elisabeth Hauptman muß nicht unterstrichen werden. Wenn ich Fuegi in einem Punkt zustimme, dann in dem, daß der Mann Brecht sowohl durch die Lebenshaltung als auch durch die literarische Aktivität der ihm nahestehenden Frauen wahrscheinlich erst in die Lage versetzt wurde, seine späteren großen ›epischen‹ Heldinnen zu schaffen. Das setzt allerdings eine Sensibilität voraus, die ihm Fuegi paradoxerweise abspricht.
Im Brecht-Archiv befindet sich das Originaltyposkript von Hauptmanns Erzählung *Bessie Soundso.*[19] Es trägt Zeichen der Bearbeitung durch Brecht. Elisabeth Hauptmann verwandte zwar Gleichnisse und Motive der Bibel, aber den Brechtschen ›Lutherstil‹ machte sie sich nicht vollkommen zu eigen. Ihre Sprache ist bis in die Filmgespräche von 1972 hinein das moderne, für deutsche Intellektuelle des 20. Jahrhunderts typische Deutsch, das komplexe Zusammenhänge in Kausalkonstruktionen erfaßt. Brechts literarisches Genie hat darin bestanden, nicht weniger komplexe Zusammenhänge in die kleinen Spracheinheiten des lutherischen Stils zu bringen. So zielen die von ihm vorgeschlagenen Änderungen am Text von *Bessie Soundso* auf Straffung und Reduktion, zu viele Attribute werden zusammengestrichen. Das läuft auf die Zurücknahme des beschreibenden Elements und die Verstärkung des Gestischen hinaus. Und genau hier wird das Besondere der Sprache Brechts überhaupt deutlich. Fuegi hat seine Behauptung, daß 80 Prozent der Dialoge der Dreigroschenoper auf die Übersetzungstätigkeit von Elisabeth Hauptmann zurückgehen würden, von Klaus Völker übernommen. Dieser vergißt aber nicht darauf hinzuweisen, daß erst Brecht den endgültigen sprachlichen Ausdruck schuf und zwar mit oft verblüffend kleinen Änderungen oder Umstellungen. Elisabeth Hauptmann »stillte den Brechtschen Stoffhunger mit den richtigen Nahrungsmitteln,

sie stöberte die passenden fehlenden Dokumente auf und funktionierte als perfekter Ausschnittsdienst. Zum Beispiel erfüllte sie glänzend den Auftrag, Sport- und Bibelzeitschriften auf ganz bestimmte Wendungen hin auszuwerten. Vorzugsweise las sie für ihn regelmäßig englische Zeitungen und Zeitschriften, sie übersetzte die entscheidenden Formulierungen und Wendungen, auch Schlager- und Werbetexte. Die *Dreigroschenoper*, *Happy End* und vor allen Dingen *Mahagonny* sind gespickt mit derartigem Zitatenmaterial. Die poetischsten Stellen entpuppen sich nur allzu oft als aus amerikanischen Schlagern oder Sportreportagen entlehnte Wendungen, von Brecht oft wörtlich oder ganz leicht, aber doch markant geändert, in der Formulierung Elisabeth Hauptmanns übernommen.«[20]
Hauptmann und später auch Margarete Steffin lernten es allerdings auch, den lutherisch-brechtischen Sprachgestus nachzuahmen, um, wenn sie Lust und Laune hatten, am kollektiv verstandenen Werk eine Verbesserung oder Erweiterung anzubringen. Auch in diesem Falle handelt es sich aber um Brechts Sprachgestus, den sie in ihren eigenen Arbeiten – aus welchen Gründen auch immer – nicht kontinuierlich anwandten.
Da die Korrespondenz vor der Emigration weitgehend verlorenging, wissen wir nicht, ob der Kurzname »Bess«, mit dem Brecht die Hauptmann lebenslang anschrieb (ob er sie auch so anredete, muß dahingestellt bleiben), eine Ursache oder eine Folge der Geschichte um *Bessie Soundso* war. Kein Datum trägt der abgerissene, schwer leserliche Papierschnipsel mit der Aufschrift »Liebe Bess – Haben Sie Lust zu einem Reisessen?«[21], den ich im Hauptmann-Nachlaß fand, weil er vielleicht klein genug war, um von ihr durchs Exil getragen zu werden. Er ist vielleicht der etwas späteren Epoche zuzuordnen, in der sie Brecht bereits in die Auseinandersetzung mit den No-Stücken des Japaners Seami gestoßen hatte.

Dazwischen liegt aber der atemberaubende künstlerische und finanzielle Erfolg, den das bislang bettelarme schreibende Duo mit der *Dreigroschenoper* errang. 1972 erzählte die Hauptmann den Filmern, wie sie Brecht den Stoff schmackhaft ge-

macht hatte: »Man wußte ja so ungefähr, was er mochte. Als ich die *Dreigroschenoper* gelesen hatte, habe ich ihm die Szenen mal so kurz erzählt. Ich habe ein bißchen gewußt, was ihm gefiel. Mir hat es aber auch gefallen.«
Barbara Brecht-Schall machte mich kürzlich darauf aufmerksam, daß ihren Erkenntnissen nach nicht die Hauptmann, sondern die Weigel den Dreigroschen-Stoff aufgestöbert hat. Auch das wäre eine großartige Nachricht! Sie würde den kreativ-experimentellen Charakter des ganzen Brecht-Clans nur bestätigen! Wie dem auch immer sei, die Hauptmann war es jedenfalls, die John Gays *Beggar's Opera* in einer Weise aufbereitete, daß Brecht daraus etwas machen konnte. Fest steht: ohne ihre Übersetzung gäbe es die *Dreigroschenoper* nicht. 1972 in den Filmgesprächen: »Ach nein, die wäre, nein, die wäre sicher nicht gekommen. Aber mein Gott, das war auch drin, wozu konnte ich denn englisch, wozu? [...] Ich las von einem interessanten Stück in den englischen Zeitungen. Aber daß das so akut war in England – wegen dem Datum, 1928 –, das hatte ich gar nicht so mitbekommen, das war ja 200 Jahre alt. 1728 wurde es zum ersten Mal aufgeführt. Ich wußte auch etwas von Gay[22] – aber eigentlich wenig. Und ich wußte auch etwas von Pepusch[23], der die Musik geschrieben hatte – aber auch wenig. Ich habe aber dann die Songs durchgesehen und gesagt: also die sollten wir nicht nehmen, nur die Melodie vom ersten, die fand ich so schön. Da hat Brecht jetzt die anderen Worte: *Wach auf, du verrotteter Christ ...* Und das war ja alles für uns eine Überraschung, wir haben es auf Spaß hin gemacht. Daß der Aufricht[24] dann das Stück haben wollte, ist eine andere Sache. Aber zunächst haben wir das mal aus reinem Spaß gemacht. Solche Späße leisteten wir uns. [...]
Was haben wir da investiert – ein halbes Jahr Arbeit, vom Winter 1927, 1928 bis zum Sommer, etwas über ein halbes Jahr.«
Daß nicht wenig Text des Szenariums, der Dialoge, direkt auf die Übersetzung der Hauptmann zurückgeht, ist lange bekannt. Die Veränderungen Brechts waren stets in erster Linie dramaturgischer Art, er gab den Stoffen seinen ganz besonderen ›Dreh‹. Und den eigentlichen Erfolg der *Dreigroschenoper* bestimmten zweifellos die Songs. Der war aber keines-

wegs vorhersehbar. »Wir sagten: es wäre gut, wenn es ankommen würde. Dann hätten wir auch etwas mehr Geld gehabt, wir hatten ja nicht viel Geld damals. Aber Sicherheit war gar nicht drin. Und die Songs sind gemacht, als schon ein Vertrag da war mit dem Theater. Aber die Anfangsarbeit war doch gänzlich ohne Vertrag, da war kein Theater, da war nix, nix, nix! Aber das hat uns nie abgehalten, wenn es uns Spaß gemacht hatte.«

Die Songs der *Dreigroschenoper* wurden in Deutschland sofort Gassenhauer und sollten das Stück weltberühmt machen. Elisabeth Hauptmann 1972: »Ich glaube, man kann sie fast als das erste Musical, den Anfang des Musicals bezeichnen. In der *Dreigroschenoper* heißt es: ein Stück mit Musik. Und Vorbilder waren ja damals sehr viel amerikanische Songs. Wir haben damals ungeheuer viel von Amerika übernommen, das war ja die Zeit des Amerikanismus, das war ja unwahrscheinlich. Das habe ich schon oft gesagt. Ich selbst sammelte ja Platten [...]. Es war ja eine schöne Zeit, es wurde nur bald eine sehr ernste Zeit. [...] man ging ja auch in Lokale und hörte dann was; das meiste, weil man das brauchte. Es lag Brecht ebenso sehr. Das war die große Augsburger Liedtradition. [...] Er hat seinen Freunden vorgespielt und vorgesungen. [...] Das hat er dann später in Berlin gelassen. [...] Also schon bei der *Dreigroschenoper* war er sehr zurückhaltend, obwohl da auch viele Melodieelemente von ihm reingeflossen, eingegangen sind. Ich meine, zugegeben vom Weill, später zugegeben von anderen Komponisten.«

Wie aber entstanden die Songs? Während Brecht seine Gedichte »sehr viel allein« machte, »meistens sogar allein«, kam es bei Songs auch mal zur Zusammenarbeit mit anderen, nicht nur mit den Komponisten.

»Bei Songs, bei ausgesprochenen Song-Texten für Stücke zum Beipiel, das haben wir oft zusammen gemacht, auch schon in den zwanziger Jahren. [...] Er kam sehr bald darauf, daß ich Klavier spielen konnte. Es war nicht besonders weit her. Meine Mutter hatte es sich einmal anders geträumt. Sie war auf dem Konservatorium gewesen und sollte Pianistin werden. Sie hat dann geheiratet, und dann war es aus. Und sie hatte von mir so was ähnliches gedacht. Und jetzt kam das Brecht unge-

heuer zustatten. Er hatte sich selbst in Augsburg auf der Gitarre begleitet, schaffte sich in Berlin schnell ein Banjo an. Und es war Helene Weigel, die ein altes Tafelklavier anschaffte. Und das wurde jetzt strapaziert. Es wurden unendlich viel Songtexte gemacht, an den Vormittagen, mit Melodien dazu.« Sie spielte auf dem Tafelklavier, und Brecht war es, der vorsang und den Rhythmus angab. Aber »ich hab auch schon mal angegeben. Da gab es ja viele Sachen zu bedenken. Brecht war ganz stark in e-moll. Das kam von der Gitarre her, weil ihm das am meisten lag, nicht nur stimmlich, sondern auch wegen der Finger, e-moll, ja. Und auf dem Klavier spielte ich auch e-moll, die Akkorde, das war ja auch nicht schlimm.«
Auf die Frage der Filmer, ob – wie bei Geschichten oder Stükken – die Mitarbeiter auch für die Songs Vorarbeit leisteten, sagte sie: »Nein, nein, das wurde neu kreiert, neu geschrieben. Entweder machte Brecht es gleich, der Papier dabei hatte. Oder – Gott! Brecht ließ ja immer irgendwas zu, von anderen. Wenn es ihm gefiel, dann ging es mit ein. Das war noch in der großen Augsburger Tradition der Lieder und Songs. Da gibt es etwas ganz Hübsches, das ist die Klampfenfibel aus Augsburg. [...] Von Brecht und seinen Freunden, 1918. Ich weiß gar nicht, ob er die Noten selber geschrieben hatte, damals. Jedenfalls später hatte er schon eine Notenschrift entwickelt, die konnte er mit ungeheurer Geschwindigkeit benutzen. Also, ich mußte mich sehr anstrengen, immer mitzukommen, wenn ich mitschreiben wollte. Ich habe dann auch manchmal in Eile, weil es schneller ging, ausgeschrieben: Fis, Des, Es, E, A, H.« Wenn Brecht zwar das organisierende Zentrum der Song-Produktion war, so konnte manche Zeile durchaus von jemand anderem stammen: »Ich weiß noch, bei dem einen Song *Einst glaubt' ich als ich noch unschuldig war*, da kam – es war abends, Brecht und ich versuchten uns da an irgend etwas – die Marieluise Fleißer dazu. Und die fing auch gleich mit irgend etwas an und erinnerte sich an etwas, was sie selber geschrieben hatte, und das habe ich eigentlich bis auf den heutigen Tag nicht vergessen. So eine Zeile daraus oder zwei Zeilen waren es bei ihr: ›Und war wie eine kleine Wiese, die der Mondschein vergaß.‹ [...] Ob der Song für die *Dreigroschenoper* zustandekam, kann ich gar nicht mehr sagen.«[25]

Songs konnten unabhängig von einem Stück oder auch zielgerichtet entstehen: »Das war ganz verschieden. Wenn man geglaubt hat, es wäre richtig. Aber viele wurden auch noch im Nachhinein gemacht, wenn man das Ganze noch einmal durcharbeitete, das Ganze sah und dann vielleicht dachte, das wäre ein Platz. [... Das Stück] war so unverschmierter, es war so klarer. Die Songs kamen so auch als selbständiger Teil heraus, sie waren integriert und selbständig. [...] Und die Gründe, warum man die Songs hatte, die sind ja sehr vielfältig, warum man sie gerade an der Stelle hat und für wen usw. Ich glaube, es stimmt nicht, was man kolportiert, daß der Paulsen[26] darauf bestanden hätte, noch einen Song in der *Dreigroschenoper* [zu haben], die Moritat. [...] Sie hat einen dramaturgischen Zweck [...]: schon auf den ganzen Inhalt zu verweisen, eine Zusammenfassung. [...] Die wurde wirklich ganz, ganz spät aufgenommen, vor der Premiere, auf – na wie nennt man es – der Drehorgel, auf dem Leierkasten der Firma Bacigalupo, glaube ich. Das habe ich nie vergessen. Die gibt es noch immer, ich gucke immer noch hin, wenn ich einen Leierkastenmann sehe. [...] Sie können so oft sehen bei Stücken, daß Songs zwei Jahre vorher geschrieben sind oder viel länger vorher geschrieben sind.«
Solche spontan entstandenen Songs, die nicht in bezug auf eine bestimmte Szene geschrieben sind, wurden oft Jahre später in ein Stück aufgenommen. Manche Songs sind in mehreren Stücken zugleich enthalten, andere wanderten: Der *Salomon-Song* gelangte von der *Dreigroschenoper* in die *Mutter Courage*. In ein Stück aufgenommen wurden bereits vorhandene Songs, »weil sie gepaßt haben, haargenau oft. Oder sie brauchten nur eine geringe Veränderung. Als wir jetzt die Gedichte durchgesehen haben, ist mir folgendes aufgefallen: Im *Guten Menschen von Sezuan*, im Tabakladen, wenn die Familie reinquillt – da wird doch das *Lied vom Rauch* gesungen. Das gab es schon ganz früh in den zwanziger Jahren. Das ist das *Lied aus der Opiumhöhle*. Daran muß sich Brecht erinnert haben. Und wie glücklich waren wir im *Don Juan*, als das *Lied der Anna* oder *Lied der Magd*, wie es immer noch heißt, da plötzlich auftauchte bei Brecht. Er meinte, die müsse einen Song haben usw. Den hatte er schon in den dreißiger Jahren

ganz ähnlich. [...] Brecht war wirklich sehr ökonomisch mit der Zeit. Wenn er Zeit gewinnen konnte so für andere Arbeit, aber auch zum Lesen und für sonstwas, dann benutzte er gerne schon etwas Vorhandenes. [...] Deshalb haben wir nie etwas weggeworfen. Da kam plötzlich: ›Ach – da war doch die Stelle, die wir damals nicht gebraucht haben!‹«
Die Filmer fragten, ob es Brechts ständige Tabubrüche, seine Frechheit gewesen wären, die den Erfolg der Dreigroschenoper ausgemacht hatten.
»Nein, es war nicht nur die Frechheit usw. Brecht hat die Songtexte geschrieben und schon irgendwie im Rohen auch die Melodie dazu gehabt, weil ihm das gefiel für diese Art Stück. Mal gefiel es ihm selber nicht, mal meinte er, es könnte doch auch einigen anderen gefallen. Er hatte doch das Gefühl, daß man mit der *Dreigroschenoper* vielleicht etwas erobern müsse. Vielleicht will das gar keiner? Es war doch so unsicher.
Man kann sich nicht vorstellen, wie neu das damals war. Die Schauspieler waren ja selber so hin- und hergerissen, da waren doch solche Kanonen dabei wie Harald Paulsen und die Rosa Valetti, die schon so viel gesungen hatten, Kabaretterfahrung hatten [...]. Und wie gesagt – einen Song singen bei Songlicht und aus der Rolle treten – ja, das waren solche Sachen. Ich habe Ihnen ja schon hundertmal gesagt, daß da die Schauspieler revoltierten: ›Das macht man nicht!‹«
Die Filmleute meinten, daß die Songs der späteren Lehrstücke »nicht das Glitzernde und Glanzvolle der Songs in der *Dreigroschenoper* und in *Mahagonny*« hätten. Die Hauptmann erinnerte daran, daß auch »das Glitzern und das Glanzvolle«, was das Publikum später in den *Dreigroschensongs* zu finden meinte, keineswegs beabsichtigt war. Die Songs und die von manchen Darstellern als Zumutung empfundene Art ihres Vortrags blieb für die Schöpfer bis weit in die Premierenvorstellung am 31. August 1928 immer noch ein Risiko: »Bei der ersten Aufführung, die ersten fünfzehn bis zwanzig Minuten war es doch ziemlich eisig, ziemlich fremd, befremdend. Das war noch nicht da: bei offener Bühne umbauen, daß man die Versatzstücke alle sah! Das hat doch viele Leute gestört. Das macht man doch nicht! Dafür gab es doch große Vorhänge, die das verhindern konnten, daß man das sah!«

Sogar die *Moritat von Mackie Messer* hatte das Publikum »in einer etwas befremdeten Stimmung« aufgenommen. »Es ging eigentlich los beim *Kanonensong*. Nun weiß ich nicht, was der Vortrag damals ausgemacht hat. [...] Wahrscheinlich war es aber auch schon die Zeit: ›Für die Armee wird jetzt wieder geworben!‹, der *Kanonensong*, weil es schon so weit in der Zeit wieder war. Vielleicht war es das. Aber da ging wirklich ein Beifall los – unwahrscheinlich. Aber das war für uns auch noch nicht überzeugend. Ich weiß, da liefen immer noch welche herum und sagten: ›Na, so ein Durchfall!‹ [...] Ich könnte Ihnen Namen nennen. Man hat sich ja so ein bißchen in der Pause dann umgehört. [...] Es gab einige so lange Gesichter da, oh ja – ein ganze Reihe. Nein, das Publikum reagierte sauer. [...] Wir waren am nächsten Tag durch die Kritik ja ganz baß erstaunt. Das war doch ganz merkwürdig, als das mittags raus kam!«
Elisabeth Hauptmann war im Tantiemenvertrag der Dreigroschenoper mit 12,5 Prozent beteiligt, später auch an den Auslandsrechten mit 15 Prozent In ihrem Nachlaß finden sich noch stattliche Monatsabrechnungen von Felix-Bloch-Erben aus der Zeit des großen Erfolges Ende der zwanziger Jahre. Ich möchte hier nicht auf Fuegis Jongliererei mit belegbaren und unbelegbaren Zahlen eingehen und den Streit aufnehmen, ob Hauptmanns Anteil gegenüber dem, den Brecht und Weill bekamen, gerecht gewesen ist. Jedenfalls war die Zeit der großen materiellen Sorgen mit dem Erfolg der *Dreigroschenoper* auch für sie zunächst vorüber.

Elisabeth Hauptmann berichtet in den Gesprächen von 1972, daß es vor allem die erfolgreichen bühnenästhetischen Neuerungen waren, die Brecht veranlaßten, weitere ›Opern‹ auszuprobieren. So entstand 1928/29 *Aufstieg und Fall der Stadt Mahagonny*. Elisabeth Hauptmann hatte den Filmern verraten, daß der *Alabama-Song* von ihr sei: »... das Englische, das etwas schadhafte, nicht ganz stimmige Englisch, das konnte ich beischaffen.«[27] Auf die Frage, ob auch ihr das Song-Machen gelegen hätte, antwortete sie: »Nein, nein. Das war ein Spaß, nicht. Ich dachte, Englisch konnte ich besser. Und so habe ich mich daran gewagt.«

Sicher stammt auch der ebenfalls englische *Benares-Song*[28] von ihr.
Hier liegt ein ähnlicher Fall vor wie die Suleika-Gedichte Marianne von Willemers im *West-östlichen Divan*, die jahrzehntelang lang als Gedichte Goethes galten.[29] Wie die Hauptmann hat auch Margarete Steffin eigene Gedichte im Brecht-Ton geschrieben und unter die seinen gemischt, ohne daß es zunächst wahrgenommen wurde. Hier ist deutlich, daß sich lyrisch begabte Frauen auch 150 Jahre nach Marianne von Willemer noch zu wenig Chancen ausrechneten, als eigenständige Dichterinnen anerkannt zu werden. Zugleich suchten auch Hauptmann und Steffin nicht nach ihrem persönlichen lyrischen ›Ton‹, sondern neigten in ihren Gedichten dazu, den von Brecht nachzuahmen. Diese Anpassung kann – je nach Perspektive des Fragers – als Schwäche oder auch als Leistung gewertet werden. Die Filmleute fragten 1972, wie sie es geschafft hätte, sich so genau auf den Brechtschen Ton »einzustellen«. Elisabeth Hauptmann erklärte rundheraus: »Aber mein Gott, ich kannte ihn doch! Ich war doch schon so lange bei Brecht! Natürlich habe ich wahnsinnig viel von ihm gelernt und auch die Art – wie soll man sagen – die Song-Sprache, Gestus oder eine kleine Fabel erzählen usw. [...] Aber das habe ich später dann auch gelassen, da war auch keine Zeit mehr zu. Brecht hat dann sehr viel allein geschrieben, ist ja klar – gerade Songs.«
Das war schon der Fall beim nächsten Stückprojekt *Happy End*, von dem Kurt Weill behauptete, daß es nur zustande kam, um den finanziellen Erfolg der *Dreigroschenoper* möglichst noch einmal zu wiederholen. Die Hauptmann 1972:
»Das ist eine Fehlinterpretation von Weill. Die Sache war so: Brecht hatte mit der *Dreigroschenoper* die Möglichkeit gehabt, verschiedene Sachen auszuprobieren: die Literarisierung der Bühne durch Titel, da wurden Tafeln aufgestellt. Er hatte den Handlungsablauf unterbrechen können durch Songs und Song-Beleuchtung. Da kamen immer die Lampen runter. [...] Der kleine Nehervorhang wurde da ganz prominent praktiziert zwischen den einzelnen Bildern.[30] Noch viel wichtiger war, daß einige Schauspieler aus dem Spielgestus ohne weiteres in den Songgestus übergingen, eben durch Veränderung der Beleuchtung, indem sie vortraten usw. Es gab so

viele Neuerungen, die den Schauspielern auffielen, daher das Rebellieren einer ganzen Reihe von ihnen, anderen vielleicht gar nicht mal so.
Und diese geglückte Arbeit mit den Schauspielern wollte Brecht gerne fortsetzen. Er wollte gerne mit einigen Schauspielern, vielleicht noch mit einigen Dazukommenden weiterarbeiten. [...] zum Beipiel [...] Carola Neher.[31] Und die Theaterleitung, also Ernst Josef Aufricht, war bereit, wieder ein Stück mit ihm zu machen. Und das wollte Brecht natürlich ausnützen, um das, was er jetzt in der *Dreigroschenoper* schon vorgearbeitet hatte, weiter zu ergänzen, zu vertiefen, damit auch auffällig wurde, was eigentlich neu war.
Heute ist es gar nicht mehr neu. In den hinter uns liegenden Jahrzehnten haben es dann so viele gemacht. Aber damals war es wirklich neu. Und das wollte er gerne weiterbetreiben. Das war eigentlich der Hauptgrund, warum in aller Eile ein Stück beschafft werden sollte.«
Der berühmte Brief, mit dem Brecht der Hauptmann vorschlug, selber ein Stück zu konzipieren, ist undatiert, muß aber im Frühsommer 1929 geschrieben worden sein:
»Liebe Bess, heute fiel mir ein, ob Sie nicht Lust haben, sich an dem Massarygeschäft[32] zu beteiligen? Ich würde Ihnen eine Fabel geben usw., und Sie würden ein kleines Stück daraus zimmern, ganz locker und schlampig, meinetwegen auch fetzchenweise! Eine teils rührende, teils lustige Sache für etwa 10 000 Mark! Sie mußten es zeichnen, aber das würde Ihnen natürlich kolossal nützen. Denn die Sache könnte ganz anständig werden durch einfache Offenheit und eine Art rührende Bescheidenheit! Fabel ungefähr so:
Milieu: Heilsarmee und Verbrecherkeller.
Inhalt: Kampf des Bösen mit dem Guten.
Pointe: Das Gute siegt.«[33]

Mit dem Vorschlag knüpfte Brecht vor allem an Hauptmanns Erzählung *Bessie Soundso* an. Vielleicht inspiriert von Georg Kaisers[34] Stück *Von morgens bis mitternachts* hatte sie weiter im Milieu der Heilsarmee geforscht. Wie sie den Filmern 1972 erzählte, hatte sich eine Freundin von ihr sogar einmal als Obdachlose verkleidet und die Nacht in einem Notquartier der

Heilsarmee verbracht.[35] Und: »Wir saßen damals oft in deren Lokalen. Einmal flogen wir raus. Brecht mußte bei einer Bekehrung entsetzlich lachen.«[36]

In seinem Brief entwirft er auf mehreren Seiten – von denen leider einige fehlen – Grundzüge der Fabel des künftigen Stücks *Happy End*.[37] Damit sollte die Hauptmann selbst als Dramatikerin in die Öffentlichkeit treten. Wurde die Komik in der *Dreigroschenoper* durch das Ausspielen der unterirdischen Verbindungen von Verbrechern und Ordnungskräften erzeugt, so sollte sie hier durch die Vernetzung von Verbrechen und christlichen Glaubensorganisationen zustandekommen.

Die weibliche Protagonistin heißt in diesem Brief und in der allerersten Fassung des Stücks noch »Mimosenbess«, aus der später dann »Mimosenlilian« wird. Auch der von Astrid Horst etwas voreilig als private Beleidigung der Hauptmann[38] definierte Satz »Einer Mimose langt man nicht in die Hose« befindet sich in diesem Brief. Er wurde von Hauptmann damals aber wohl als Witz in bezug auf die ihr ja bereits geschaffene literarische Figur aufgefaßt, denn er gelangte als Attribut zur »Mimosenlilian« auch in das spätere Stück.[39]

Auf den im selben Brief gemachten Vorschlag Brechts wird *Happy End* nicht wie *Bessie Soundso* in San Francisco, sondern in Chicago spielen – womit auch schon der mythische Handlungsort der späteren *Johanna* fixiert ist.[40] Der Brief enthält auch einen Vorschlag für die Aufnahme eines bereits existierenden Songs: »Die [Heils] Armee, umheult von Wölfen, singt eng aneinandergedrückt das *Lied vom Branntweinhändler* (Postille).«[41] Die meisten der anderen, bis heute sehr erfolgreichen Songs machte Brecht dann speziell für das Stück. Die Dialoge entwarf die Hauptmann selbst.

1972 stellte sie sich – wie auch beim Schreiben der Kurzgeschichten – als Schülerin von Brechts epischem Theater dar: »Mir hat es sehr eingeleuchtet, daß man da für Aufführungen schreiben sollte, wo der Schauspieler zeigen und nicht sein muß: also Hamlet zeigen und nicht sein. Wobei sehr viele heute fragen, ob das nicht ganz mechanisch wäre? Daß da der Schauspieler natürlich noch von seiner Persönlichkeit dazugeben muß, von seiner Begabung, das ist ja klar – um das Mechanische dann zu vermeiden. Aber das habe ich ja auch immer wieder aufgeschrieben, und Brecht hat es ja auch immer verschieden formuliert in den folgenden Jahren. Das Wort ›episches Theater‹ kam ja gar nicht so schnell. Ich glaube erst 1927 oder 1926. Er hat damals sehr viel vorgespielt und hat Situationen dazu erfunden. Und das begriff ich. Von dort her kam dann die Fabelerfindung in Stücken.«

Speziell auf *Happy End* bezogen sagte sie 1972: »Und es war wirklich dann zu schnell gemacht und vielleicht auch nicht richtig überlegt. Da waren große Diskrepanzen zwischen der an und für sich sehr leichten, wenn auch nicht ganz ununterhaltsamen Fabel und diesem sehr wuchtigen politischen Schluß. Nun ja, wir waren alle keine Mummelgreise damals, und wir haben es verschmerzt.«

Zum Team, das den Theaterskandal ›verschmerzen‹ mußte, gehörte damals übrigens auch Theo Lingen, den Brecht noch vier Jahre zuvor um jeden Preis von seiner Tochter Hanne fernhalten wollte, mittlerweile aber als Ehemann von Marianne und Alltagsvater seines Kindes akzeptierte. Er zog ihn auch als Schauspieler heran, später übrigens auch noch für Lehrstücke.

Der Text des »schnell gemachten« Stückes *Happy End* wurde – wie auch Brechts Stücke – erst auf der Probebühne fertig, d. h. er enthält Zugaben von Brecht, während die Songs auch Zugaben der Hauptmann enthalten können. Im »wuchtigen politischen Schluß« hatte Helene Weigel als ›Fliege in Grau‹ zu sagen: »Was ist ein Dietrich gegen eine Aktie, was ist ein Einbruch in eine Bank gegen die Gründung einer Bank.« Das schokkierte das Publikum vor allem deshalb, weil hier ein Bruch der Figurenlogik vorzuliegen schien: die ›Fliege‹ war in der vorangehenden Handlung eigentlich eine Erzkapitalistin. Daß sie plötzlich mit Politökonomie daherkam, war zuviel Verfremdung, zuviel Provokation – der schließlich auch noch ein Revolutionsaufruf von Lilian folgte. Das Publikum, das die am 2. September 1929 stattfindende Premiere mit der in Höchstform befindlichen Carola Neher wohlwollend verfolgte, hatte sich bis zu diesem Punkt in einem reinen Lustspiel geglaubt. Nun brachen empörte Reaktionen aus.

Hier die Kritik von Willy Haas in der *Literarischen Welt*: »Daß

es aus dem asozialen Prinzip der reinen bete humaine überhaupt keine Brücke gibt zu irgendwelcher Art von Sozialismus kann dieser animalischen dichterischen Triebmanie sicher nicht einleuchten. Daher der schlechte Geschmack, den dieser aufgepappte kommunistische Schluß des Dramas hinterließ. Es roch verdammt nach salonkommunistischer Konjunktur.
Es roch überhaupt die ganze Zeit etwas sehr nach Konjunktur. Die *Dreigroschenoper* im Stil, in der Führung genau kopiert, die geistige Haltung der ›Songs‹ genau kopiert; der Charakter der Musik von Weill genau kopiert. Ist das nun Brechts spezifischer Theaterstil? Aber der muß doch neue Möglichkeiten haben, der kann doch nicht so schnell verdorrt sein!
Freilich, dieser Stil ist noch immer oft bezaubernd. Diese bittere, harte, nüchterne Luft [...] «[42]
Es ist schon merkwürdig, daß Haas die auf Plakat und im Programm genannte Verfasserin des von ihm recht zwiespältig empfundenen Stückes mit keinem Wort erwähnt: Die Leser mußten Brecht für den eigentlichen Autor des Stücks halten. Dabei hatte *Das Stichwort*, die Zeitung des Theaters am Schiffbauerdamm, *Happy End* als Bearbeitung einer Magazingeschichte: *Under the mistletoe* (*Unterm Mistelzweig*), erschienen in *J. L's Weekli*, St. Louis, von der Amerikanerin Dorothy Lane angekündigt und: »Die Bearbeitung für die deutsche Bühne stammt von Elisabeth Hauptmann. Die Songs sind von Brecht und Weill. Die Bilder von Caspar Neher.«[43]
Franz Servaes, der am 5. September eine Kritik für die *Leipziger Neuesten Nachrichten* schrieb, meinte, daß hier zu viele Namen »niederprasseln« würden. Er glaubt einfach nicht, daß aus einer shortstory einer gewissen Dorothy Lane »eine nicht weiter bescholtene *Elisabeth Hauptmann* eine ›deutsche Bearbeitung‹ vorgenommen« habe. »Was heißt das? Hat sie die Geschichte übersetzt oder hat sie ein Theaterstück daraus gemacht? Ich bin so frei, letzteres zu bezweifeln, vielmehr die ›Regie‹ des Theaters, den Spielleiter *Erich Engel* und den Dichter Bert Brecht, für die eigentlichen Attentäter zu halten.« Auch Servaes gesteht dem Stück einige Poesie zu, zeigt sich aber geradezu entsetzt über den Schluß, der »noch einige antikapitalistische Hetzreden eingelegt und die drei amerikanischen Trustmagnaten Ford, Morgan und Rockefeller, als die drei ›Heiligen‹ der Ka-

Paßfoto, beschriftet: »München, Sommer 1929«

pitalsunterjochung, in – Kirchenfenstern höhnisch präsentiert. Damit hatte man den ersehnten Skandal.«[44]

In der *Frankfurter Zeitung* behauptet Bernhard Diebold zwar ein heiteres Duett *Under the mistletoe* zu kennen, aber kein gleichnamiges belletristisches Werk: »Ich schalte diese sagenhafte Dorothy Lane überhaupt aus dem Rahmen der kritischen Operation.« Er zeigt sich von den Leistungen der Darsteller und der Inszenierung ziemlich bezaubert, nennt das Ganze jedoch ein »ausgeklügeltes Gulasch«. Den Schluß aber empfindet auch er irgendwie als Stilbruch: »Was Piscator darf, ist der ›Fliege‹ noch lange nicht konform. Zumal das ganze Stück doch unfreiwillig viel zu viel von Dorothy Lanes (?) amerikanischer Magazin-Gesinnung im Gehirn erweicht ist, als daß es sich plötzlich die ›Stimme von oben‹ leisten dürfte – die ernste und große Stimme Lenins [...] Bolschewistische Majestätsbeleidigung.«[45]

Noch drei Jahre später schrieb Felix Hollaender für eine Anthologie *Lebendiges Theater* einen Aufsatz *Brecht-Weill: Happy End*: »Wir wissen erfahrungsgemäß, daß Bert Brechts Angaben mit großer Vorsicht zu genießen sind. Entweder er unterschlägt seine Quellen und erklärt, daß der Begriff des geistigen Eigentums für ihn nicht vorhanden sei – oder aber er findet wie diesmal eine entgegengesetzte Methode und entdeckt Helfershelfer, die nicht unbedingt zu existieren brauchen [...]. Diese Komödie ist so hingeschleudert, daß sie von Bert Brecht allein sein könnte. Ich gehe einen Schritt weiter und schlage eine Wette hundert gegen eins vor, daß ihr einziger Verfasser Bert Brecht ist, selbst wenn in Wahrheit eine läppische Short story zugrunde liegen sollte.

Die arme Elisabeth Hauptmann (Sekretärin Brechts?) mag nun eine Berichtigung einschicken.«[46]

Die politische Schärfe des Schlusses könnte heute wohl kaum noch als Stilbruch im Stück angesehen werden. Dank der Fortschritte, die das feministische Denken gebracht hat, wundert man sich heute mehr über die penetrante ›Ausschaltung‹ der Möglichkeit, daß das Stück von einer Frau geschrieben sein könnte. Diese Fixierung der Medien auf eine männlich-prominente Urheberschaft war und ist das eigentliche Problem von Brechts Mitarbeiterinnen, weniger Brecht selber.

Medien und Verlage erlaubten und erlauben es ihnen einfach nicht, aus seinem Schatten herauszutreten.
Freilich trug die vorgängige weibliche Sozialisation der Frauen damals auch zu diesem Verbergen der weiblichen Kreativität bei. Brecht tat alles, um durch Skandale jeder Art seinen Namen bekannt zu machen. Weshalb aber erschienen Hauptmanns Magazingeschichten unter Pseudonymen, und auch noch unter ständig wechselnden? Seit 1927 publizierte sie Geschichten zwar unter ihrem richtigen Namen – nun aber, für *Happy End*, entschied sie sich wieder für ein Pseudonym. Elisabeth Hauptmann hat noch die Filmer von 1972 mehrmals darauf aufmerksam gemacht, daß sie öffentlichkeitsscheu gewesen und immer geblieben sei. Es konnte nicht ihre Art werden, aus Skandalen Profit zu schlagen.
Aber auch als der Skandal vorüber war und das Stück später doch einigen Erfolg hatte, wollte sie ihre Identität als Autorin seiner Dialoge nicht lüften.
1972 fragten die Filmer: »Das Stück läuft heute unter dem Namen Dorothy Lane. Manchmal auch unter Elisabeth Hauptmann?«
»Nein, nie unter Elisabeth Hauptmann, nur unter Dorothy Lane.«
»Doch, doch, ich zeige es Ihnen. Hier zum Beispiel, in der zwanzigbändigen Ausgabe von Suhrkamp, von Ihnen selbst herausgegeben, steht es drin!«
»Ach, das hatte Brecht selber mal geschrieben. Ja, er wollte das absolut fixiert sehen, daß es nicht von ihm war, daß er nur seine Hand irgendwie im Spiele hatte. Doch, ich erinnere mich – und zwar in dem Vorspruch zu *Johanna*, glaube ich.«
In der hier angesprochenen Ausgabe der *Gesammelten Werke* von 1967 ist ein auch im *Versuche-Heft 5* stehender Vorspruch abgedruckt: »*Die Heilige Johanna der Schlachthöfe* soll die heutige Entwicklungsstufe des faustischen Menschen zeigen. Das Stück ist entstanden aus dem Stück *Happy End* von Elisabeth Hauptmann. [...] «[47]
Das Filmteam unterstellte nun, daß Elisabeth Hauptmann vielleicht nur »als gute Mitarbeiterin« ihren Namen hergegeben hätte, um Brecht für eine nicht ganz geglückte Unternehmung irgendwie »abzudecken«.

»Ach, keine Spur, nein, gar nicht. Da sind so viele Gerüchte. Brecht hätte sich den Namen Dorothy Lane erfunden. Den Namen habe ich erfunden, weil ich damals viel mehr verbandelt war mit amerikanischen Zeitschriften usw., die *St. Louis Review*, wo ich angeblich die Geschichte gelesen hatte, wo alle dann nachlasen, nachforschten – gibt es sie denn nun wirklich? Die gab es nicht. Aber ich habe damals sehr viele Sachen gelesen, die mir meine Schwester aus St. Louis schickte. Sie wohnte in St. Louis, St. Louis lag mir nahe, als Name. Aber das Stück läuft unter Dorothy Lane. [...] Sie haben in Hannover [...] die merkwürdige Idee gehabt, *Happy End* aufzuführen. [...] Die haben nicht gewußt, was sie [im Programmheft] machen sollten, haben ein Bild vom Brecht, Bert Brecht, dann noch mal ein Bild vom Brecht als Dorothy Lane, und dann haben sie Steckbriefe drin, wer da alles gesucht wurde, und dieses merkwürdige Zusammentreffen von dem Hannibal Jackson und der Dame in Grau – ganz lustig gemacht. Die spielen das jetzt. Sie hatten mir das aber vorher gesagt, und ich habe ihnen dann ein Telegramm von Dorothy Lane geschickt.«
[...] »In Rostock ist es auch gelaufen!«
»Aber immer unter Dorothy Lane. In London ist es gelaufen unter Dorothy Lane, in Paris unter Dorothy Lane.«
»Aber es war eine Zusammenarbeit zwischen Ihnen und Brecht?«
»Und Weill. Es war also ein Konglomerat.«
In den Originalverträgen von 1929 war die Tantiemenbeteiligung zwischen ihr, Brecht und Weill gedrittelt. 1972 hatte ihr Helene Weigel – wohl als Ausgleich für Benachteiligung bei anderen Kollektivarbeiten – Brechts Anteil überlassen.
Ist es Zufall oder ein glücklicher Fund, daß ich auf der ersten Seite derselben Nummer der *Literarischen Welt*, in der Willy Haas *Happy End* besprochen hatte, folgende winzige Anzeige fand: »Junge Dame, gebildet, englische und französische Sprachkenntnisse, eigene Schreibmaschine, sucht literarische Heimtätigkeit z. B. Übersetzungen od. ähnl. Angebote unter A. G. an die Redaktion der L. W. erbeten.«
Einiges spricht dafür, daß die junge Dame niemand anders als Elisabeth Hauptmann war! Obgleich die Hauptmann die ja gar nicht schlechten Kritiken des Stücks auch als Ermutigung

für eine weitere literarische Laufbahn hätte auffassen können, suchte sie wieder Brotarbeit, die weit unter ihrem Niveau lag? Soll sie ausgerechnet in diesem Moment den Rückzug aus dem Brecht-Clan beschlossen haben?

Es gibt einige biographische Anhaltspunkte dafür, daß die Zeit der Vorbereitung von *Happy End* wahrscheinlich spannungsvoll gewesen ist. Im April 1929 hatte Brecht Helene Weigel geheiratet, zugleich soll er ein Verhältnis mit Carola Neher gehabt haben. Ob der etwa in diese Zeit fallende Selbstmordversuch von Elisabeth Hauptmann vor allem mit Brechts Heirat im Zusammenhang stand, muß aber dahingestellt bleiben. Selbstmordabsichten bei Männern wird nicht automatisch Liebeskummer unterstellt, bei Frauen fast immer! Aber ausgerechnet im Stück *Happy End* wurde ja die bürgerliche Ehe gründlich durch den Kakao gezogen. Denkbar ist jedoch, daß die Hauptmann Brechts Heirat als Bruch einer möglichen Abmachung über gegenseitige Ungebundenheit empfand, sicher aber nicht als plötzliche Bekehrung zu kleinbürgerlicher Familienkultur. Wie man diese Eheschließung und den Selbstmordversuch von Elisabeth Hauptmann auch immer interpretiert, die durch ganz besondere Sachlichkeit bestimmte und gerade dadurch auch perspektivisch aussichtsreiche Beziehung Brechts zur Weigel kann ihr auch in den Jahren zuvor kein Geheimnis gewesen sein. Und sollte sie wirklich von der Heirat schockiert gewesen sein, mußte ihr bald klar werden, daß sie an den Verhältnissen überhaupt nichts änderte.

Irgendwie kam es zwischen Brecht und ihr auch bald wieder zur Versöhnung, zumal eine ganz andere Phase der Zusammenarbeit bereits begonnen hatte: die Lehrstücke.

In mancher Beziehung ist Elisabeth Hauptmanns Situation in der damaligen Zeit der der Marieluise Fleißer nicht unähnlich. Deren Stück *Pioniere in Ingolstadt* hatte Brecht wenige Monate vor *Happy End* ebenfalls aufsehenerregend auf die Bühne gebracht. Die Fleißer fühlte sich durch die Bühnenbearbeitung Brechts, durch seine provokative Inszenierung bevormundet, und durch das Aufsehen, das ihr Stück in Brechts Fassung erregte, nicht ermutigt, sondern eher verletzt. Für einen männlichen Bühnenautor wäre die Sache vielleicht ärgerlich gewesen, er hätte aber dennoch versucht, zumindest den Werbeeffekt zu nutzen. Sowohl die Fleißer als auch die Hauptmann fühlten sich nicht in der Lage, die Herausforderung der Kulturindustrie mit ähnlichem Kampfgeist anzunehmen, wie Brecht es tat.

Die Epoche, in der die Fleißer und die Hauptmann Schriftstellerinnen werden wollten, versprach den Frauen zwar so manche Emanzipation, schenkte ihnen letztlich aber nichts. Zwar standen ihnen Universitäten nun offen, aber das Studium war nur möglich, wenn man vermögende Eltern hatte, die auch bereit waren, es zu unterstützen. Letzteres war auch eine Voraussetzung einer einigermaßen unabhängigen schriftstellerischen Existenz – nicht nur, aber besonders bei Frauen. Es ist eine vollkommen unhistorische Sicht, die Schwierigkeiten auszublenden, die der Kulturmarkt unvermögenden linken Frauen entgegenstellte, und als Ursache für das Ausbleiben einer eigenständigen Künstlerinnenkarriere nur das interiorisierte Patriarchat beim Täter Brecht und beim Opfer Hauptmann zu sehen. Grob aktualistisch scheint in diesem Zusammenhang Paula Hanssens Bemerkung: »Und wenn ihre Eltern es vermocht hätten, ihrer Tochter Elisabeth mehr Selbstbewußtsein zu vermitteln, dann hätte aus ihr eine große Schriftstellerin werden können.«[48]

Eine der ganz wenigen Frauen, die zur damaligen Zeit nicht nur mit dem Verständnis, sondern vor allem auch mit dem Vermögen der Eltern, dann mit der Versorgung durch ihren Ehemann rechnen konnten, um zu studieren und sich dem Schreiben zu widmen, war Anna Seghers. Ein sicheres Gefühl für die Realitäten im Literaturbetrieb hatte sie außerdem noch dazu gebracht, ihr Manuskript *Aufstand der Fischer von St. Barbara* nur unter dem Namen Seghers einzusenden, gewissermaßen geschlechtsneutral.[49] Noch die Zeitungsanzeige über den ihr dafür verliehenen Kleist-Preis trug nur das geschlechtsneutrale Pseudonym. Der auffallend ›männliche‹ Stil der Anna Seghers in vielen ihrer Arbeiten ist ein weiteres Indiz für ihre sicher bis ins Unbewußte reichende Anpassung an die Gegebenheiten des Kulturbetriebs.

Auch heute herrscht auf dem Kunstmarkt keinesfalls Gleichberechtigung der Geschlechter. Neueste Untersuchungen des Deutschen Kulturrats und des Zentrums für Kulturforschung belegen, daß es immer noch massive Diskriminierung von Frauen im Kulturbereich gibt, weniger in der Literatur, wohl aber zum Beispiel als Bühnenautorinnen.[50]

Kollektive Arbeitsweise – Sündenfall oder »spaßhafte Belastung«?

Die Zeitungskritiken zu *Happy End* zeigen, daß Fuegi mit seinem Plagiatvorwurf nur uralten Streit um Brecht wiederbelebt hat. Wir müssen hier nicht auch noch die Kontroversen mit Alfred Kerr oder den Dreigroschenprozeß neu aufrollen. Auch Elisabeth Hauptmann ›klaute‹ unablässig Ideen und sogar Formulierungen anderer! Bei ihr war es freilich nur Beihilfe oder Anstiftung zum ›Diebstahl‹, den Brecht dann auf seine Kappe nahm. Als Walter Benjamin sie angeregt hatte, im amerikanischen Exil einen Roman von Marcel Jouhandeau[1] zu übersetzen, antwortete sie: »[...] ich glaube nur, es war Jouhandeau, den ich mal bestohlen habe, als ich las, wie er den Rand einer Stadt beschreibt, es ist dann bei Brecht in ein Gedicht eingegangen: [...] die letzte Grenze,/die der Lärm mit dem Schweigen vereinbart hat.«[2]

Ich habe Brecht schon öfter mit einem riesigen Staubsauger verglichen, der sich unablässig gedruckte und ungedruckte Ideen, aber auch Formulierungen von Toten und Lebenden einverleibte, um sie dann allerdings in unverwechselbar eigener Form und mit zumeist völlig erneuertem Sinn oder in neuer Sinnkombination wieder von sich zu geben. So versuchte er freilich nur jenen großen Prozeß bewußt zu organisieren, in dem sich historisch die Mythen, aber auch das Wissen von Generation zu Generation weiterentwickeln. Dahinter stand aber auch das Ideal einer sozial befriedeten und selbstregierten Gesellschaft, in der Kunst nicht in erster Linie Ware, sondern eine der Kommunikationsformen freier Individuen sein sollte.

Mit diesen Prämissen wirkt Brecht heute mehr denn je als Utopist. Denn inzwischen ist der reale Sozialismus vor allem daran gescheitert, daß er weder Selbstregierung noch freie kulturelle Kommunikation zugelassen hat. Davon kann allerdings in der postkommunistischen Welt auch kaum die Rede sein. Nie war Kunst weltweit stärker in die Warenform gezwungen als heute. Und damit ist die Wahrscheinlichkeit, daß sie mit Inhalt und Form vor allem die Verwertungsinteressen des Marktes bedient, weitaus größer, als daß sie zum Feld kultureller Interaktion freier Individuen wird.

Die von Fuegi weltweit verbreitete Aufregung um Brechts Verhältnis zum geistigen Eigentum ist freilich ein Zeichen, daß die dahinter stehende Utopie freier kultureller Kommunikation nicht ganz tot ist, sondern offensichtlich Polemik und Kampfgeist herausfordert.

Ein beträchtlicher Teil der von Rolf Liebmann, Wolfgang Gersch und Karlheinz Mund 1972 in Vorbereitung des Films *Die Mit-Arbeiterin* mit der Hauptmann geführten Gespräche drehten sich um Brechts kollektive Arbeitsweise. Der Schwerpunkt lag auf der Zeit des frühen Brecht, zuweilen wurden aber auch Epochen während und nach der Emigration angesprochen. Deutlich wird, daß sich diese Produktionsform zunächst als spielerische Freizeitbeschäftigung von künstlerisch interessierten jungen Leuten in Augsburg herausbildete, die Brecht aber beibehielt und weiterentwickelte. Der häufige Hinweis der Hauptmann auf den Spaß, den die Arbeit mit Brecht in den zwanziger Jahren – und auch später noch immer – machte, deutet darauf hin, daß der Spielcharakter dieser Arbeitsweise erhalten blieb. Er blieb auch dann noch erhalten, als sie gegen Ende der zwanziger Jahre deutlichere politische Konturen bekam. Brecht war einer der wenigen Sozialisten der ersten Jahrhunderthälfte, die sich darüber im klaren waren, daß die Funktionsformen einer selbstregierten Gesellschaft nicht erst mit ihrer Institutionalisierung beginnen, sondern sich bereits zuvor herausbilden müssen. Aus seiner Sicht konnten Menschen immer nur so frei sein, wie sie sich selbst befreiten. Deshalb suchte er nach Wegen, freie Kommunikation kultureller Vernetzungen schon vor dem gesellschaftlichen Umbruch zu beginnen.

Die Gespräche der Filmer und der Hauptmann in der DDR von 1972 sind insofern gerade in diesem Punkt von besonderem Interesse, weil hier die von Fuegi gestellten Fragen auch aufgeworfen wurden, wenn auch aus einer anderen Position heraus und mit anderer Perspektive. Die Fragestellung der Filmer war von dem Paradox geprägt, daß kollektive Arbeitsweise auf fast allen Arbeitsgebieten zwar zur Staatsdoktrin gehörte, die Praxis sich aber sowohl von der Methode als auch vom Ergebnis her sehr von dem unterschied, was bei Brecht vor sich gegangen war.

Auch kritischen Intellektuellen in der DDR konnte Brechts kollektive Arbeitsweise zunächst einmal suspekt erscheinen, weil juristisch fixiertes Urheberrecht und geistiges Eigentum insbesondere auf dem Gebiet der Kunst durchaus Werte, wenn vielleicht auch keine Marktwerte im westlichen Sinn darstellten. Aber sie dienten zweifellos der Affirmation der künstlerischen Persönlichkeit, deren Ausbildung einerseits ein Privileg war, andererseits zumindest die Fiktion der Autonomie des Individuums gegenüber einem alles vereinnahmenden System aufrecht erhielt. Im Falle Brecht hieß das, nachzufragen, inwieweit die ›Kollektivarbeit‹ auf egoistische Zwecke hin ausgerichtet war. Daß sie auf eine ›dritte Sache‹, auf einen Selbtverwaltungssozialismus, zielte, machte also die Frage nicht überflüssig, ob sie auf individueller Ebene ein ›Geben und Nehmen‹ war.

Deshalb sind die Fragen des Filmteams durchaus von Skepsis geprägt. Andererseits lassen sie sich aber doch auf den Brechtschen Versuch ein und forschen nach möglichen Anknüpfungspunkten für die Praxis der eigenen Gesellschaft. Das erwies sich freilich als vergeblich. Auch Elisabeth Hauptmann fiel dazu kaum etwas ein. Der gerade zu dieser Zeit möglich werdende Durchbruch einiger Prinzipien Brechtscher Ästhetik in der DDR lag eher in der Weiterung des Realismusbegriffs und der Dialektik, wovon die Literatur im allgemeinen und einige Schriftsteller ganz besonders zu profitieren verstanden. Stillschweigender Konsens zwischen dem Filmteam und der Hauptmann wird die Erwartung allmählicher Demokratisierungen des Systems und Freisetzung von mehr selbstbestimmten kollektiven Impulsen gewesen sein.

Bei der Vorbereitung des Films war Rolf Liebmann 1972 von Rosemarie Hill[3] angeregt worden, der Hauptmann ein Gedicht aus dem *Lesebuch für Städtebewohner* vorzulegen, in dem von ihrer eigenen Mitarbeiterschaft mit unverschämter Strenge die Rede zu sein scheint. Allein in diesem Sinne wird es bis heute auch allgemein interpretiert.

1
Du, der das Unentbehrliche
Wenige machen sieht, verlaß sie nicht!
Frage nicht nach deinem Anteil am Essen
Frage nicht nach deiner Beliebtheit.
Das Richtige
Braucht den kleinsten Fingerzeig noch!
Nenne nicht einen Ersatz
Wenn *du* gebraucht wirst!

2
Warum rechnest du
Als Freundlichkeit nur das Gewünschte
Da du doch weißt, daß du Unweises wünschest?

3
Betrachte nicht immer
Deine paar Narben!
Bedenke: die Schläge, die du ausgeteilt hast
Wurden aufgenommen ohne Klage.
Deine Launen wurden ausgehalten
Du wurdest geachtet.
Daß du, wenn du das Gewünschte nicht bekamst
Das Nötigste verweigertest
Wurde nicht gerügt.
Auf dich wurden Lasten gelegt, die man
Nur auf die sichersten Schultern legt.
Du wurdest übersehen wie das Nächstliegende.
Von dir wurde erwartet
Die besondere Einsicht.

4
So essen am letzten die, denen das Werk am nächsten steht: die Köche.

5
Wie immer du behandelt wurdest, so eben
Wurden die Geachtetsten behandelt.

6
Setze also deinen Namen nicht
Auf die nicht abreißende Liste
Der Abgefallenen.[4]

Die Filmer zeigten sich – wie auch viele spätere Interpreten des Gedichts – ziemlich empört über die Härte der hier aufgelisteten Anforderungen. Elisabeth Hauptmann: »Ja, ja, das [Gedicht] hat es in sich. Das hat es sehr in sich. Ja, ich erinnere mich sehr gut an das Gedicht. Glauben Sie es mir, auch ich hatte sicher meine Launen! [...] Aber das war dann sicher als Auszeichnung gedacht. Aber es war ja auch sehr – wie soll ich sagen – machiavellisch.

[...] Ja, so ist es aber auch, so schwer war es. Es war schwer, für jeden irgendwie. Aber besonders für die, die nun immer da waren.«

Ein persönlicher Bezug ist also tatsächlich gegeben. Die Hauptmann wandte sich aber zugleich gegen eine einseitige, nur sie betreffende Lesart des Gedichts. Es sei »auch für den Hausgebrauch des Kollektivs« bestimmt gewesen, »aber fast am Ende des Kollektivs. Es stammt nämlich aus dem Jahr 1932. Das ist ganz am Ende, als es auch immer schwieriger wurde mit dem Kollektiv.

Und zum Kollektiv gehörten ja auch Menschen, die seltener dazu kamen, aber auch ihre Meinung äußerten oder gebeten wurden, ihre Meinung zu äußern, oder deren Ratschläge Brecht auch anhörte.«

Die Härte der Forderungen erkläre sich daraus, daß Brecht diese nicht im Zusammenhang mit ›seinem‹ Werk im engeren Sinne gestellt habe. Hier sei das umfassendere Problem des politischen Zusammenhalts angesprochen, in dem er seinem Werk freilich eine wichtige Rolle gab. Diese Konstellation werde übrigens in anderen Gedichten wiederholt und teilweise auch deutlicher dargestellt: »Später kamen Gedichte [...], so 1932/ 1933, als bei einigen näheren [und] ferneren Mitarbei-

tern Überlegungen kamen: Ja, hat das alles einen Sinn? Wohin führt das, diese Schwierigkeiten – ja, auch politischer Art, vor allem politischer Art? Und da gibt es eine ganze Menge Gedichte über solche, die dann weggingen.[5] Ich weiß nicht, ob Sie sich entsinnen, daß eine ganze Menge [weggingen]. Und das war für Brecht schrecklich, wenn er dann plötzlich [allein dastand]. Er konnte sich auch so drauf verlassen, daß da ein bestimmtes Vokabular war. Ich meine nicht, daß das die ganze Zeit über dasselbe bleiben mußte. Aber selbst, wenn es sich bereicherte, war es immer noch das Vokabular von dem und dem oder der und der. Aber wenn dann andere Worte hineinkamen, womöglich andere Haltungen – da war er sehr empfindlich. Das hat dann schon sehr gestört. [...] Brecht hat ja ungern Menschen verloren, Freunde verloren, ganz ungern.«
In diesem Zusammenhang bringt sie die Rede auf Emil Hesse-Burri: »Also Burri kam, glaube ich, in wirkliche Konflikte mit seiner eigenen Arbeitszeit und seiner eigenen Arbeit. Und ich glaube, daß er dann zum Film ging, war etwas gewaltsam. Er mußte sich selber gegenüber Gewalt anwenden. Vielleicht war es später auch noch spaßhaft wie bei Brecht. Aber bei Brecht war es ihm ein großer Spaß. Das weiß ich.«
Aus den erhaltenen Tondokumenten von 1972 geht nicht hervor, daß Burri nicht nur mit »seiner eigenen Arbeitszeit« in Konflikt geraten war. Wahrscheinlich gegen besseres Wissen und bessere Überzeugungen vermied er die Konfrontation mit dem stärker werdenden Faschismus. Er wird sich später auch nicht für die Emigration entscheiden. Obwohl er neben der Hauptmann noch als Mitautor der 1931 abgeschlossenen *Heiligen Johanna der Schlachthöfe* und des 1933 in den wichtigsten Grundzügen entworfenen Stücks *Die Rundköpfe und die Spitzköpfe* genannt ist, wurde er in der Nazizeit erfolgreicher Drehbuchautor für UFA-Filme. Diese waren bekanntlich als unpolitische Komödien konzipiert, hatten aber doch eine hochpolitische Funktion im NS-Staat.[6] Ein anderer Weggefährte, den Brecht an die Faschisten verlor, mit dem er zeitweise sehr befreundet gewesen war, aber weniger eng zusammengearbeitet hatte, war bekanntlich Arnolt Bronnen. Vor dem Hintergrund, daß sich das Gedicht auch auf die extreme politische Problematik des ›Abfallens‹ von Leuten wie Burri

und Bronnen bezieht, liest es sich wie eine Entschuldigung für Nachlässigkeiten der Vergangenheit und eine gleichzeitige Beschwörung, ihrerseits nicht ›abzufallen‹. Ein Übertritt ins faschistische Lager war von der Hauptmann zwar sicher nicht zu erwarten. Aber sie war – das bezeugt schon das Tagebuch – im Gegensatz zu Steffin und Berlau in der Lage, sich aus der Zusammenarbeit auch mal zurückzuziehen, wenn sie das Gefühl hatte, daß ihre Mitarbeit als zu selbstverständlich betrachtet und also mißachtet wurde. Betont werden muß hier aber noch einmal mit Hans Mayer, daß mögliche persönliche Anlässe Brechtscher Lyrik auch in diesem Falle bereits in eine Sphäre der Verallgemeinerung gehoben sind, die kleinliche Zuordnung zu einem bestimmten Charakterbild eigentlich nicht zuläßt.

Welche äußeren Voraussetzungen mußten erfüllt sein, damit Kollektivarbeit bei und mit Brecht zustandekam? Die Filmer meinten, etwas vom »Sitzen in bequemen Sesseln« gehört zu haben. Die Hauptmann dazu: »Das hing aber nicht immer vom Sessel ab, das konnte ein Stuhl eventuell auch ermöglichen. Aber Brecht legte großen Wert auf lockeres und bequemes Sitzen, weil er verkrampftes Sitzen als Denkbehinderung auffaßte. Also da sollte doch nichts im Wege stehen. [...] Über bequemes Sitzen hat er ja auch geschrieben, aber das ist nicht das wichtigste. Er mußte auch ein gewisses Maß an Zeitinvestierung voraussetzen von den Mitarbeitern. Sie mußten bereit sein, Zeit zu investieren, sowohl während der eigentlichen Arbeit mit ihm zusammen als auch außerhalb. Denn es fiel einem doch manchmal ein, da sollst du da und da noch nachgucken oder das und das noch beischaffen. Dann hat man nebenbei noch beigeschafft, was man für nötig hielt. Und das mitgebracht oder nachgesehen oder was immer es war.
Und dann mußte ja wohl auch eine gewisse politische Haltung da sein, zumindest mußte jemand auf dem Wege sein zu einer richtigen politischen Haltung. Das war dann auch nötig. Das wurde zunehmend nötiger, je mehr Brecht zum Beipiel vom Marxismus verstand. Oder je mehr Brecht sich damit beschäftigte und versuchte, das, was er dort gelernt hatte, auf das Stükkeschreiben anzuwenden. Das verlangte er dann auch von Mitarbeitern.«

Emil Hesse-Burri tippt nach Brechts Diktat

Im Gespräch habe »so eine natürliche Disziplin« geherrscht. Aber »wenn jemandem etwas einfiel – und das schien eine gute Lösung zu sein – dann kams auch ganz spontan und dazwischen, das war dann auch nicht schlimm.« Mitschreiben war selbstverständlich: »Entweder man hat es auf der Schreibmaschine mitgeschrieben oder man hat es so schnell mitnotiert. [...] Wesentliche Punkte wurden dann auch zusammen festgelegt. Es gab aber auch Sachen, wo man was besprochen hat, wo es nicht gleich selbstverständlich war, daß man mitgeschrieben hat. Wo er aber der Meinung war, man hätte mitschreiben müssen, weil wichtige Sachen zur Sprache kamen. Oder wenn vorher nicht so wichtige Sachen zur Sprache kamen und sie kamen dann zur Sprache, dann hätte man das – als interessierter Partner – notieren müssen. Er hat es auch so gemacht. Wie gesagt, auf das löchrige Gedächtnis, riet er, sich nicht zu verlassen. Und das hat sich sehr oft bewahrheitet, die Sachen gingen verloren.«

Die Akzeptanz der von Brecht gestellten Anforderungen erkläre sich daraus, daß er von den Mitarbeitern als organisierendes Zentrum gemeinsamer Interessen anerkannt war. Die Zusammenarbeit stand »auf freiwilliger Basis, auf der Basis gemeinsamer Interessen für eine gemeinsame Sache damals: Stücke schreiben für ein zu veränderndes Theater oder für ein schon verändertes Theater. Und auch die Stücke anders zu schreiben, etwas anders zu schreiben als üblich war. Und daran waren alle, die damals mitarbeiteten, interessiert.« Mehr und mehr kam das Engagement für »die sogenannte dritte Sache« hinzu, also für »eine zielgerichtete Arbeit. Und es haben eigentlich nur mitgearbeitet diejenigen, die einverstanden waren mit dem Ziel, sei es das künstlerische Ziel, sei es das politische Ziel. Andere kamen ja eigentlich kaum in Frage. Und wer nicht soweit war, der hat es im Laufe der Zeit gelernt. Denn ich kam ja z. B. als ziemlicher Laie, Novize da rein oder dazu.«

Ihr selber seien diese Zielstellungen des Brechtkreises zunächst gar nicht klar gewesen – im Gegensatz zu Burri. »Der war schon bei den [Münchener] Kammerspielen, der hatte schon etwas mit dem Theater zu tun. Und nach dem Krieg damals [gemeint ist der Erste Weltkrieg], da war so viel in der Veränderung, da waren so viel Pläne, wie man Altes abschaffen und durch Neues ersetzen wollte – also das lag drin bei den jungen Leuten damals, es lag vor allem bei Brecht drin. Aber es lag auch drin bei den Regisseuren, die er kannte, beim Engel, beim Reich, besonders beim Reich. Und das war alles kein Zufall, daß die dann gerade dazustießen und Brechts Freunde und Mitarbeiter wurden.«

Brecht habe »angeborenes erzieherisches Talent« besessen und habe es verstanden, die anderen auf die Dinge neugierig zu machen, die ihn selber interessierten: »[...] die Sachen, die ihn interessierten, waren für uns wieder interessant. Und er brauchte gar nicht viel dazu zu tun. Die Intensität seines Interesses und die Konsequenz, die Arbeit, die er investierte, um Sachen auf den Grund zu kommen und um weiterzukommen damit – das war ansteckend, unbedingt. Das ging – wie man so sagt – rüber, das ging über die Rampe, das teilte sich allen Beteiligten mit. [...] Seine Haltung war so einmalig, so einmalig selbstverständlich: locker, natürlich – so im Kollektiv. Kam es zu Diskussionen, hat man gemerkt, wo die Argumente waren. [...] Die Autorität bildete sich auf Grund der besseren Argumente, meistens. [...] Das war aber die selbstverständliche Anerkennung des primus inter pares. Das war Brecht. Und da wußte er ja nun – das wußten wir alle – daß er so viel mehr wußte und verstand als wir, na selbstverständlich. Das ist doch klar.«

Die außerordentliche Fähigkeit Brechts, intellektuelle Arbeit zu koordinieren, sieht Elisabeth Hauptmann als eine offensichtlich sehr persönliche Eigenart an. In »dieser Form« hätte sie »nie wieder in einem Kollektiv gearbeitet [...] Später dann auch am Berliner Ensemble, natürlich, mit Brecht wieder und auch mit einigen anderen, die Brechts Methode auch schon etwas kannten. Aber sonst im Kollektiv arbeiten – das war dann immer ganz etwas anderes. Das waren dann immer ganz andere dritte Sachen als diese dritte Sache. Das war zum Beipiel im antifaschistischen Kampf oder mit jungen Leuten irgend etwas. [...] Sie haben ja jetzt auch Kollektive, zum Beispiel beim Film. [...] Brecht [aber] machte weder einen Film – das war mal eine Ausnahme – noch hatte er ein eigenes Theater. Er schrieb Stücke, Aufsätze und Gedichte usw. Und das war das Merkwürdige. Meine Theorie ist: wenn man sehr viel kann, dann kann man Kollektive halten. Wenn man sehr viel kann – sonst machen einen die Einwände der anderen sehr irritabel und sehr unsicher. Und es dauert auch zu lange, um die Einwände gleich zu verarbeiten, überhaupt darauf zu reagieren. Brecht konnte Einwände sehr schnell verarbeiten [...], das ging wie mit einem Hackmesser. [...] [Der Einwand] mußte auf den Tisch gelegt werden. Manchmal wurde er auch abgelehnt: ›Es geht nicht. Die Weiterungen sind unerträglich für das Ganze.‹ Man hat ja oft sehr kurzsichtig Vorschläge gemacht, ohne an den 3. Akt, 1. Szene usw. zu denken. Obwohl man auch wegen solcher Sachen ein ganzes Stück ganz umgearbeitet hat.«

Befragt, wie weit das Engagement, das Einverständnis mit der ›dritten Sache‹ gehen mußte, damit die Mitarbeiter einen so großen Teil ihrer Freizeit opferten, antwortete die Hauptmann: »Ich habe es bejaht, nicht. Nun ja, erstens war für viele der Spaß sehr groß. Die Arbeit wurde nicht tierisch ernst betrieben. Es war eine wirkliche Unterhaltung, so schwer die Arbeit immer sein konnte. Es war ein Spaß. Dann war es ein permanentes Lernen, was aber auch ein Spaß war. Das klingt vielleicht übertrieben, aber es war so. Und für einige, die so freiwillig dazukamen, war eben die Verlockung, sich an dem Spaß zu beteiligen, sehr groß und manchmal sehr schwer in Einklang zu bringen mit dem, was sie eigentlich tun sollten, was sie eigentlich zum Geldverdienen brauchten. Im Anfang war ja das so, daß kein Mensch wußte, was bei einer Arbeit rauskam. Zunächst wurde auch nicht danach gefragt. Wenn man das Minimum [zum Leben] hatte, dann ging es ja, dann konnte man sich da einen ganzen Vormittag hinsetzen und an irgendwas arbeiten, auch, wenn es lang dauerte und wenn man am Mittag nicht fertig war oder am Nachmittag. Das ging dann einfach weiter. Darüber haben wir eben wenig nachgedacht.«
Die Filmleute fragten, wie es Brecht gelang, in allen Entwicklungsphasen, und überall, wo er sich aufhielt, Mitarbeiter an sich zu ziehen. Wie kam das Kollektiv eigentlich immer zustande?
»Entwicklungsphasen würde ich es nicht nennen. Es war einfach die geographische Lokalität, die mitbestimmend war. In Augsburg waren es eben die Augsburger Freunde, in Mün-

chen waren es die Münchener Freunde. Sie haben nachher fast die Augsburger abgelöst, als Brecht nicht immer hin- und herpendelte, sondern sich dafür entschied, das Studium in München aufzugeben und Stücke zu schreiben, Regie zu lernen usw.

Dann wurde sein Mitarbeiter Lion Feuchtwanger – ist zwar gleich sehr hochgegriffen, aber Feuchtwanger machte es einen ungeheuren Spaß. Und es war der Burri. Die Bekanntschaft mit dem Burri zum Beipiel war ganz zufällig. Der war auch an den Kammerspielen und er rief irgendeinmal etwas während einer Probe, ganz laut. Ich weiß jetzt nicht mehr, ob mißfällig oder beifällig. Und das hat den Brecht ungeheuer amüsiert. Und da kamen sie nach der Probe ins Gespräch. Und das war der Anfang.

Und lassen Sie mich etwas auf das Wort ›Gespräch‹ zurückkommen. In Augsburg waren es Gespräche hauptsächlich. Es gingen ja mehrere aufs Realgymnasium. Er hat aber Freunde gehabt, so zwei, drei, mit denen er jahrelang zusammen war. [...] Sie hatten was anzubieten, er konnte für sie was beitragen, das war auch belehrend. Sie erzählten sich, was sie gelesen hatten, was sie am Theater gesehen hatten. Sie erzählten sich ihre Späße. Es ging viel um Mädchen. Und sie gingen zusammen auf den Plärrer. Es waren scharfe Beobachter, teils große Zyniker [...] darunter. Aber Brecht ermahnte sie auch immer, ihrer Arbeit nachzugehen – wie er ja selbst sehr fleißig war damals. Das kann man sehen, wenn man seine Notizbücher[7] liest aus jenen Jahren [...], wo ja auch sehr viel über seine Beziehung zu Freunden steht. Er nahm ja Anteil an ihrem Leben, an ihrer Arbeit. Aber sie mußten auch für ihn etwas beischaffen. Sie mußten vor allem Zuhörer sein, zum Beispiel. Und sie mußten Vorschläge machen.

[...] Sie kamen auch aus verschiedenen Elternhäusern, wohlhabenden und ganz armen. Aber sie trugen bei. Und der, der am meisten beitrug, kam vielleicht aus dem ärmsten Haus. Das war der Schorsch Pfanzelt[8], von dem Brecht sagte: hätte er sich entschieden fürs Schreiben, hätte er wahrscheinlich viel mehr geleistet als er, Brecht. Er hat sie auch alle angehalten, was zu Papier zu bringen und vor allem Notizen aufzuschreiben, Beobachtungen zu registrieren und – wenn es geht – Tagebücher

zu führen. Der Pfanzelt hat das teilweise gemacht, durch Jahre hindurch.
Aber besonders war dem Brecht am Neher gelegen. Der war Zeichner, Maler und also von Natur aus zum scharfen Beobachter ausgestattet. Und dem Neher, als er im Felde war, hat er immer angstvoll geschrieben: ›Vergiß nicht zu schreiben! Du wirst es vergessen und dann ists verloren! Zeichne! Was du einmal da hast, schwarz auf weiß, hast du. Man vergißt.‹
Und jetzt sagen Sie mal, was war ein Vorwurf, den Brecht vielleicht machen konnte gegen Mitarbeiter? Das war in Augsburg so, das war in Berlin so, das war wahrscheinlich auch im Exil so: Wenn man nicht aufschrieb, Sachen, die diskutiert worden sind, Vorbesprechungen, während der Arbeit wichtige Sachen oder im Gespräch. Da kamen immer so viele Projekte auf, Pläne für Stücke, auch für Filme. Oft war es nur [eine] ganz kurze Fabel. Aber Brecht sah dann gern, daß man das aufgeschrieben hatte. Er traute dem Gedächtnis nicht sehr. Er hat zwar mal gesagt: ›Der Mensch lebt nur vom löchrigen Gedächtnis‹, aber er war sehr böse, wenn man das nicht aufschrieb, was diskutiert wurde, wenn man es also nicht für ernst nahm. Und ich weiß, es kam mal hier in Berlin mit einem Mitarbeiter zu einer sehr großen Auseinandersetzung. Ich glaube, sie haben ein halbes Jahr nicht zusammen gesprochen, weil dieser irgendwelche Protokolle von Besprechungen verloren hatte.
Ja, die Augsburger Freunde waren besonders für ihn wichtig als Gesprächspartner. Ob die Gespräche nun in seinem Mansardenzimmer stattfanden oder ob sie am Lech spazierengingen, ob sie sich auf dem Plärrer amüsierten oder wo immer es war, sie erzählten ihm ihre Geschichten. Und es waren hervorragende Erzähler darunter. Ihre Beobachtungen und Brecht lieferten ihnen auch Spaß. Er kriegte von ihnen Kritik, Vorschläge, und da sie über viele Jahre befreundet waren, hatten sie sich auch irgendwelche fachmännischen Fähigkeiten zugelegt. Sie konnten wirklich damals mitreden, zum Beispiel vor allem sein Freund Georg Pfanzelt, von dem er so viel hielt, auch, was das Schreiben und besonders auch Musik anging. Oder da war sein Freund Münsterer. Hier ist ja ein Erinnerungsband von ihm erschienen.[9] Als die beiden sich kennen-

lernten, hatte Münsterer schon eigene Sachen geschrieben. Er ist etwas jünger als Brecht. Aber das war eine sehr große Freundschaft, basierend auf den gemeinsamen literarischen Interessen, auch mit Vorschlägen, mit Kritik, mit stundenlangen Gesprächen am Stadtgraben. Das kann man alles nachlesen. Und zum Vorteil von beiden. Und auch wo es sich um einen Jugendfreund handelte, der später Richter wurde oder um einen, der später eine Direktorstelle in einem Krankenhaus einnahm. Es waren auch [...] zwei Ärzte darunter, Brecht wollte ja ursprünglich auch Arzt werden. Auch sie hatten was davon. Brecht war interessiert daran, daß seine Freunde auf ihrem Gebiet auch das Bestmögliche arbeiteten und erreichten. Und dann sonderten sich einige Freunde aus. Das war vor allem der Neher, der dann weltberühmt wurde und, solange Brecht da war, eigentlich auch für Brecht gearbeitet hat. Das weiß man ja, von früh an.«
Dieses frühe Modell der Kollektivarbeit war spielerisch entstanden. Und dieses Spiel entwickelte sich für Brecht zur unverzichtbaren Produktionsmethode, insbesondere beim ›Bau‹ von Stücken: »Die Arbeit vollzog sich sich ja wesentlich in Gesprächsform, in Diskussionsform, hörte sich an wie Gespräche, ernste Gespräche. Sie waren auch oft spaßhaft und mit viel Humor durchsetzt. Ja, das würde ich sagen, das war auch in München so, ehe er nach Berlin kam, obwohl sich da die Mitarbeit hauptsächlich auf Feuchtwanger konzentrierte und auf den Burri, Emil Burri. Aber er hat auch sehr viel mit Schauspielern gesprochen usw. Mit einigen von denen war er ja auch befreundet, oder mit Regisseuren wie zum Beispiel Engel. Aber hier in Berlin war die Situation zunächst ganz anders. Brecht war engagiert am Deutschen Theater vom Reinhardt, mit Zuckmayer zusammen. Aber was seine eigene Arbeit anging, da hatte er zunächst niemanden. Er kannte so viel Leute hier. Er kannte Verleger und er kannte auch Regisseure und er kannte Schauspieler. Aber wer hatte in Berlin denn Zeit, sich zum Beispiel vormittags mit hinzusetzen? Denn vormittags war auch für Brecht die beste Arbeitszeit. Nicht, daß er nicht auch nachmittags gearbeitet hätte oder abends. Aber es ging ihm hauptsächlich um die Vormittage. Und da war es in der ersten Zeit sehr arg, und er hatte dann eine gute Ausrede: er-

stens war er Dramaturg bei Reinhardt und saß auf dessen Proben. Oder er ging zu anderen Regisseuren, von denen er etwas hielt, und saß auf deren Proben. Und alles zur fachmännischen Weiterbildung. Aber seine eigenen Arbeiten kamen vielleicht da etwas zu kurz [...] Nun ja – und dann trafen wir uns. Und das erste Jahr, weiß ich, da war niemand da. Feuchtwanger kam, aber der hatte selbst genug zu tun, um mit Berlin fertig zu werden und seine Arbeit hier zu organisieren, das ganze Leben hier zu organisieren für sich.
Nun ja, und es waren auch dann zwischen Brecht und mir sehr viele Gespräche. Ich kann es mir heute selber kaum vorstellen, was für ein Partner ich damals war.« Dennoch seien »ja schließlich – ich kann mich immer darauf berufen, und ich glaube, da habe ich ein ganz gutes Gewissen, [...] einige Sachen fertig geworden durch Zusammenarbeit bei Brecht – ob es nun in München war, ob es in Berlin war, ob es in der Emigration war. Und da muß ich sagen, in der Emigration ist es dann wesentlich wieder eine Zweierarbeit geworden mit der Grete Steffin, [...] die ja sehr viel begriffen hat von Brecht, enorm viel. Und so schnell fanden sich ja keine Mitarbeiter. Obwohl es ja auch mal ganz gut war, wenn Brecht allein war und sich furchtbar langweilte. Dann wurde er nämlich in die Arbeit hineingetrieben, dann fing er an, zu arbeiten. Dann mußte er am *Dreigroschenroman* schreiben. Oder *Cäsar.* Weil er sich das selbst auferlegte, ging das aber auch sehr leicht, es war irgendwie eine Disziplin. Er war es gewohnt, früh aufzustehen und früh zu arbeiten.«

Beim Produzieren brauchte Brecht einen Widerpart, nicht jemanden, der ihm nach dem Mund redete. Weil es ihm auf die Herstellung wesentlicher Bezüge zwischen Kunst und Leben ankam, interessierten ihn die Einwände oder Vorschläge von Menschen wie der Hauptmann oder der Steffin, die noch frisch und unvoreingenommen an Fragen der Kunst herangingen, nicht weniger als die von Fachleuten. Die ›Neulinge‹ empfanden die Zusammenarbeit zunächst vor allem auch als Chance, etwas zu lernen.

»Die Mitarbeit bezog sich doch nicht nur auf das rein Sprachliche, sondern auch das Dramaturgische, auf die Einfälle für Szenen, wie etwas weitergeht, auf Verzahnungen. Wie weit

kann man eine Szene belasten, welche Verkürzungen müßten zum Schluß hin eintreten? Ich hatte immer den Eindruck, daß gemessen an dem, was ich so auf der Schule vom Stück gehört hatte, vom Drama, daß diese [von Brecht angestrebte] lockere Form in Szenen oder Bildern sehr viel leichter sein müßte. Es war viel schwerer. So eine Bildfolge, eine Szenenfolge zusammenzuhalten war sehr schwer. Nun ja, das hat man sich so allmählich etwas beigebracht, nicht, wenn man dazugehörte: das Für und Wider. Durch das Für und Wider, das ja bei den verschiedenen Stücken verschieden gehandhabt wurde, hat man allmählich was begriffen. [...] Aber ich wollte noch zum Wort ›Mitarbeiterin‹ etwas sagen. Es ist wirklich der Akzent sehr auf ›-arbeiterin‹. Da muß man beitragen, beischaffen. Das war aber kein Zwang. Das ergab sich automatisch. Und bei wem das einfach nicht war, wer nicht gewillt war beizutragen – der schied aus, nicht, der wurde gar nicht rangezogen. Und das ›Mit-‹ – also im Grunde ›mit wem?‹, das ist ja auch nicht unwichtig dabei. Hier hat sich jedes Kollektiv, das zusammenarbeitete bei Brecht, enorm verbessert, immer mehr Kenntnisse erworben in bezug auf die Arbeiten, die gemacht wurden, vor allem bei Stücken.«
Wenn man bei der zumeist vormittäglichen Arbeitssitzung zu keinem befriedigenden Ergebnis gekommen war, »hat man sich im Verlaufe des Tages womöglich noch angerufen: ›Mir ist da noch was eingefallen‹, oder ›Ich glaube, das geht doch nicht, wie wirs heute morgen hatten!‹ Und dann wurde am nächsten Morgen wieder angefangen. Oder Brecht rief noch ganz spät an und sagte: ›Ich glaube, jetzt hab ichs wirklich!‹«
Befragt, ob die Arbeitsdiskussionen besonders impulsiv verliefen oder eher ruhig und abwägend, antwortete Elisabeth Hauptmann: »Ach Gott, das war verschieden, bestimmt. Das war sicher ganz verschieden. Es war auch oft Eile geboten, nicht, wir haben auch oft getrödelt. Und manchmal mußten wir uns sehr anstrengen und uns sehr beeilen. Aber es lag dann immer etwas auf dem Tisch. Wir wurden immer ermahnt, durch das, was vor uns war, irgendwie uns ernsthaft zu beschäftigen.«
Die »kollektive Haltung, das Arbeiten an einer doch gemeinsamen Sache – was immer es ist, ob es nun Film ist oder Theaterstück, was immer in der Regie« erfordere allerdings einen

gewissen »Mangel an Eitelkeit [...]. Oder – Mangel an Geltungsbedürfnis. Alles muß wirklich, wie es der Brecht genannt hat, einer dritten Sache zugewendet sein. Es war keine Rivalität da, [...] wie ich das in Amerika so oft erlebt habe. Jeder saß da: das ist meins und das bringe ich dann ins Gefecht und das ist dann so viel wert! Das war ja furchtbar. [...] [Das betraf auch] Einfälle, Gags usw. Das war es [bei uns] nicht. Da hat niemand zurückgehalten, das wurde auf den Tisch gelegt. Wenn es irgendwie schwierig war, weiterzukommen bei einer kritischen Stelle, dann haben sich alle gefreut, wenn jemandem was eingefallen ist, wie es weiterging.«

Da die Arbeit in den sozialistischen Kollektiven der DDR selten als ausgesprochen spaßhaft empfunden wurde, kamen die Filmleute 1972 immer wieder auf den Spaß zurück, den die Arbeit bei Brecht gemacht haben sollte.

»Ich kann Ihnen nur sagen, wir haben unendlich viel gelacht, während der ernstesten Arbeit. Und wir sind auch abgeschweift. Aber das war dann immer so, das hat sich so ergeben, nicht wahr. Und es hat der Arbeit eigentlich nie geschadet. Die Arbeiten sind ja fertig geworden, das kann man ja nachlesen und nachprüfen. Wir haben ja nicht nur – wie der Brecht sagt – gedillidallit. Aber es war so. Es war leicht, und immer wurde sehr vieles auch mit Humor gemacht und vorgebracht – es wurde lustig gemacht, einfach. Ich will nicht diese sehr strapazierten Wörter, die Brecht in die Welt gesetzt hat, noch mal strapazieren: vergnüglich, unterhaltsam, unterhaltend, spaßhaft usw. Aber ein Wort muß ich einfach behalten – das ist das Wort ›Spaß‹. Es war ein Spaß. Es war ein großer Spaß. Die schwere Arbeit war ein großer Spaß. Und schwer war die Arbeit dadurch, daß ja sehr vieles an der Arbeit auch neu war. Und Brecht tat sich selber nicht sehr leicht zum Beispiel mit dem Konstruieren einer Stückfabel. Das war harte Arbeit. Ihm fiel sehr schnell irgendeine Idee für ein Stück ein, die auch in zehn oder zwanzig Zeilen formuliert werden kann. Aber es dann dramaturgisch aufzuarbeiten, das war gar nicht leicht, weil er ja auch sehr viel mehr Ansprüche stellte an ein Stück als andere. Er hatte ja mal was von Dialektik gehört, in der Tat, er hatte es studiert, sehr genau. Ich weiß, daß einer seiner jüngeren Mitarbeiter hier [in Berlin] oft ganz verzweifelt kam und sagte: ›Ja, wie verwendet Brecht die Dialektik in seinen Stükken? Wie macht er das? Was gibt es da für ein Rezept?‹ Nun war das wirklich bei jedem Stück anders, bei jedem Stück. Und das Rezept konnte man – so von vornherein – einfach nicht geben – außer, daß lebendige Figuren auf die Bühne zu bringen waren.«

Daß bei Brecht Dialektik nicht als abstraktes Schema, sondern aus der realen Geschichte heraus erschlossen werden mußte, forderte den Mitarbeitern enormen Arbeitsaufwand ab. Sie konnten mit regelrechten historischen Forschungen beauftragt werden, »weil man ja aus realen Sachen, Abläufen so sehr viel auch für die Dramaturgie beziehen kann. Man meint immer, man muß alles erfinden. Aber sehr viel Anstöße kriegt man ja von realen Sachen. [...] Es passierte bei der Arbeit an Stücken oft – mir fällt da *Pauken und Trompeten* ein, daß wir über eine Stelle nicht hinweg kamen. Und da sind wir[10] wirklich in alle möglichen Richtungen gegangen. [Die Frage war,] wie kriegen wir die Menschen in den Krieg? Der Richter wollte doch gerne seinen Beitrag leisten zu dem Krieg. Wie kriegt er die Leute weg? Das sieht heute ganz einfach aus.

Es war ein Anstoß, daß wir noch einmal ganz gründlich die Geschichte lasen [...] Da kommt die Nachricht, Boston ist gefallen. [...] Jetzt war der Moment gekommen. Mit der Parole ›Boston ist gefallen, alles ist in Gefahr‹ konnte er jetzt das Gefängnis leeren. Da stand am Anfang ein wirklicher geschichtlicher Fakt. [...] Und so war es oft. Wenn man dann, wie Sie sagen, der Wirklichkeit nachging, hat die Wirklichkeit einem Material geliefert, Punkte, die man selbst gar nicht hätte erfinden können. Und dann haben andere Leute noch geholfen, haben ebenfalls noch Punkte geliefert.

[...] Ja, ich glaube, ich habe Sie nicht sehr zufriedengestellt mit dem Spaß, nicht wahr? Dann ist aber ganz wichtig, zum Beispiel, daß da eigentlich Rivalitäten, Eitelkeiten – wenn sie überhaupt da waren – unter den Tisch fielen. Das war nicht da. Jeder hat das, was ihm als Vorschlag wichtig erschien, [geäußert]. Und er hat wirklich den Vorschlag nur gemacht, wenn er ihn für wichtig hielt. Geschwätz und dummes Gerede konnte Brecht nicht leiden. [...] Bei wirklichen Mitarbeitern, bei solchen Menschen, die Brecht als Mitarbeiter bezeichnete, habe ich es nie erlebt. Aber ich habe es bei anderen erlebt, daß Brecht sie weggeschickt hat, weil sie seiner Ansicht nach dummes Zeug geredet hatten und denen, die wirklich etwas zu sagen gehabt hätten zu einer Sache, die Zeit weggenommen haben. Das war für ihn vertane Zeit. Und die durften dann auch nie wiederkommen.

Man mußte auch [eigene] Interessen anmelden bei ihm. Oder er mußte es merken, daß Interesse vorhanden war und daß man die Interessen sehr intensiv verfolgte. Das war der Grund der Begabung für ihn, das Verfolgen von Interessen. Das hat er im Theater sehr oft gesagt.«

Neben dem Spaß interessierte die Filmer aber auch das Problem des Kenntlichmachens der Kollektivität des Arbeitsprozesses und deren Folgen für die Copyrights. Sie fragten Elisabeth Hauptmann, ab wann es zur Nennung der Mitarbeiter kam und ob Brecht hier auf Vorbilder zurückgegriffen hätte.

»Ich weiß es nicht. Es ist auch manchmal vergessen worden, leider. Da kann ich Ihnen leicht Beispiele geben. Also Mitarbeiter bei der *Dreigroschenoper* – nein [schon] – bei *Mann ist Mann* [zu nennen], war selbstverständlich für Brecht. Da hatte ich, glaube ich, wirklich sehr geholfen in dem einen Jahr, als das Stück in die erste Bühnenfassung hineinkam. Dann war es die *Dreigroschenoper*, [...] als der Vertrag kam, da war ich auch drin. Da haben wir uns dann nur überlegt, wo stehen die Mitarbeiter? Und da haben wir uns drauf geeinigt, daß die hintenan stehen.[11] Das war aber eine Überlegung von einer Minute. Das wurde gar nicht schwer tragisch genommen. Dann haben wir nur überlegt: ja, wer hat denn nun wirklich ernsthaft etwas beigesteuert? Was wird überbewertet, was wird unterbewertet, nicht wahr?«

Auf die Frage der Filmleute, ob Brecht durch sein Bewußtsein von der zunehmenden »Kompliziertheit der Welt, der neuen sozialen Massenbewegungen, der neuen Technik, die vom Amerikanismus bis hin zum Sozialismus eine Kollektivität der Arbeit« hervorgebracht habe, als einer der ersten diese Kollektivität auch in der schriftstellerischen Arbeit für notwendig gehalten habe, anwortete sie: »Das kann ich gar nicht sagen, ob er es als einer der ersten erkannt hat. Er hat es nur

praktiziert, und ich habe es miterlebt. Ich habe es zunächst empfunden als die ihm gemäße Arbeitsweise. Aber es wird natürlich damit zusammenhängen, was Sie eben gesagt haben. Alles ist so kompliziert geworden, erfordert so viel Kenntnisse, so viel Wissen, das kann ein einzelner gar nicht beischaffen. Und er brauchte vor allem sofortige Kritik. Nicht, daß er Kritik später nicht angenommen hätte, sei es von Benjamin oder Reich oder irgend jemandem. Aber es war gut, wenn es gleich am Tisch diskutiert wurde, gründlich. Da hat man doch viel Zeit eingespart und ist keine großen Irrwege gegangen. Und trotzdem sind wir manchmal meilenweit in die falsche Richtung gegangen – ich meine hier jetzt nicht politisch, sondern dramaturgisch, was Einfälle betrifft. Aber dann hat auch da die Kritik ziemlich schnell eingesetzt. Zu weit sind wir dann auch nicht gegangen. [...]
Ich will nicht sagen, daß es eine Neuerung war, es war eine Brecht gemäße Arbeitsweise. Es entsprach seinem Wunsch nach Meinungsaustausch, seiner Diskutierfreudigkeit, auch dem Wunsch, Kritiken zu sammeln. Er hat nie Kritiken gescheut. Man mußte sie ihm nur sagen [...]. Und das konnte er nur durch Mitarbeiter haben, sofort, während des Arbeitens. [...]
Ich kannte doch Feuchtwanger [...] und wußte, wie er arbeitet. Das war ganz anders, das war sehr systematisch und sehr gründlich. Und ich mag die Romane, ich mochte die Arbeit und auch die Methode. Aber sie war so unterschieden von Brechts. Brecht hat die Arbeitsweise gewählt, die ihm gemäß war. Und die hing einfach damit zusammen, daß er gern unter Menschen war und redete und Meinungen austauschte, klärte [...]. Man würde nicht immer sagen, daß da etwas Neues eingeführt wurde in die Arbeitsweise. Durch Brecht wurde es eben etwas bekannter, weil er selber bekannt wurde.
[...] Brecht hat gewußt, daß man heute, wenn man ein Stück schreibt, sehr viel wissen muß. Er hat mal eine Keunergeschichte geschrieben, die darauf hinzielt: Die meisten Menschen sind nicht imstande, etwas größeres zu bauen als eine Hundehütte, weil sie allein bauen wollen.[12]
[...] Es war gar nicht anders möglich bei Brecht, wirklich nicht anders möglich. Dazu war er zu anspruchsvoll. Und es gab ein Kriterium bei ihm selber: es mußte ihm selber gefallen, es

mußte ihn selber unterhalten. Und wenn es ihm mal nicht gefiel, dann hat er umgeändert. Er war sein bester eigener Leser und sein bester eigener Zuschauer. Und für andere Sachen [Arbeiten anderer] war er auch ein Starleser und ein Starzuschauer.«
Elisabeth Hauptmann betonte, daß sich die oft langjährige Mitarbeiterschaft vor allem auch deshalb ergab, »weil Mitarbeiter für ihn ja auch Freunde waren. Und er wußte: auf die kann er sich verlassen. Und umgekehrt auch: man konnte sich auch auf Brecht verlassen, enorm. [...] Obwohl er das Gegenteil immer von sich behauptete: »Ich bin einer, auf den kann man nicht bauen.«
Damit weist sie wieder darauf hin, wie prekär es ist, selbst in den Gedichten, in denen von B. B. die Rede ist, Abbilder von realem Verhalten oder gar von Verhaltensmaximen zu vermuten. Von Ausnahmen abgesehen, sei Brecht im allgemeinen verläßlich und auch keinesfalls rücksichtslos gewesen: »Ein junges Mädchen, das jederzeit zu mir hereinkommen kann – die Eltern sind nicht hier – und sie kommt, um Rat zu fragen, auch per Telefonanruf, früh und spät, gleich aus welchem Grund. Und jetzt wollte sie was über Brecht wissen, da habe ich ihr gesagt: Er hat sehr oft angerufen, wenn er etwas wollte, und ich habe das heute noch im Ohr. Immer: ›Hier bin ich, störe ich?‹ Er hatte einen solchen Respekt vor der Zeit des anderen oder vor der Beschäftigung des anderen oder [...] was immer derjenige vorhatte, daß er sich immer verpflichtet fühlte – das war ganz selbstverständlich – zu sagen: ›Störe ich? Ist jetzt die Zeit, daß ich etwas sagen kann?‹ Und jetzt höre ich plötzlich übers Telephon, wenn die Kleine anruft: ›Störe ich dich?‹«
Wenn sie selbst durch Brecht nicht gestört werden wollte, »wäre nichts gewesen, dann hätte ich es gesagt: ›Ja, im Moment geht es sehr schlecht, daß ich spreche, ich besprech gerade hier etwas‹ oder ›Ich habe gerade geschlafen und möchte weiterschlafen. Ich bin so entsetzlich müde.‹ Das hätte er alles eingesehen [...], darauf war er gefaßt, daß man ihm das dann gesagt hat, ja. Aber er war höflich von Haus aus. Man erzählt alle möglichen Geschichten über ihn, wie er sich manchmal am Theater benehmen konnte, daß er sehr aufbrauste usw. Aber

er war wirklich ein sehr höflicher Mensch, weil er es, glaube ich, selber gern hatte, daß man nicht so reinstampfte in seinen Tagesablauf. Da ist ja schon oft drüber geschrieben worden, über Brechts Höflichkeit.«

Immer wieder fragten die Filmleute, ob sie durch Brecht nicht einerseits gefördert, andererseits aber auch wieder zu sehr belastet worden sei, um Zeit und Energie für eine eigene schriftstellerische Laufbahn aufbringen zu können. Sie stimmte der Vermutung zu, daß die hohen Maßstäbe, die sie sich bei Brecht angeeignet hatte, wahrscheinlich eine gewisse Blockade für die eigene Entwicklung dargestellt hätten. Rückblickend bedauert sie aber vor allem die direkte Arbeit mit Brecht keineswegs, wohl aber, daß ihr auch nach seinem Tode weder Zeit noch Kraft blieben, sich der Fertigstellung einiger ihrer vielen begonnen, aber nicht vollendeten Projekte zu widmen.

Aber: »... da muß man sich auch prüfen, wäre die Begabung so stark gewesen – das wäre ja auch eine naheliegende Frage, die man sich stellt – wäre da wirklich was geworden? Ganz große Begabungen lassen sich ja, glaube ich, gar nicht unterdrücken, vielleicht eine Zeitlang.

Jedenfalls in den zwanziger Jahren, in den späten zwanziger Jahren, Anfang der dreißiger Jahre war es zeitlich fast nicht möglich. Wenn man so viel Sachen, an denen ein anderer vordringlich arbeitet, mit im Kopfe hat, dann ist der Kopf gestopft voll und man hat gar keinen Platz mehr darin, die eigenen Sachen genau zu überlegen.

Also, man muß schon einen freien Kopf haben. Ich sage es jetzt so oft: ich wäre fast froh – nein, nicht nur fast – ich wäre sehr froh, wenn ich die Arbeit, die ich jetzt mache und die sich noch mit Brecht befaßt, wenn ich die endlich loshätte. Dann könnte ich mich wirklich mal damit befassen, auch etwas zurückzuschauen und ein paar Sachen herauszusuchen. Und mal überlegen, was an dem dran war und an dem. Ich glaube, daß an vielen Projekten sehr viel dran war, heute noch. Und daß einzelne Teile auch ganz gut waren, meine ich. Vieles war gar nicht gut, aber einiges war doch recht gut. Aber wie gesagt, es ist nicht fertig.«

Trotz dieses Bedauerns werden spätere Abschnitte zeigen, daß Elisabeth Hauptmann im Grunde nach Brechts Tod nicht

mehr frei war, zwischen eigenen Projekten und der Editionsarbeit zu wählen, weil das Werk in mancherlei Hinsicht auch ihres war und sie sich zu Recht als am ehesten kompetent dafür fühlen mußte.
Daß ihre Erinnerungen an die kollektive Arbeitsweise Brechts 1972 vor allem den ›Spaß‹ hervorheben und Konflikte nur andeuten, ist verständlich. Daß sie allerdings nicht von besonderer ›weiblicher‹ Abhängigkeit geprägt waren, kann man mit vielen Erinnerungen männlicher Mitarbeiter belegen. Hier sei der ab 1953 mit Brecht arbeitende Bühnenbildner Karl von Appen zitiert: »Brecht bevorzugte die Form der kollektiven Zusammenarbeit, um möglichst viele Standpunkte zu gewinnen. Jede Erscheinung, jeder Vorschlag, jede Äußerung kritischer Art fand Brecht einer gründlichen Untersuchung und Diskussion wert. Unduldsame oder unüberlegte Ablehnung war ihm fremd. Brecht wußte immer zu höchster Konzentration zu zwingen. Das war manchmal anfangs beschwerlich, erfuhr aber dann einen Umschlag ins Vergnügen.«[13]

Und heute? Ist sie wirklich ganz unaktuell – Brechts Utopie der freien künstlerischen Kommunikation mit Toten und Lebenden? James K. Lyon, der profilierteste Fuegi-Gegner in den USA, hat kürzlich in einem Aufsatz daran erinnert, daß alle große Kunst auch Neuinterpretation, Zitat und Anverwandlung der Kunst der Vergangenheit ist. Er nennt Goethe, der den Mephisto ein Lied von Shakespeare singen läßt, weil es exakt gepaßt habe. Schon Michail Bachtin[14] und Roland Barthes[15] sprachen vom »Tod des Autors«, und Michel Foucault[16] hat das Bild des Autors als einsames Genie einen Mythos des 19.Jahrhunderts genannt. Jacques Derrida[17] wendet sich gegen die Fetischisierung der Signatur. Hinter all diese gar nicht mehr sehr neuen Einsichten der Literaturwissenschaft fällt Fuegi zurück.
Und wie steht es mit der kollektiven Arbeitsweise? Muß sie nur als Eigenart Brechts angesehen werden? Lyon erinnert an die kollektiven Arbeitsweisen der Dadaisten und Surrealisten. Und besonders hebt er hervor, daß Brechts Praxis der kollektiven Konstruktion des Theaterabends immer mehr zur Praxis allen modernen Theaters nach ihm geworden und heutzutage

gar nicht mehr wegzudenken sei. In der Tat sind heute weder ein Stücktext noch der Regisseur unantastbare Autoritäten. Häufig sind die Inszenierungen geradezu darauf angelegt, die Textgrundlage durch authentische Ideen, Gefühle und Wissen aller Beteiligten zum Leben zu bringen.[18]
In den Filmgesprächen von 1972 erzählt Elisabeth Hauptmann von einem glücklichen Vorfall im Theater, der zu einer kleinen Texterweiterung von *Mutter Courage* führte. Anfang der fünfziger Jahre »hatte die Ruth Berlau in Holland die ›Courage‹ inszeniert und da hatte die Darstellerin der ›Courage‹ einen sehr schönen Vorschlag gemacht. Ganz zum Schluß, wenn also der Wagen ganz leer ist, die Kinder sind tot, da hört sie doch die Musik wieder, und da ruft sie: ›Nehmts mich mit!‹ Und dann sagt sie jetzt: ›Ich muß wieder ins Geschäft kommen.‹ Das stammt von der Schauspielerin aus Holland. Das hat dem Brecht sehr gefallen, und da hat er gesagt: ›Das nehmen wir rein!‹ Und seitdem ist das auch drin, aber ohne ein Kreuzchen: ›Verändert nach ... ‹. Aber irgendwann schreib ich es doch einmal [...], das ist ein wirklich echter sprachlicher und dramaturgischer Beitrag.«[19]

Lyon hatte die Idee, eine Liste der Mitarbeiter und Mitarbeiterinnen aufzustellen, die von Brecht selbst genannt wurden: »Die Frauen (alphabetisch geordnet) sind: Ruth Berlau, Elisabeth Hauptmann, Margarete Steffin und Hella Wuolijoki[20]. Die Männer sind: W. H. Auden,[21] Benno Besson[22], Hermann Borchardt, Emil Burri, Paul Dessau,[23] Slatan Dudow,[24] Hanns Eisler, H. Emmel, Lion Feuchtwanger, Caspar Neher, Bernhard Reich, Kurt Weill und Günther Weisenborn.[25] Aber aus Briefen, Tagebüchern, Erinnerungen, Interviews und anderen biographischen Zeugnissen kennen wir viel mehr. Weitere Mitarbeiterinnen waren Marieluise Fleißer und Karin Michaelis[26]. Andere Männer waren Walter Benjamin, Arnolt Bronnen, Franz Bruinier, Erich Engel, Paul Hindemith[27], Karl Kraus[28] und Carl Zuckmayer. Und allein im amerikanischen Exil lassen sich letztlich zwei Frauen dokumentieren – Salka Viertel[29] und Naomi Replansky – und sieben Männer, die mit ihm an bestimmten schriftlichen Arbeiten oder Theaterprojekten arbeiteten – John Hubley, Peter Lorre[30], Joseph

Losey[31], Vladimir Pozner[32], Ferdinand Reyher, Hans Viertel[33] und John Wexley[34].«[35]
Diese Liste umfaßt nur die fundamentale Zusammenarbeit bei der Textherstellung, sie könnte um viele Namen ergänzt werden. Es fehlen Ernst Ottwalt[36], Erwin Strittmatter[37], Martin Pohl[38], Hans Mayer[39], der Komponist Rudolf Wagner-Régeny[40] und andere. Es fehlen Helene Weigel, Elisabeth Bergner, Charles Laughton, Charlie Chaplin und die vielen Schauspieler, die Brecht in die kreative Arbeit hineinzog. Lyon erinnert daran, daß Brecht nicht zuletzt seine eigenen Kinder schon früh um ihre Meinung befragte.[41]
Wenn man sich die Fülle der Mitarbeiter vergegenwärtigt, erscheint Brecht als Organisator des Zusammenfassens der originellsten politischen und ästhetischen Ideen der ersten Hälfte des Jahrhunderts.
Liz Diamond schreibt: »Durch das orchestrierte Aufeinandertreffen der in ihm enthaltenen Ideen und die Vielfalt von Stilen verschwindet der Autor (bzw. die Autoren) in Brechts Werken. Die Stücke [...] sind nicht durch den Schreiber bedeutsam, sondern weil sie dichte, vieles zusammenfassende Kunstwerke sind.«[42] Brechts eigentliche Leistung war die Bündelung und Zuspitzung dieser Ideen und ihre Umsetzung in eine zwar auch an Vorbildern geschulte, aber doch unverwechselbare Sprache.
Die große Anzahl der ständigen oder auch zeitweiligen Mitarbeiter war es, durch die Brechts Werk die vielen dialektischen Brechungen, aber auch seinen monumentalen Charakter bekam.
Angesichts der außerordentlichen Radikalität der politischen Inhalte dieses Werks denke ich, daß die Kollektivität und die dadurch möglich werdende Überzeugungskraft überhaupt die Bedingung seiner Verbreitung weltweit und in so vielen verschiedenen kulturellen und politischen Milieus gewesen ist. Auch deshalb plädiere ich schon lange dafür, diese Kollektivität auch in der Öffentlichkeit, z. B. auf Theaterplakaten, deutlicher herauszustellen.
Die durch Kollektivität erreichte Qualität des Werks war freilich auch die Ursache dafür, daß es schließlich – im wirklich großen Maßstabe aber erst nach Brechts Tod – marktfähig

wurde. Dieses Problem will ich in einem späteren Abschnitt wieder zur Sprache bringen. Einstweilen sei nur daran erinnert, daß Brecht immer auch eine andere Verwertungsmöglichkeit vorgeschwebt hat – die freie gesellschaftliche Kommunikation.

Zwischen Revolution und Faschismus

No-Stücke und Lehrstücke.

Mit der *Dreigroschenoper* hatte Brecht ein wichtiges Segment des Kunstmarktes erobert, damit standen ihm die deutschen Bühnen offen. Auch im Ausland wurde er schlagartig berühmt. Er hatte ein Erfolgsrezept gefunden, nach dem er sein weiteres Leben materiell absichern, wahrscheinlich sogar die Emigration weitaus komfortabler hätte gestalten können. Aber wie Elisabeth Hauptmann 1972 sagte, »haßte« er es bald, als Verfasser der *Hauspostille* und der *Dreigroschenoper* angesprochen zu werden. Auch *Happy End* und die etwa gleichzeitig – ebenfalls unter Mitarbeit der Hauptmann – entstehende Oper *Aufstieg und Fall der Stadt Mahagonny* betrachtete Brecht schnell als Teil einer abgeschlossenen Epoche.
Der politisch plakative, das ganze Stück scheinbar umwerfende Schluß von *Happy End* ist sicher nicht nur der Eile der Fertigstellung zuzuschreiben. Hauptmann/Brecht wurden sich rasch bewußt, daß die Gesellschaftssatire der *Dreigroschenoper* mühelos von der Unterhaltungsindustrie vereinnahmt und ihr provokativer Effekt entschärft worden war. Mit *Happy End* ging man einen Schritt weiter. Das Amusement sollte am Ende nicht ironisiert, sondern – ganz bewußt – zerstört werden. Die Radikalität dieses ›Stilbruchs‹ weist bereits auf die anbrechende Phase der Lehrstücke. Die nun vorhandene finanzielle Decke diente zur Absicherung von Experimenten, bei denen man kaum Einnahmen erwarten konnte. Sie standen in engem Zusammenhang mit der politischen Entwicklung Hauptmanns und Brechts, hin zur Arbeiterbewegung. Brecht hatte sich bei seinem gegen Ende 1926 beginnenden Studium des Marxismus von vornherein auf Lehrer gestützt, die mit der Ausarbeitung der Parteilinie der KPD nichts zu tun hatten und Marx kritisch weiterentwickelten, wie Karl Korsch, Fritz Sternberg und schließlich auch Walter Benjamin. Elisabeth Hauptmann

aber war 1929 Mitglied dieser Partei geworden. Auf die 1972 von den Filmleuten gestellte Frage, ob ihr Parteieintritt mit der Arbeit im Brecht-Kollektiv zusammengehangen habe, antwortete sie: »Gott, es hing sicher irgendwie auch damit zusammen, daß, wenn man viel gelernt hat oder gelesen, sich unterhalten hat, sich belehren ließ, sicher. Aber es kam auch vor allem daher, daß sich ja die politischen und wirtschaftlichen Verhältnisse so änderten. Wir steuerten ja auf eine enorme Arbeitslosigkeit los in Deutschland, auch im Zuge der Weltwirtschaftskrise. Es war doch dann eine Arbeitslosigkeit, die sich steigerte von 1929 bis 1933, das war gigantisch, und verbunden dann eben mit so grauenvollem Elend. [...] Wissen Sie, ich kam zunächst einmal ganz gefühlsmäßig drauf, und das hat dann seinen Lauf genommen, natürlich durch Lesen, Diskutieren usw. Aber ich könnte nicht sagen, wer direkt [diese Entscheidung beeinflußt hat] – vielleicht eine Freundin von mir, die viel jünger war, aber mit der ich viel diskutiert habe. Das war eine junge Mitarbeiterin von *Berlin am Morgen*, das war unsere Morgenzeitung. Aber sonst war es ein Zusammentreffen von Theorie und Praxis. Denn dieses Elend, das damals ausbrach, das manifestierte sich auf vielfältige Weise: die Entlassungen, die Exmittierungen, die Teuerungen, alles das zusammen mit dem sich so schnell verbreitenden Faschismus. Und das konnte eigentlich keinem, wenn er nicht eingefleischter Faschist war, entgehen. Also, wenn man ein bißchen zu sehen, zu hören und zu lesen verstand, dann war das alles so handgreiflich: die Gefahr, die damals drohte, der Krieg. Es war uns doch klar: wir steuerten auf einen Krieg zu, schon bei Hindenburg.«

In Anspielung auf die Stalinsche Prägung der kommunistischen Bewegung fragten die Filmer, ob sie sich damals, als sie 1930 in die KPD eintrat, der Problematik der ›Säuberungen‹ – gerade unter Intellektuellen – bewußt gewesen sei.

» [...] ich war zu frisch dabei, um das alles beurteilen zu können. Mir leuchteten damals nur, glaube ich, Grundprinzipien ein und Grundziele, die zu erreichen wichtig waren, zum Beispiel: Kriege müssen nicht sein, Kriege sind nicht Naturereignisse, Arbeitslosigkeit muß es nicht geben – alles das leuchtete mir ein. Eine wirklich kritische Haltung manchem gegenüber habe ich sicherlich noch nicht gehabt. [... Zweifel sind mir] dann auch erst hinterher gekommen, als ich schon nicht mehr in Deutschland war. Denn da habe ich ungeheuer viel nachgelesen und mich auch mit Leuten unterhalten. Da hat man sich gefragt: War dies wohl nötig, war jenes wohl nötig, war das richtig, dies richtig?«

Viel weiß man nicht über die damaligen Aktivitäten der Elisabeth Hauptmann in der KPD. Sie leitete eine Frauengruppe in Berlin-Charlottenburg, beteiligte sich aber auch an nicht ungefährlichen Flugblattaktionen. Brecht, der – wie übrigens auch die Weigel[1] – kein Mitglied der Partei wurde, versuchte indes, seine Theaterpraxis direkt im Innern der Arbeiterkulturbewegung und in Schulen weiterzuführen, und zwar mit einem neuen Genre, das u. a. als eine Radikalisierung der demokratischen Impulse der Piscator-Bühne gelten kann, die ›Lehrstücke‹. Sie hätten eigentlich von vornherein besser ›Lernstücke‹ heißen sollen. Denn es ging nicht darum, von einer autoritären Position, wie z. B. von der Bühne aus das Publikum zu belehren, sondern um wechselseitiges Lehren und Lernen von Menschen, die eine Textvorgabe nach ihren eigenen Erfahrungen und Ideen interpretieren und auf diese Weise das Stück zusammen ›bauen‹. Mitspieler und Publikum sind nicht mehr notwendigerweise getrennt, die Mitspieler sollen sich in möglichst vielen Rollen versuchen. Eine solche auf Selbsterkenntnis und konsensuale Weltveränderung gerichtete Konzeption stand gleichermaßen quer zu Faschismus und Stalinismus. Man erinnere sich: gerade damals vollendete sich in beiden Systemen die autoritäre Transformation des Politischen in ein populistisches Monumentaltheater.

Die Entwicklung des Lehrstückgedankens bei Brecht geht vielleicht auch auf Einflüsse von Asja Lacis zurück. Vor ihren – u. a. auch bei Brecht und Piscator gemachten – Berliner Regie-Erfahrungen hatte sie einige Jahre mit Waisen und straffällig gewordenen Kindern in der Sowjetunion therapeutische Theaterarbeit betrieben. »Um sie aus ihrer Lethargie herauszuholen, bedurfte es einer Aufgabe, die sie *ganz* zu ergreifen und ihre traumatisierten Fähigkeiten freizusetzen vermochte. Ich wußte, welche ungeheure Kraft im Theaterspielen steckt.«[2] Lacis selbst und Brecht haben damals versucht, dieser aktivierenden, die Selbstregierung der Persönlichkeit fördernden Möglichkeit des Laientheaters eine Funktion in der Arbeiterbewegung zu geben.

Die Lehrstückphase ist von Elisabeth Hauptmann nicht nur durch Übersetzen, Mitdenken und Mitschreiben geprägt worden, sondern auch durch eine entscheidende ästhetische Entdeckung. In einem Interview zu einer Schüleraufführung von *Der Jasager* und *Der Neinsager* meiner ehemaligen, d. h. der 2. Erweiterten Oberschule Berlin-Mitte, sagte sie 1966, daß ihr 1928 oder 1929 irgend jemand aus London Arthur Waleys Buch *The No-Plays of Japan* mitgebracht hätte. Und: »Ich war ganz betroffen von diesen kurzen Stücken, von ihrer oft ganz einfachen Fabel, von der sicheren, ruhigen und intensiven Fabelführung, von der schönen dramaturgischen Vielfalt, von der Poesie und vielen zugrunde liegenden technischen und ästhetischen Prinzipien. [...] Die Einführung, die sogenannte Exposition des Stückes, wird hier fast immer berichtet, in Prosa oder Versen oder abwechselnd in beiden, bis zu dem Punkt, wo die eigentliche Handlung einsetzt. Welch ein Gegensatz, fand ich damals erstaunt, zu den vielen zeitraubenden, raffiniert gebauten Expositionen, die ich kannte. Durch solche Berichte, oft von einem Chor vorgetragen, werden übrigens auch innerhalb des Stückes die wichtigen Handlungsteile verbunden.«[3]

Ihr Interesse angesichts der sehr übersichtlichen Dramaturgie der No-Stücke führte die Hauptmann im Gespräch mit dem Filmteam 1972 auf eigene Schwierigkeiten mit dem alten Theater vor Brecht zurück: »Das hat aber auch damit zu tun, daß ich immer sehr langsam im Begreifen war, wenn ich im Theater und im Kino war. Ich mußte die Fabel verstehen. Und wenn es zu kompliziert war oder zu schnell, hastig, überhitzt – also wie gesagt – zu dramatisch, dann habe ich immer sehr viele wichtige Punkte versäumt. Am Anfang, als ich in Berlin war und man mich mit ins Theater nahm, um mir etwas Gutes anzutun, habe ich Qualen ausgestanden, weil ich nichts verstanden habe. [...] Was ich ziemlich im Anfang gesehen habe und was mir großen Eindruck gemacht hat, weil ich alles verstanden hatte – oder so ziemlich alles – war *Die Geschichte vom Soldaten* von Strawinski. Aber sonst tat ich mich schwer, und

in der Oper war ich vollkommen verloren, wo der Text ja sowieso massakriert wird, meistens.
Ich meine, Brecht hat den Text wieder etwas vorgezogen bei der Oper. Er nannte dann auch *Die Dreigroschenoper ›Stück mit Musik‹*.
Aber bei mir war das einfach furchtbar, Theatergehen, Stücke sehen – das mußte ich lernen. Ich glaube, Brecht ist das gar nicht so klar geworden, wie wenig ich verstand vom Theater und von Stücken [...]. Ich fand es dann [richtig], was ich bei einem Japaner las – ich muß immer wieder darauf zurückkommen: Das Wort ist im Schauspiel von vorrangigem Wert und darf nicht dadurch beschädigt werden, daß der Schauspieler irgendwelche ihn sehr anstrengenden Bewegungen, Gesten usw. macht. Dann – so hieß es da im Japanischen – dann muß der Chor die Worte übernehmen. Der Schauspieler muß sich dann fast auf die Pantomime beschränken. [...] Der Schauspieler muß entlastet werden. Das Wort darf nicht beschädigt werden.«
Seami[4], von dem sie hier spricht, hätte sie nicht nur für Brecht, sondern auch »für einige andere entdeckt,« und sie sei »betroffen« gewesen, »wieviel bei Brecht von diesen Prinzipien vorkam. Bei Brecht mußte auch das Wort verstanden sein. Das Wort hatte das Primat, wenn schon gesprochen wurde. Und die Gesten mußten deutlich sein. Die Haltungen mußten unmißverständlich sein. Die Arrangements mußten überblickbar sein – das traf sich alles mit Seami. Und das hat mich damals schrecklich aufgeregt, wirklich. Und dann kamen noch so ein paar andere Sachen hinzu – wie sie auch formuliert waren. Daß es sich da um zwei ganz andere Weltanschauungen handelte – Seami lebte im 15. Jahrhundert –, davon brauchen wir hier nicht zu sprechen. Aber rein wie man Stücke schreibt, wie man Stücke aufführt [...]. Und bei Seami war noch das Merkwürdige – ganz ähnlich wie bei Brecht – Brecht gefiel das Theater nicht, was er vorfand. [...] Die demonstrierende Spielweise – das war auch etwas, was mich sehr betroffen hat, was bei Seami ganz groß war, diese Art zu spielen. Die Grundlage ist bei Seami die Imitation, den Ausdruck gebraucht er sehr oft. Und er sagt zum Beipiel: Alte Leute sollten keinen alten Mann spielen, alte Männer keinen alten Mann. Junge Leute

können viel besser herausfinden, welche Charakteristika ein alter Mann hat, im Gang, beim Sprechen. Er gibt nur ganz wenige Merkmale an. Aber da ist etwas dran, wenn man vielleicht auch nicht so streng vorgehen soll. Aber die Nachahmung ist wie bei Brecht von ganz hervorragender Bedeutung beim Seami gewesen. [...] «

Elisabeth Hauptmann stieß Brecht in die Auseinandersetzung mit dem ihm so sehr entgegenkommenden Theater des Seami. Eigentlich nur zu Orientierungszwecken übersetzte sie auch einige der von Waley aus dem Japanischen ins Englische übersetzten No-Stücke in ein sehr klares und – ganz im Brechtschen Sinne – schnörkelloses Deutsch.[5] Ihre Übertragung von *Taniko oder Der Wurf ins Tal*[6] erregte zuerst das Interesse von Kurt Weill, dann auch das von Brecht. Bei dem ursprünglichen No-Spiel geht es um die Gebirgsüberquerung einer Gruppe, die von der anderen Seite Medizin gegen eine Seuche holen will. Ein Knabe, der mitkommen wollte, weil seine Mutter erkrankt war, erkrankt selbst und wird – wie es ein alter Brauch will – im Tal zurückgelassen, damit die Rettung der vielen anderen möglich bleibt.
Es ist schon viel Tinte darüber geflossen, daß Brecht für den späteren *Jasager* die Übersetzung der Hauptmann weitgehend übernahm und nur einige, wenn auch bedeutsame Veränderungen vornahm, die Mitarbeiterin bei der Publikation aber zunächst ungenannt blieb.
Sie selbst darüber 1972 zu den Filmern: »Ich kann Ihnen nur sagen, ich habe seinerzeit doch dieses japanische Stück, den *Wurf ins Tal*, übersetzt und schon so ein bißchen bearbeitet. Und dann habe ich es dem Weill gezeigt, weil der etwas haben wollte für die Berliner Festwochen. Und Weill sagte dann zum Brecht: ›Das möchte ich haben!‹. Weill und ich hatten dann aber gesagt: Das geht nur, wenn Brecht irgendwie uns hilft. [...] Brechts großer Beitrag war die Idee vom Einverständnis [des Knaben]. [...] Daß die erste Fassung nicht befriedigend war, darauf brauche ich hier nicht einzugehen. Brecht hat dann eine andere Fassung gemacht und hat dann am Schluß ein Stück geschrieben mit einem ganz anderen Schluß. Aber wenn Sie es sprachlich nehmen, rein von den Sätzen her, da können

Sie, glaube ich, finden, daß da – ich weiß nicht, wieviel Prozent – von meiner Übersetzung genommen ist, auch nachher etwas von dem Bearbeiteten. Aber das war nicht so wichtig wie der große Einfall vom Einverständnis, das wußte ich auch. Aber trotzdem hätte ich dabei sein, genannt werden müssen. Und ich werde Ihnen sagen, es war damals so eilig, das war im Frühjahr 1930, und Weill wollte das schon fertig haben im Frühsommer für die Berliner Festwochen, und das ging dann in den Druck. Das war in Weills Verlag, in der Universal-Edition. Und bei uns sollte das in ein *Versuche*heft kommen. Und da hat sich alles so überschlagen in der Zeit. Es waren ja noch andere Projekte da und andere Arbeiten – da habe ich es selber vergessen, meinen Namen da mit drunter zu nennen, ganz im Ernst. Ich krieg den Umbruch, und da sage ich: ›Ja, mein Gott, es ist eigentlich schade, das ist doch ... ‹ Je, der Brecht war ganz entsetzt! Der hatte gesagt, das ist mein Fehler, das ist meine Schuld! Klar – er hat ja nicht den Umbruch durchgesehen, das war ja meins, nicht? Und er hat es auch nicht hingeschickt. So war das passiert. Aber es hat mir auch nichts ausgemacht. Geld habe ich nicht dafür gekriegt. Das einzige, was ich vom *Jasager* bekommen habe – ich sag das hier ganz schamlos –, war: Da hat die Zeitschrift der Essener Bühnen, *Der Scheinwerfer*, dessen Herausgeber davon hörte, daß ich so ein No-Stück übersetzt hatte, gesagt: ›Können wir das nicht abdrukken?‹ Und da hab ich gesagt: ›Nein, ich hab das nur für den Hausgebrauch erst einmal übersetzt.‹ Und da hat er gesagt: ›Na trotzdem, können wir es nicht abdrucken?‹ Und hat das abgedruckt. Und dafür habe ich glaube ich, 40 Mark bekommen. War viel Geld damals. Und das war alles.«

Die von Brecht vorgenommene Veränderung bestand darin, daß der Brauch vorschreibt – wenn auch nur als Formalität –, daß die Gruppe das Einverständnis des Knaben einholen muß. Und das Kind gibt es auch. Damit war die Exekutierung des ›Brauchs‹ auf die Spitze getrieben, was bei Mitspielern und Publikum zum Widerspruch führen und das Bewußtsein auslösen sollte, daß alte Bräuche nicht einfach übernommen werden dürfen, daß es nützlich sein kann, einen neuen Brauch zu begründen. Mit dieser Dramaturgie war der spätere Courage-

Effekt – wonach nicht auf der Bühne, sondern im Publikum ›gelernt‹ werden soll – in etwas grober Form vorgeprägt. Die Hauptmann erzählte im Interview von 1966, daß die im Juni 1930 stattfindende Uraufführung trotz ihres großen Erfolgs nicht befriedigte:

»Brecht und einige von uns Mitarbeitern hatten Bedenken. Brecht, der die Aufführung im Sommer nicht sehen konnte, bat seine Freunde von der Karl-Marx-Schule in Neukölln, Lehrer und Schüler, die Schuloper einzustudieren, um die Wirkung von Stück und Aufführung auf ein junges Publikum zu überprüfen.

Nach der Aufführung gab es in einzelnen Klassen Diskussionen, deren Protokolle sich Brecht geben ließ. Einige der Meinungen und Vorschläge der Schüler fand er so wichtig und nützlich, daß er sie bei der Änderung des ›Jasagers‹, die er vornahm, beachtete; und noch mehr berücksichtigte er sie bei der weiteren Bearbeitung: *Der Neinsager.*[7] Als Brecht im 4. Heft seiner *Versuche* dann den Text der Schulopern veröffentlichte (1931), ließ er im Anhang Auszüge aus den Diskussionsprotokollen der Karl-Marx-Schule mit abdrucken. In einer Vorbemerkung schrieb er: ›Die zwei kleinen Stücke sollen womöglich nicht eins ohne das andere gespielt werden.‹«[8]

Mit der Hinzufügung des sparsam, aber markant abgeänderten *Neinsagers* nahm Brecht den Courage-Effekt weg, der die Spieler und das Publikum wohl überforderte. Im *Neinsager* lehnt der Junge nun ab, ins Tal geworfen zu werden, und macht der Gruppe klar, daß seine Krankheit eine neue Situation geschaffen habe, die neues Durchdenken und eine neue Lösung brauchte. Dieses auch schon in der ersten Fassung intendierte, aber als Gehirnarbeit von Mitspielern/Publikum gedachte Ziel, wird nun als Textvorgabe geliefert. Keine Frage, daß die im *Jasager und Neinsager* konzipierte Dialektik von Kollektiv und Individuum kein Erschlagen des einzelnen evozierte und damit auf ein sowohl vom Faschismus als auch vom Stalinismus vollkommen verschiedenes Verständnis von Kollektivität hinauswollte.

In meiner Schule Berlin-Mitte wurden 1965/66 *Der Jasager* und *Der Neinsager* auf Initiative des Musiklehrers einstudiert. Ich lehnte die Mitwirkung damals ab, weil in unserer Schule das stalinistische Prinzip, den einzelnen vom Kollektiv erschlagen zu lassen, auf besonders brutale Weise durchgesetzt wurde, und zwar durch Sabotage aller naturwüchsigen Impulse der Solidarität, die junge Menschen haben können. Der Musiklehrer, der nicht zum stalinistischen Kern der Pädagogen gehörte, wollte wahrscheinlich gerade ein entgegengesetztes, also richtiges Zeichen setzen – aber nichts konnte mich dazu bringen, meiner gehaßten Schule Freizeit zu opfern. Da der Sohn von Elisabeth Hauptmanns Mitarbeiterin Rosemarie Hill, René, in meine Klasse ging, kam die Inszenierung unter die Schirmherrschaft des Berliner Ensembles. Ruth Berghaus[9] übernahm die Regie, und wie das Interview im Programmheft zeigt, ließ sich auch die Hauptmann ab und zu sehen. Damals habe ich wahrscheinlich meine Chance verpaßt, sie kennenzulernen.

Mein Mißtrauen aber war berechtigt. Wie René Hill heute erzählt, tingelte die Inszenierung zwar jahrelang durch die Republik, erhielt Preise. Aber das eigentliche Lehrstückprinzip, die Selbstinszenierung der Schüler, kam nicht zum Tragen: Die bekannten politischen Beschränkungen führten zur Konzentration der kreativen Energie in den Kunstwillen der jungen Regisseurin. Jeder einzelne dieser Vorgänge um die damalige Inszenierung des *Jasagers* und des *Neinsagers* war charakteristisch für Brechts Schicksal in der DDR.

Elisabeth Hauptmann arbeitete auch mit beim *Ozeanflug* und beim *Badener Lehrstück vom Einverständnis*, offensichtlich nicht oder nur wenig an der *Maßnahme*[10]. Dieses Stück blieb deshalb so umstritten, weil hier der Courage-Effekt dem Publikum wahrscheinlich immer zuviel abverlangt hat. Den Courage-Effekt brachte Brecht eben erst in einer späteren Phase zur Vollendung, wozu auch das Abwägen seiner Dosierung gehörte.

Weil sie eine Übergangsphase darstellen, gehören die Lehrstücke auch vom politischen Gehalt her zum sperrigsten Teil des Brecht-Werks. Dennoch hat ihr antiautoritärer dramaturgischer Grundgedanke das Theater des 20. Jahrhunderts revolutioniert und zumindest hier Räume geschaffen, in denen die Autorität der Regie vermindert und mehr kulturelle Interaktion der Mitwirkenden etabliert werden konnte. Damit sind die Lehrstücke auch Vorläufer des modernen Laien- oder Therapietheaters, das auf Selbsterkenntnis und Affirmation der Persönlichkeit zielt. Mir ist z. B. kürzlich eine Form des Laienspiels aus kritischen christlichen Kreisen bekannt geworden, die sehr an die Lehrstücke erinnert – das unter Einfluß der feministischen Theologie der Befreiung entstandene ›Bibliodrama‹. Vom Standpunkt eines absolut historischen Verständnisses des Sakralen können interessierte Frauen unter Vorgabe der verschiedenen Texte, Übersetzungen und Deutungen die Geschichten von Frauen aus der Bibel diskutieren und in eigener Interpretation dann nachspielen. Ziel ist, die patriarchale Formung und Auslegung der Bibeltexte zu denunzieren und gleichzeitig den Frauen den Rücken zu stärken gegen die Gewalt des modernen Patriarchats.[11] Natürlich wird es größtenteils von der Radikalität der Veranstalter und Mitspielerinnen abhängen, wie weit die emanzipatorischen Folgen eines Bibliodramas gehen – oder ob sie am Ende nichtdoch nur zum uralten Reigen der Selbsterneuerung der Kirche beitragen, der es historisch fast immer gelang, häretische Abweichungen zu integrieren. Aber eine solche Vereinnahmung kann auch bei jedem Lehrstück von Brecht vor sich gehen.

In der Phase der Lehrstücke war sich Brecht des Utopischen ihrer Dramaturgie immer bewußt. Wegen der in entgegengesetzte Richtung tendierenden politischen Entwicklung gab es nur sehr begrenzte Durchsetzungsmöglichkeiten. Deshalb war es sinnvoll, das Prestige, das Brecht auf den Bühnen des alten Theaters gewonnen hatte, ebenfalls weiter zu nutzen. Neben den Lehrstücken und dem ihnen auch in seiner Entstehungsweise sehr verwandten Film *Kuhle Wampe oder wem gehört* die Welt?[12] wird bis 1933 auch an Stücken mit vergleichsweise traditioneller Dramaturgie gearbeitet: *Die heilige Johanna der Schlachthöfe* und *Die Mutter* nach Maxim Gorki. An beiden ist die Hauptmann ebenfalls intensiv beteiligt gewesen.

Aus dem das bürgerliche Amusementtheater noch halb bedienenden, halb persiflierenden *Happy End* ist mit *Johanna* ein

Stück geworden, das man als klassisch gebaute Tragödie bezeichnen würde, wäre es nicht zugleich auf den Courage-Effekt des Lernens hin konstruiert. Die hohe Kunstform, die Brecht/Hauptmann damals erreicht hatten, wird daraus ersichtlich, daß hier das umfassende Studium der kapitalistischen Ökonomie in eine Handlung umgesetzt wurde, ohne daß auch nur eine einzige parteioffizielle Phrase oder auch nur eine Agit-Prop-Losung verarbeitet wurde. Und die Figur des Mauler – Inkarnation der perfekten kapitalistischen Verwertungslogik – ist äußerst differenziert gebaut. Ich würde sagen mit den Mitteln des ›psychologisierenden‹ Theaters, das Brecht in seiner Gesamtheit so bekämpfte. Aus den Soldaten der Heilsarmee ist die christlich-caritative Organisation der Schwarzen Strohhüte geworden, deren politische Impotenz und nur wenig verdeckte Komplizenschaft mit dem kapitalistischen System jetzt nicht nur an die Kirche gemahnen sollte, sondern wohl auch an die Sozialdemokratie. Hauptmanns *Bessie Soundso* und ›Mimosenlilian‹ wuchsen mit Brechts seit 1922 bestehendem Plan zusammen, eine von Schiller inspirierte *Johanna von Orléans* zu schreiben.[13] Brechts Johanna teilt zunächst im Namen der Schwarzen Strohhüte Suppe bei den schon wochenlang streikenden Arbeitern auf den Schlachthöfen aus. Immer wieder versucht sie, Mauler aus der Profitlogik herauszulocken und zum Einlenken zu bewegen. Schließlich bringt ihr gesunder Menschenverstand sie dazu, die Schwarzen Strohhüte zu verlassen. Sie will nun mit den streikenden Arbeitern kämpfen. Sie stellt aber keine Unterstützung, sondern eher eine Belastung dar. Und als sie sich durch Hunger und Kälte eine Lungenentzündung zugezogen hat, kann sie systemstabilisierend vereinnahmt werden. Sie erkennt es, aber zu spät. Die Schwarzen Strohhüte lassen die Sterbende wieder in ihr Lokal schleppen, dessen Miete unterdessen der Mauler zahlt. In der höchst theatralischen Schlußszene ist er, der seine Liebe zu Johanna und den höheren Werten um so offener publik gemacht hat, je mehr er aus der Krise der Fleischpreise als Sieger hervorging, als Bekehrter ebenfalls anwesend.

Durch seine Aktivitäten in der Arbeiterkulturbewegung lernte Brecht 1932 Margarete Steffin kennen, die die Rolle des

Silvesterfeier 1931 in der Wohnung Elisabeth Hauptmanns, Berlin-Charlottenburg, Berliner Str. 45. Von links: Walter Benjamin, Margot von Brentano (stehend), Carola Neher (mit Teller), nicht identifizierte Person, Bianca Minotti, darüber Valentina Kurella, Alfred Kurella, Elisabeth Hauptmann

Dienstmädchens in der *Mutter* übernahm. Sie wurde seine Geliebte und wuchs ebenfalls in die Rolle einer Sekretärin und Mitarbeiterin hinein. Elisabeth Hauptmann blieb aber weiterhin dramaturgische Mitarbeiterin und Managerin Brechts. Außerdem befaßte sie sich schon damals nicht mehr nur mit der Herausgabe der *Versuche* bei Kiepenheuer, sondern auch mit der Planung von *Gesammelten Werken*, die im Malik-Verlag herauskommen sollten.

Aber die Vorstellung ist falsch, sie hätte ihre vielseitigen Talente damals ausschließlich für Brecht eingesetzt. Erinnert sei an die Übersetzung und Bearbeitung eines Stücks des Amerikaners Ferdinand Reyher *Dont't Bet On Fights.*[14] Und wären die dreißiger Jahre nicht politisch so schwierig geworden, wäre ihr vielleicht doch noch eine eigenständigere literarische Karriere möglich gewesen. Seit 1927 liefen ihre Magazingeschichten und auch Radio-Features unter ihrem richtigen Namen wie zum Beispiel eins über Seami. Werner Hecht hat herausgefunden: »Am 1. April 1928 wurde eine öffentliche Lesung im Sender Breslau so angekündigt: ›Elisabeth Hauptmann liest aus eigenen Werken.‹[15] Auch kam es zu gemeinsamen Arbeiten mit Emil Hesse-Burri: mehrere Radiokrimis nach Conan Doyle, Edgar Allan Poe, Sendungen über den Dichter Lenz, über Ford[16] und die Geschichte des Automobils, des Flugzeugs und andere. Leider scheinen diese Arbeiten verlorengegangen zu sein. Mit Burri soll ein Liebesverhältnis bestanden haben, sogar eine kurze Ehe, ebenso mit dem damals berühmten Rezitator Ludwig Hardt[17]. Urkundlich gesichert ist nur Hauptmanns vom 14. März 1931 bis zum 8. März 1932 währende Ehe mit einem Redakteur namens Friedrich Wilhelm Werner Kurt Hacke. Über diese Ehe wissen wir aber nur, daß der Scheidungsgrund Bianca Minotti hieß, die sich später Margret Mynatt[18] nannte, identisch mit der von ihr in den Gesprächen 1972 immer wieder erwähnten Freundin aus der Redaktion von *Berlin am Morgen*, durch deren Einfluß sie in die KPD kam. Hier ist wohl ein Liebesverhältnis unter Frauen anzunehmen, das in lebenslange Freundschaft mündete.

Nicht nur in diesen biographischen Flashs, sondern auch in Hauptmanns Koexistenz mit der Weigel und nun auch mit der

Steffin zeigt sich eine für viele heute gar nicht mehr nachvollziehbare Haltung dieser Frauen. Freilich kann und konnte Eifersucht auch damals nicht ganz ausgeschaltet werden – wie Brecht es sich wahrscheinlich gewünscht hat. Aber die politische und künstlerische Solidarität der Frauen siegte über die Konkurrenz und konnte sich sogar zu Freundschaft entwikkeln. Diese Haltung wird Elisabeth Hauptmann später auch zu Ruth Berlau einnehmen. Ihr Vater und auch die in den USA verheiratete, aber nicht berufstätige Schwester Elisabeth Hauptmanns brachten kein Verständnis für ihre Lebensweise auf. In ihren Augen war die Hauptmann nun ein »altes Mädchen«, das es nicht verstanden hatte, in einen sicheren Ehehafen einzulaufen. Auf die 1972 gestellten Frage der Filmleute, was die Familie zu ihrer beruflichen Laufbahn meinte, antwortete sie: »Ich glaube, die haben das gar nicht gewußt. Das habe ich nie erzählt [...]. Doch, ich war mal zu Hause, da kam jemand vom Rundfunk Köln, [...] – denen wollte ich gerne etwas zum Senden geben, eine Bergarbeitergeschichte aus Wales. Ja und sie wußten ja dann, daß ich die *Dreigroschenoper*, die *Beggars-Opera* übersetzt hatte. Das wußte meine Mutter. Sie wußte eigentlich auch nicht viel. Aber sie fing an, sich für Brecht zu interessieren. Wo sie etwas erwischen konnte, las sie es, schnitt aus und schickte es mir.«
Die Mutter aber, die Elisabeth Hauptmanns Abenteurertum am ehesten verstand, war 1930 gestorben.
Über die dramatische Situation, in die sie nach Hitlers Machtübernahme geriet, erzählte Elisabeth Hauptmann den Filmern 1972: »Für uns fing es ja wirtschaftlich an [kompliziert zu werden], dadurch, daß die Stücke nicht mehr aufgeführt wurden. Die *Heilige Johanna* wurde in Darmstadt verboten, man kann sagen von den Nazis – schon ehe Hitler zur Macht kam. Und auch sonst wurden die Möglichkeiten, etwas gedruckt und aufgeführt zu bekommen, immer schwieriger.
Nun, wir hatten das sehr verfolgt und machten uns gar keine Illusionen. Brecht war überzeugt, daß es soweit kommen würde, im Sommer 1932. Dann kam noch Papen im Juli 1932, dann kamen die September-Wahlen, dann kam Schleicher usw.
Die Situation war so: Brecht mußte wegen einer Operation ins Krankenhaus und lag in der Klinik, im Februar. Nun wohnten

wir alle ziemlich dicht beisammen: Frau Weigel – also Brechts Frau –, die Kinder, in der Leibnizstraße, ich in der Berliner Straße in Charlottenburg und Brecht in der Hardenbergstraße [...]. Und ich war sehr viel in seiner Wohnung in der Zeit und dachte nur daran: Wenn irgend etwas passiert – wie die ganzen Sachen sicherstellen?
Und dann ging es schließlich Hals über Kopf durch den Reichstagsbrand. Brecht fuhr von der Klinik aus weg mit Frau Weigel. Die Kinder blieben zunächst in meiner Obhut, der Sohn einen Tag. Der hatte schon einen Paß, der kam ins Flugzeug und wurde nach Wien von einer Freundin mitgenommen. Und die Tochter habe ich erst Anfang März mit nach München gebracht. Und von München, wo wir einen Arzt sehr gut kannten, hat uns dieser Arzt dann zu dem Großvater nach Augsburg gefahren.
Anfang März gab es eine Volksabstimmung, ich wollte damals nicht in Berlin sein. Und nachdem das vorbei war, bin ich nach Berlin zurückgekommen und habe ganz systematisch die Sachen zusammengesucht und versucht, schon mal zu ordnen. Aber das war auch nicht so ganz leicht, weil ich meine eigene Wohnung vermietet hatte – und zwar an Lilly Brik. Sie war, glaube ich, im Winter aus Moskau gekommen und wohnte seit den letzten Januartagen bei mir. Ich hatte mir zunächst eine andere Wohnung genommen, war dann aber zu Brecht herübergezogen. Wir hatten aber eine gemeinsame Telephonleitung – und das war für die Gestapo hochinteressant: Bei mir in der Wohnung Lilly Brik! Und sie hatte dort auch Freunde. Da war ihr Mann[19] damals da, und ihre Freunde besuchten sie – und ich in der Wohnung Brechts. So kam es zu Haussuchungen erst einmal bei Brecht und dann bei mir zu Hause. Da wurde ich rübergerufen. Es war eine sehr heftige, umfangreiche Haussuchung, einmal, als Lilly Brik nicht da war. Und sie krempelten wirklich alles um. Es gelang mir aber, sie aus den Zimmern herauszuhalten, wo die wohnten. Aber da war ein Zimmer, das noch frei war, und da stand ein großer Koffer. In dem Zimmer hatte eine Freundin von mir gewohnt. Sie ist jetzt in London und gibt die Gesamtausgabe von Marx und Engels heraus auf englisch, Margret Mynatt – damals nannte sie sich Minotti. Und ihre Bücher, die sie bei mir ließ, hatte ich

alle in einen großen Koffer gepackt, aber auch Bücher von mir. Es gab doch damals schon so ganze Reihen, die Lenin-Bibliothek. Ich besaß schon die ersten großen Lenin-Bände, die herauskamen damals, und hatte überall hereingeschrieben. Damit wußten sie wenig anzufangen, sie wollten den ganzen Koffer mitnehmen, beschlagnahmen. Den hab ich freibekommen. Dann gingen sie weiter und entdeckten in einem kleinen Raum, neben der Küche eine alte Schreibmaschine. Und damit kamen sie jetzt an und sagten mir: ›Ja hier ist die Schreibmaschine, mit der Flugblätter getippt wurden.‹ Da sagte ich: ›Das müssen Sie mir erst einmal nachweisen. Ich sehe nur dikken Staub auf der Schreibmaschine. Die ist seit Monaten nicht benutzt und außerdem gehört sie mir nicht.‹
Na, die haben noch weiter gesucht, und dann gingen sie weg. Einer sagte mir: Wenn ich die Schreibmaschine gar nicht brauche, warum gebe ich sie dann nicht weg? Er muß so viel schreiben, er würde so gerne eine haben. Dafür würde er mir seine Telephonnummer geben, und ich könnte ihn jederzeit, wenn irgend etwas sei, anrufen. Das war das.
Aber viel Ärger gab es einmal bei einer Haussuchung bei Brecht oben. Es gab viele Haussuchungen, als ich da war. Und das war unangenehm, weil nur ein Ausgang da war. Man konnte sich nicht rechtzeitig in Sicherheit bringen. Und das war ganz eklig. Es war, glaube ich, ein Dutzend oben, die diese kleine, kleine Wohnung durchsuchten. Ich habe das hinterher vom Hauswart erfahren, der mich warnte, als ich in die Wohnung gehen und herauffahren wollte mit dem Lift. Er sagte: ›Um Gottes willen, gehen Sie nicht herauf!‹ Nein, es war die Frau vom Hauswart. Der Hauswart selber war mitgegangen, damit ein Zeuge dabei war. Das war ein Sozialdemokrat, der Brecht sehr mochte. Und die Frau warnte mich, und ich bin dann eben nicht in die Wohnung gegangen.
Da war die Wohnung wirklich auf den Kopf gestellt. Alles war aus dem Ofen heraus [geräumt; man wollte sehen,] ob ich etwas verbrannt hatte usw. Aber beschlagnahmt hatte man da nur eines: es war kurz zuvor herausgekommen, das *Versuche*-Heft mit der *Mutter*. Das hatte sie interessiert, und das hatten sie mitgenommen. Es war mir ganz arg, daß sie das noch gefunden hatten, weil da ganz vorne der Name Weisenborn stand.

Der war noch in Berlin! Und damals war ich noch so naiv zu glauben, daß es bei Beschlagnahmungen auch noch irgendwelche Gesetzmäßigkeiten gäbe. Und ich habe damals die Zugehfrau, die Brecht und ich hatten – die es auch heute noch gibt und die ich heute noch kenne –, mitgenommen zum Polizeirevier und habe mich ungeheuer beklagt, daß man etwas beschlagnahmt hatte. Die haben mich einfach ausgelacht. Daß sie nicht mehr gemacht haben, war mein großes Glück. Aber das war mir doch eine Warnung, um das ganze Ausräumen der Wohnung dann zu beschleunigen. Ich bin dann selber ausgezogen. Lilly Brik fuhr im Juni zurück mit ihrem Mann. Und es wurde dann zunehmend schwerer für mich. Ich bin, glaube ich, im September dann ausgezogen in eine Pension und habe von dort aus dann noch den Rest gemacht. Und einen Teil habe ich mitgenommen. [...] Es waren auch Freunde von Brecht gekommen und hatten sich oft bei mir gemeldet und gesagt: Ich komme von Brecht – ob ich etwas mitzugeben hätte. Manchmal habe ich das getan, aber in einigen Fällen habe ich es nicht getan. Ich habe nicht gewußt, wer die Leute genau waren, sie konnten sich nicht ausweisen. Es waren ungeheuer zuverlässige Menschen, aber ich war mir nicht ganz klar – so war das damals. Man hat dann auch, wenn man jemanden längere Zeit nicht gesehen hat, oft nicht mehr das Vertrauen gehabt. Aber ich habe doch ziemlich viel noch herausbekommen. [...] Dann war ich noch kurze Zeit in Dänemark.[20] Und da habe ich auch noch einige Sachen mitgenommen, zum Beipiel – das fällt mir jetzt gerade ein – ein Perlenhalsband von Helene Weigel. Ich glaube, es waren echte, und ich nahm sie mit, weil ich mir dachte: man kann das schließlich ja verkaufen und dann etwas davon leben.
Ich habe wenig mitnehmen können an Schmuck von meiner Mutter. Der wurde mir noch schnell gestohlen, ehe ich wegfuhr. Aber das Wenige, was ich hatte, kam mir doch dann sehr zupaß, weil ich das nach und nach verkaufen konnte. Das nur nebenbei.
Brecht und seine Familie wohnten noch in einem Haus, das der Karin Michaelis gehörte. Da wohnte damals auch Ottwalt, den ich auch wiedersah. Und Brecht wollte mich überreden, nicht wieder zurückzufahren. Er hielt es für zu gefährlich.

Aber ich habe es dann riskiert, aus verschiedenen Gründen, unter anderem, weil eben noch Manuskripte in Berlin waren. Und ich zog in eine Pension und nahm einen Teil dieser Sachen mit, weil ich dachte: da sind sie vielleicht sicher. Dann wurde ich verhaftet, weil man ein harmloses Gespräch mißinterpretiert hatte. Und das Mißinterpretieren geschah wahrscheinlich von jemandem, der nazifreundlich war und das weiterberichtet hat. Und das kam bis Goebbels. [...] Es ging darum, daß zwei Kinder von Bekannten – sie waren so elf, zwölf Jahre alt – herauswollten aus Deutschland. Sie wollten Brecht besuchen und hatten sich einen Plan gemacht. Sie wußten, erstens hatten sie mit den Eltern zu rechnen und zweitens war es schwierig, daß Kinder über die Grenze kamen. Das hatten sie aufgeschrieben und sich da auch gegenseitig Mitteilungen gemacht. Und dann war ein Elternpaar dahinter gekommen, und ich hatte das erfahren [...]. Und ich hatte es jemandem weitererzählt.[21] [...]
Und wie gesagt, dieses Gespräch erfuhr man. In ihren Mitteilungen hatten die beiden Jungen so etwas geschrieben wie: Wir werden uns die Adressen aufschreiben in Geheimschrift, das werden wir schon über die Grenze kriegen usw. Es waren so ganz verdächtige Formulierungen drin, auf Kinderart, aber immerhin. Und das alles spielte dann eine Rolle in dem Gespräch, das weiterkolportiert wurde: heimlich über die Grenze, Geheimschrift usw.
Und dann kamen nachts um zwei Uhr zwei in mein Zimmer in der Pension und durchsuchten alles. Dann sagten sie, ich müsse mitkommen. Nun ja, dann kam ich auch mit. Es ging erst zur Albrechtstraße, dieser bekannte, dieser schreckliche Gestapoplatz. Und da waren schon sehr viele, auch Frauen. Und wir wurden gleich entsetzlich angepöbelt von schwitzenden, besoffenen SA-Leuten, ganz furchtbar, auf die ordinärste Weise. Aber wirklich, das war ganz furchtbar – nicht etwa politisch, sondern obszön. Also, es war gar nicht zu fassen. Dann brachten sie mich weiter und ich weiß, daß ich auf dem Wege sagte – auch wieder eine ganz naive Annahme: ›In Einzelhaft möchte ich nicht, mir geht es sehr schlecht, ich bin in ärztlicher Behandlung.‹ Und da sagten sie: ›Nein, nein, sicher nicht.‹
Nun ja, ich kam in Einzelhaft.

[...] Daß ich nachts weggebracht worden war, konnte ich nicht gut im Hotel hinterlassen, das haben sie mir verwehrt. Aber sie haben es wohl doch irgendwie angedeutet, wie ich weggekommen war, und das haben Bekannte erfahren, auch Ausländer. Und die sind aktiv geworden. Die haben irgendwie einen Anwalt erreicht, einen sehr großen Anwalt. Es hat sie auch sehr viel Geld gekostet, das habe ich aber erst in der Emigration erfahren.
Und der Anwalt hat dann Recherchen angestellt und gesagt: Gegen die Frau liegt nichts vor. Es handelt sich darum und darum, sie will nur nach Amerika zu ihrer Schwester. Und die wußten auch, daß meine Schwester die Hilfe eines Congress-Mannes in Anspruch genommen hatte, um auch für sie und für mich zu bürgen. Und irgendwie hatte sich das so verändert, daß der Congress-Mann plötzlich mein Onkel war.
In der Zeit, als ich am Alex, im Untersuchungsgefängnis, inhaftiert war, wurde ich zwei Mal in die Albrechtstraße gebracht und wurde dort verhört mit Protokoll und allem. Da sah ich dann auch die Anklage. Und da muß jemand gewesen sein – vielleicht ein ehemaliger Sozialdemokrat –, der uns gut gesonnen war. Dem sagte ich: ›Sie schreiben mir viel zu langsam, lassen Sie mich das selber tippen.‹ Und wenn ich dann etwas formulieren wollte, was ihm nicht paßte – in meinem Interesse –, hat er es umformuliert. Bis zum Schluß wurde alles als haltlose Anklage zurückgewiesen. Und dann wurde ich wieder zurückgebracht. Als ich das letzte Mal hingebracht wurde, fuhr mit uns ein Wagen herein – das war Brechts beschlagnahmter Steyr-Wagen. Ich hätte nicht gedacht, daß sie den gar nicht verändert hatten. Da war nur irgendwie ein ganz dünner Strich herumgezogen. Sonst war das der alte Wagen. Und man benutzte solche unauffälligen Wagen sehr [gern], die durch nichts gekennzeichnet waren, unauffällig wo vorzufahren, Leute abzuholen usw. Den hatte ich nicht retten können. Den hatte ich von Garage zu Garage gebracht, weil ich immer dachte, es würde sich noch jemand finden, der nach Dänemark fährt und den Wagen mitnimmt. [...]
Dann wurde ich entlassen. Das war an einem Sonnabendnachmittag, ich werde es nicht vergessen – da habe ich auch meine Entlassung selber getippt.

Und dann stand ich da plötzlich auf der Straße und wußte nicht wohin. Sollte ich wieder in die Pension gehen? Vielleicht ist das nur ein Trick – wie es so oft war –, um mich wieder zu verhaften, um nur zu sehen – wen besucht sie, mit wem spricht sie auf dem Wege?
Ich habe mich zu einem dieser Ausländer getraut. Und der war dann auch kühn genug und hat mich in die Pension zurückgebracht. Dann bin ich – ich glaube – am übernächsten Tag [gefahren]. Ich habe mich dann nur noch mit dieser Frau verständigt, die mir die ganze Zeit geholfen hatte, die schon Brechts Zugehfrau war und dann meine. Und die hat mir packen geholfen, einen Teil habe ich bei ihr hinterlassen. Und sie hat mich dann mit auf die Bahn gebracht. Von Charlottenburg bin ich dann gefahren. Aber vor Paris kam ja noch die Grenze. Ich war mir nicht klar, ob das gelingen würde. Und dann kam zwei Tage später jemand und sagte mir: ›Wie gut, daß du weg warst, denn du solltest wieder verhaftet werden. Sie waren wieder da und sie haben dich gesucht!‹
[...] Solche Zeiten kann man kaum durchstehen ohne Freunde. Ohne diese Frau, die schon bei Brecht Zugehfrau war und mir dann geholfen hat, wäre ich nicht durchgekommen. Lilly Brik kennt sie übrigens auch, sie hat mir mal ein Foto mitgegeben, wo sie sie in der Küche aufgenommen haben. Aber das betraf viele andere Menschen auch, die man vorher kennengelernt hat. Vielleicht hat man sich selber bewährt in solchen Zeiten. Viele Freunde, viele Menschen, die ich damals kennengelernt habe, schon ehe ich Brecht kannte oder die, die ich, als ich bei Brecht war, kannte – ich habe ja auch Leute selber getroffen, außerhalb von Brecht, einige – von denen gibt es heute noch eine Reihe, mit denen ich in Verbindung bin. Also das ist die Emma Radtke, es ist meine Freundin in London, von der ich sprach. Da gibt es die Lilly Brik. Das ist nur ein ganz sporadischer Zusammenhalt, aber, wenn jemand hinfährt, schick ich ihn meistens vorbei oder sie läßt mich grüßen. Ich habe sie zuletzt 1965 [gesehen] – nein, ich kann es gar nicht sagen, wann ich bei ihr war – in ihrer Wohnung, wo sie mir dann von ihrem Leben noch erzählt hat, wie sich das weiter abgespielt hat. Oder da sind die alten Freunde Bernhard Reich und Asja Lacis, die kenne ich nun seit den zwanziger Jahren. Ich könnte

Ihnen auch nicht sagen, wie man es anstellt, daß man Freunde behält und nicht nur hält. Jedenfalls finde ich es sehr schön, wenn es sich so ergibt, und ich glaube, man hat es auch nötig. Ich kenne jemanden, der hat kaum Freunde oder wenig Freunde. Und ich weiß nicht, ob ich recht habe, wenn ich da manchmal ungeduldig bin, weil das auch mit Krankheit zusammenhängt und mit viel schlechter Laune. Jeder Mensch hat so viel oder so wenig Freunde, wie er haben will.[22] [...] Jedenfalls ich habe das Glück gehabt, eine ganze Reihe von Freunden zu haben. Es handelt sich schon um dreißig, vierzig, ja fünfzig Jahre Freundschaft.«

In der faschistischen Haft kamen ihr die vielen Pseudonyme, unter denen sie zumeist publiziert hatte, vielleicht zugute, weil es dadurch möglich wurde, eine unscheinbare Sekretärin zu spielen, die einflußreiche Verwandte in den USA hat, eine Großmacht, mit der sich Hitler zu Beginn seiner Herrschaft noch nicht anlegen wollte.

Der mehrfache Hinweis auf dem Brecht-Clan vielleicht wohlgesonnene Sozialdemokraten, ist kein Zufall. Die Hauptmann wird in künftigen Lebensphasen eine andere, nicht nur weniger polemische Auffassung zur Sozialdemokratie zeigen als Brecht.

Der Weg in die USA, den ihr die dort verheiratete Schwester ermöglichte, war für Elisabeth Hauptmann in vielerlei Hinsicht problematisch. Es war ein abrupter Bruch mit ihren bisherigen Lebensperspektiven.

Tiefen und Höhen: Als unbekannte Exilantin in den USA

»Die Kultur, der Inbegriff künstlicher, persönlicher, selbstgeschaffener Lebensformen, entwickelt sich zu einem Käfig mit engen Gittern für diese unbändige Seele [...].«[1] Wie Oswald Spengler galten dem Faschismus Kultur und Vernunft als Entfremdung des Menschen von seiner eigentlichen, angeblich von der ›Rasse‹ determinierten ›Natur‹. Damit wandte er sich frontal gegen die von der Aufklärung geprägten Seite der abendländischen Kultur. Alle Intellektuellen, die den Weg von der ›Kultur‹ zur ›Natur‹ nicht mitgingen, wurden – wenn sie der Verhaftung entkamen – in die Flucht gezwungen.

Einige wenige blieben. Wenn sie nicht wie Bronnen tatsächlich zum Faschismus ›konvertierten‹, paßten sie sich durch einen apolitischen Habitus an. Hier sei nochmals Emil Hesse-Burri genannt, aber auch Theo Lingen. Ihm gelang eine Karriere als Filmkomiker von hohem darstellerischem Rang. Burri und Lingen wurden der Filmindustrie so unentbehrlich, daß sie das Privileg einer inneren Opposition bzw. einer manchmal auch symbolträchtigen Distanz zum Regime in Anspruch nehmen konnten. Lingen gelang es – wie übrigens auch Hans Albers –, seine jüdische Frau und ihre Kinder zu schützen, von denen eines das seine, das andere von Brecht war.

Obwohl ich mich schon lange mit der Literatur und dem Schicksal deutscher Emigranten während des Faschismus beschäftige, ist mir deren dramatische Situation erst vollends bewußt geworden, seit neuerdings auch Hunderte, wenn nicht Tausende Intellektuelle aus meiner zeitweiligen Wahlheimat Algerien flüchten müssen, weil sie von islamistischem Terror bedroht sind. Auch der Islamismus will die ›Kultur‹ abschaffen und durch ein religiös-identitäres Konstrukt ersetzen, das nichts mit den aufgeklärten Traditionen historischer islamischer Hochkulturen zu tun hat.

Aus seiner eigenen Kultur vertrieben, wird der verfolgte Intellektuelle aber nirgendwo erwartet, insbesondere nicht als Bereicherung des Kulturlebens im Exilland. Nur ganz wenige – und nicht immer die originellsten – können auf ihrem Gebiet weiterarbeiten. Statt seinen Projekten nachzugehen, muß ein geflohener Intellektueller um sein Überleben kämpfen. Zuerst hofft er, daß das Exil nur wenige Monate dauern wird oder höchstens ein, zwei Jahre. Ein einfacher Job, der für Wirtschaftsflüchtlinge vielleicht schon einen Triumph darstellen würde, bringt für den Intellektuellen die endgültige Bitternis mit sich, nicht nur aus der kulturellen Perspektive seiner Heimat, sondern auch aus der seines Gastlandes ausgeschlossen zu sein. Eine tragische Deklassierung hat stattgefunden, über die er sich noch nicht einmal beklagen darf. Dankbar muß er sein, daß ihm das Gastland das Überleben ermöglicht.

Eine solche Erfahrung mußte auch Elisabeth Hauptmann in den USA machen, obwohl durch Brechts Abwesenheit hier eigentlich die Möglichkeit ganz selbständigen künstlerischen Arbeitens gegeben war. Die Mühsale ihres dortigen Exils sind in bisherigen biographischen Versuchen aber immer nur vom Standpunkt angeblicher Unterversorgung durch Brecht beschrieben worden. Die Problematik des für sie geschlossen bleibenden Kulturmarkts der USA wurde bislang ebenso wenig ausgeführt wie ihre Chancenlosigkeit zu eigener künstlerischer Entfaltung angesichts des Faschismus in Deutschland. Nach der Aufregung von Verhaftung und Flucht auf der ersten Station ihres Exils, in Paris, blieb ihr auch ein von Brecht verursachter Schock nicht erspart. Die näheren Umstände können nur durch lückenhafte und teilweise auch widersprüchliche Dokumente – annähernd – rekonstruiert werden. Wegen ihrer Haft und überstürzten Flucht mußte sie gemeinsame Arbeitsmaterialien in Deutschland zurücklassen, ohne klären zu können, wie und durch wen das alles weitergeleitet werden könnte. Daß sie zuvor einen Teil ihrer eigenen Sachen – auch Kleider – nach Dänemark geschickt hatte, deutet darauf hin (und in den Gesprächen von 1972 klang es ebenfalls an), daß zunächst auch für sie ein Exil in Brechts Nähe in Dänemark vorgesehen war. In einem vom 18. Mai 1933 datierten Brief an Walter Benjamin, der aber sicher ein Jahr später, schon aus den

USA, kam, schrieb sie, daß sie sich zur Annahme der Einladung ihrer Schwester erst in einer Zeit entschlossen hatte, »als ich ziemlich verzweifelt war und mich auch das Verhalten von einigen Leuten, für die ich den Kopf hinhalten mußte, sehr deprimiert hatte.«[2]

Anlaß des Konflikts war der Verlust eines Manuskriptkoffers in den Wirren der Haussuchungen und der Haft. Natürlich war ihr klar, daß der Verlust von Arbeitsmaterial für Brecht nicht einfach einen persönlichen Schaden bedeutete. Es handelte sich um kollektiv erstellte Arbeiten, die nicht nur er, sondern auch sie und die anderen Mitarbeiter als Beitrag zur Veränderung der Welt angesehen hatten. Brecht war im November 1933 auch in Paris und muß, als er vom Verschwinden des Koffers erfuhr, mit ungeheurer Schroffheit reagiert haben. Elisabeth Hauptmann brach zusammen.

In dieser Situation hatte sie aber einen Freund, mit dem sie über das Ereignis sprechen und später auch korrespondieren konnte: Walter Benjamin, auch einer der engsten Freunde Brechts, der sich damals ebenfalls schon im Pariser Exil befand. Die Briefe, die Elisabeth Hauptmann zwischen 1933 und 1935 an Benjamin richtete, sind aus konspirativen Gründen oft mit »Florie« unterschrieben. Noch unter Schock stehend, schrieb sie ihm einen undatierten Brief »mit Herzklopfen und nach längerem Nachdenken [...]. Sie haben recht: ich halte nicht mehr viel aus. Sie werden es deshalb bestimmt begreifen, wenn ich niemand mehr sehen will; auch Sie nicht. So ganz allein ist schrecklich, aber ich halte es nicht mehr aus, durch Sie sichtbar an alles erinnert zu werden. Ich wollte vor meiner Abreise über Paris, wegen Brecht, [...] Br. behauptet, er habe, nun die Papiere verloren seien, nichts mehr, worüber wir reden könnten + das Weitere wissen Sie ja.

Sie waren so nett und freundschaftlich zu mir, wie nur einer sein konnte. [...] Trotzdem bitte ich Sie, lassen Sie mich meine weiteren Entschlüsse *allein* fassen.«[3]

An Brecht ging nun ein Brief, in dem sie eine Bilanz der neunjährigen Gemeinsamkeit zog und eine Art Schlußpunkt setzte. Auch sie schlug nun den berühmten kühlen Ton an. Sie weiß, daß ihn ein solcher Brief ebenfalls verletzen wird: »Lieber Brecht, vielen Dank für Ihren Brief und für die Zeit, die er Ihnen genommen hat. Es ist zum Teil einleuchtend, und manches verstehe ich nicht – und das mit dem ›etwas Glück‹ überhaupt nicht. Außerdem ist er wie an einen Strafgefangenen [...]. Lassen Sie uns diese Art von Beziehung gänzlich abbrechen, Brecht. Sie sind anscheinend glücklich. Auch ich, das glauben Sie mir, werde bei *gänzlicher* Trennung von Ihnen eine große selbstverständliche und sehr zärtliche Beziehung zu einem Menschen auch in der Arbeit, was ich mir wünsche, finden! Unsere Beziehung war etwas karg und unzärtlich und ungeschickt, aber es war die *größte* Arbeitsfreundschaft, die Sie je haben werden und die ich je haben werde. Ich werde wieder ein *gutes* Herz haben, und vielleicht sehen wir uns dann später mal wieder. Ihre Bess Hauptmann.«[4]

Der Kofferkonflikt läßt sich auch deshalb nicht ganz rekonstruieren, weil die ihn reflektierenden Briefe teilweise konspirative Elemente enthalten. Möglicherweise wurde ein Bruch zwischen Hauptmann und Brecht teilweise auch ›gespielt‹. In einem Brief an Brechts Vater vom 10. Dezember 1933, in dem die Hauptmann ausführlich erklärt, wie der Koffer vielleicht doch noch aufgefunden werden könnte, steht: »Für die Leute drüben bin *ich* jetzt in Paris krank geworden und verlasse kaum das Hotelzimmer. Mit Ihrem Sohn bin ich nur für die Leute (=Polizei) verkracht. (Krank war ich übrigens auch im Sommer mit Krankenhaus usw., deshalb Reise nach Dänemark.)«[5]

Wenn er selbst Konflikte geschürt hatte mit Menschen, an denen ihm eigentlich viel lag, war Brecht zumeist fähig, sie durch Entschuldigungen, Geschenke oder andere Gesten schnell wieder zu beseitigen. Noch in Paris muß er versucht haben, sich mit Elisabeth Hauptmann zu versöhnen. Jedenfalls sorgte er dafür, daß sie bei ihrer Ankunft in New York einige Zeit bei seinen Verwandten mütterlicherseits wohnen konnte.[6]

Dennoch verursachte der Kofferkonflikt eine länger währende Störung, einen nie wieder ganz auszugleichenden emotionalen Bruch. Wie aus einem weiteren undatierten Brief an Benjamin hervorgeht, getraute sich Elisabeth Hauptmann nun zunächst nicht, Brecht zu bitten, ihre eigenen Arbeitsmaterialien zu schicken, die sich – vermischt mit den seinigen – schon in Dänemark befanden oder auf dem Wege dahin waren.

Denkbar ist, daß das gemeinsame Exil nicht nur wegen der Kofferaffäre platzte, sondern weil Brecht plötzlich glaubte, es nicht mit dem ja ebenfalls notwendigen Exil der Weigel, seiner Kinder (samt Kindermädchen) sowie der Steffin – die wie Hauptmann KP-Mitglied war – vereinbaren zu können. Margarete Steffin konnte im Ausland weder auf Möglichkeiten eines unabhängigen Einkommens noch auf Hilfe anderer Personen außer Brechts hoffen. Und Steffin war seit dem Sommer 1933 ebenfalls in Paris, und sie war es, die Brecht gegen Jahresende nach Dänemark folgte. Da die Weigel in dieser Zeit mit Scheidung drohte, wagte er es zunächst nicht, sie davon in Kenntnis zu setzen, und brachte Margarete Steffin für einige Monate bei Ruth Berlau unter.
Im Hauptmann-Nachlaß befindet sich ein undatierter Brief von Brecht, der eine Antwort auf einen ihrer Briefe im damaligen Kofferkonflikt gewesen ist. Offensichtlich hatte die Hauptmann schließlich doch Mut gefunden, Brecht nach ihren Sachen zu fragen. Denn er listet eine Reihe ihrer in den Kisten und Koffern gefundenen Kleider, Gegenstände und Arbeitsmaterialien auf. Am Ende bemerkt er noch: »Wollen Sie nicht versuchen, nicht so kalt und böse zu schreiben? Aber natürlich, wenn Sie nicht anders können, macht es nichts. Ihr alter b.«[7]
Ein Brief der Hauptmann an Brecht vom 26. Februar 1934 klingt schon weniger unterkühlt. Außerdem meldete sich die gewissenhafte Mitarbeiterin zurück, die Brechts Geschichte *Der Arbeitsplatz* in einem »Radiostück« zu erkennen glaubte, sie »der Vorsicht halber« abschrieb und fragte: »Aber haben Sie meine Geschichte über Frau Einsmann? Jetzt fange auch ich an zu verzweifeln, da ich so vieles vermisse.«[8]
Weil sie das Interessse für den Stoff in den USA wahrgenommen hatte, meinte Elisabeth Hauptmann nun, ihre eigene Einsmann-Version hier umarbeiten und anbieten zu können. Aber die Vorlage ging offensichtlich verloren. Auch in späteren Briefen bat sie Brecht immer wieder darum sowie um das alte Material zu *Karl der Kühne*, an dem sie ebenfalls gerne weiterarbeiten wollte – und um das Nachsenden von vielleicht bei ihm nun endlich gelandeter Kleiderkisten.
Ob sich der für Brecht bestimmte Koffer angefunden hat, ist nicht sicher auszumachen. Aber der Konflikt darum scheint

bereits zum Zeitpunkt dieses Briefes bereinigt: »Schreiben Sie mir doch bald. Herzlich B.«[9] Und schon im März sorgte sie sich um Krankheiten oder Unpäßlichkeiten, die Brecht oder die Weigel in ihrem dänischen Exil ereilten. An Benjamin: »Dass die Weigel krank ist, tut mir wirklich leid, das wird auch B. sehr bedrücken. Mir tut es leid.«[10]
Die meisten Briefe, die Brecht ihr damals schrieb, gingen später verloren. Wir wissen von ihnen nur aus den Antwortbriefen der Hauptmann, oder weil sie ihr Eintreffen an Benjamin meldete: »[...] ich schreibe Ihnen dies in ziemlicher Eile, Aufregung und Begeisterung, weil ich gerade, nachdem ich hierher zurückgekommen bin, eine grosse europäische Post vorgefunden habe, unter der auch Ihr Brief und Ihr Aufsatz war. (Unter anderem waren auch das umgearbeitete Stück von Br. und der Gedichtband darunter.) Ein Glanz aus einer anderen Welt traf damit hierher und hat mich etwas stark aus meiner sehr angestrebten Konzentration auf dieses Land herausgebracht.«
Das »umgearbeitete Stück« waren *Die Rundköpfe und die Spitzköpfe*, woran sie – neben Burri – in Berlin selbst noch mitgearbeitet hatte, als es noch *Die Spitzköpfe und die Rundköpfe* hieß. Die neue Version hält sie »für grosses Geschütz«. In »unserer alten Fassung« waren »schreckliche Knäuel drin. Ich hätte gern dabei mitgesprochen gehabt [...]. Es ist vieles dazu zu sagen, aber ich verkneife es mir, sowohl das Positive als das Negative [...]. Wie beschämend ich es empfinde, dass nicht einer da ist, der mit B. dieses durchspricht, kann ich Ihnen nicht sagen. Vielleicht schreibe ich es ihm aber selber. Ich habe weder was dabei zu verlieren noch zu gewinnen.«[11]
Die Mit-Arbeiterin zeigte sich hier noch etwas verwundert, daß die Arbeit, für die sie sich selbst unentbehrlich glaubte, offenbar weiterlief. Ihr war noch nicht klar geworden, daß ihre frühere Rolle so gut wie nahtlos von Margarete Steffin übernommen worden war.
An Brecht hatte sie tags zuvor einen Brief gesandt, der in einem so cleveren Geschäftston verfaßt ist, daß ich versucht bin, hier auch etwas Spaß im Ernst zu sehen, denn es gab kaum eine Chance, das Stück aufzuführen.
»Ich überlege mir, was ich Ihnen über meine finanziellen Bedingungen über das Stück sagen soll. Wenn ich mich jetzt daran

erinnere, waren es vier schreckliche Monate, in denen ich darum kämpfte, die Anfangskeime [...] zu sichern, [...] aufschrieb, wieder darin herumstocherte, [...] wenn ich dann auch im weiteren Verlauf unwichtig war bis auf einen Grundeinfall im Treatment, die Pferde[12], was aufzuschreiben ich mich wirklich schäme, so möchte ich gern beteiligt sein mit dem Dreigroschensatz, 12 Prozent, später 9 Prozent. [...] Ich selber überschätze jede kleine Hilfeleistung sicher immer ungeheuer, weil ich immer gleich so sehr für die Sache bin [...], obwohl ich auf der anderen Seite schon gut im Arbeitsverlauf unterscheiden kann, was eine wirklich nützliche Mitarbeit ist oder nicht. Mir erschien es immer ungeheuer wichtig, einen guten Gedanken mit aller Kraft zu verteidigen und schnell, wenn auch zunächst in falscher Form (Massnahme-Augsburg) zu verankern. Diese verschiedenen Frühstadien haben mich immer viel leiden gemacht und es war von Mal zu Mal ärger. Dass ich in diesem Zusammenhang nur von meinen damaligen Anstrengungen spreche und nicht von den schönen Seiten und anderer Leute Leiden, werden Sie begreifen, weil ich diese Leiden ja nachträglich an Sie verkaufen muß.«[13]

Nachdem sie per Schiff nach New York gereist und dort eine Weile geblieben war, fuhr Elisabeth Hauptmann Anfang 1934 nach St. Louis in Missouri. Ihre dort lebende Schwester und ihr Schwager hatten ihr schon lange angeboten, sie aufzunehmen. Obwohl sie ihnen natürlich dankbar sein mußte, fühlte sich die Hauptmann in der geistigen Enge der Provinzstadt und vor allem in der vollkommenen materiellen Abhängigkeit, in der sie sich nun befand, sofort außerordentlich unwohl. In dem Brief an Benjamin vom 15. Mai 1934 klagte sie: »Hier ist es so falsch, wenigstens für mich« und daß sie »ganz krank« geworden sei »von der ewigen Anstrengung, mit gesicherten und hoch versicherten Kaufmännern und auch größeren [unleserlich] und Hausfrauen und Bridgetanten zusammen zu sein. (Meine Schwester ist dagegen sehr nett [...] sie versteht Brecht und schnüffelt in Ihrem Aufsatz herum [...].«[14]

Das Verständnis der Schwester für Brecht und Benjamin hielt sich aber in Grenzen. Daß dieser famose Autor noch nicht ein-

mal in der Lage war, seiner Mitarbeiterin ein paar Kleider nachzuschicken, wurde als Skandal empfunden: »Ich selber bin weniger sentimental damit, aber meine Familie hier kann es einfach nicht begreifen.«[15] Schon im März 1934 schrieb sie, daß sie immer darüber nachgrübele, »wie ich mich selbständig machen kann und ich denke, es wird auch eines Tages gehen. Ich kann auch nicht in Konkurrenz treten mit all den Frauen, für die ihre Männer Geld verdienen oder die für ihre Stellung beten [?]. Sie haben auch sehr viele Kleider und sehr viele Schuhe + ich kann niemandem auf die Nase hängen, wieso ich das nicht kann. Ich will aber auch schon aus diesem sehr äusseren Grunde in eine andere Umgebung.«[16]
Mit wohlsituierten Mittelklasse-Ehefrauen nicht in Konkurrenz treten zu können hält Elisabeth Hauptmann mit einem lachenden und einem weinenden Auge aus. Sie hat ja Talente und Fähigkeiten erworben, über die diese Damen nicht verfügen: Sie kann Stories schreiben und traut sich sogar zu, bald etwas in englisch für das Radio anzubieten. Im Mai 1934 schreibt sie an Benjamin: »Sie haben keine Ahnung, wie schwer es ist, sich selber verkaufen zu müssen. Dabei komme ich wirklich gut mit den Leuten aus und sie sind auch sehr nett. Für einen hiesigen Verlag einen Roman zu schreiben hat für mich keine Aussicht. Ich muss erst für einen Emigrantenverlag schreiben und dann akkreditiert hierherkommen. Auch short stories nimmt man nicht von unbekannten Ausländern. Für Radio plays ist Interesse, aber sie müßten in tadellosem Englisch geschrieben sein. Das ist nicht einfach, da der Ton im Radiodialog ungeheuer locker ist, gestisch. Ich kann es schon, aber es wird mir einen kolossalen Haufen Arbeit machen.«
Die vielen Pseudonyme, unter denen sie früher schrieb, hatten sie in der deutschen Untersuchungshaft vielleicht ein wenig geschützt, für eine literarische Karriere in den USA erwiesen sie sich als kontraproduktiv. »Die Leute wollen etwas sehen, man kann ihnen ja viel von mir erzählen. Natürlich ist es kolossal, dass Novellen von mir bereits in Deutschland gedruckt wurden, aber man kennt mich leider hier nicht, wenn was dran wäre, hätte es doch in der Zeitung gestanden wie bei Feuchtwanger, Ludwig, Zweig, Mann usw. Was meinen Sie, habe ich mir nicht schon bei Brecht ausgedacht.«[17]

War also auch Brecht kaum oder nicht bekannt? In den Gesprächen mit den Filmleuten 1972 sagte sie, daß »Brecht eigentlich zu jung nach Amerika gekommen war mit seiner Produktion. [...] Feuchtwanger, der etwas älter war, und Werfel, der etwas älter war, – ich nehme mal die beiden – die waren schon in Amerika verlegt worden, mit Büchern, nicht. Der Feuchtwanger war schon auf Vortragstournee gewesen in Amerika. In der Tat, als Hitler kam, war er gerade auf Vortragstournee, nicht, und man telegrafierte ihm, nicht zurückzukommen. Das war alles viel leichter für die. Brecht hatte gerade im Frühjahr 33 einen eklatanten Mißerfolg mit seinem ersten Versuch, auf einer New Yorker Bühne zu erscheinen, das war die *Dreigroschenoper*. Das hatte der Mendelssohn inszeniert. Das war eine entsetzliche Übersetzung und [...] eine so grauenvolle Inszenierung. Und das hat man mir noch vorgehalten, am Anfang, als ich kam. Da habe ich dann wenig über Brecht gesprochen, aber wenn das rauskam – dann kam automatisch: ›Ach so, ach – *Dreigroschenoper*, dieser große Reinfall in New York!‹« So war es für Elisabeth Hauptmann zunächst auch nicht möglich, ihre Mitarbeit an der *Dreigroschenoper* oder gar ihre Leistungen als Szenaristin von *Happy End* zu Werbezwecken zu verwenden.

Trotz des wenig ermutigenden Anfangs bemühte sie sich, Amerika – das für sie und Brecht Ende der zwanziger Jahre nicht mehr nur ein technologisch-demokratisches Faszinosum war, sondern auch der Hort des idealtypischen Kapitalismus – auch sympathische Seiten abzugewinnen: »[...] es ist hier eigentlich alles so, wie es in den grossen Magazinen steht, ich hatte es nicht für möglich gehalten, dass es genau so sein könnte, wie die Leute aussehen, wie sie angezogen sind, ihre Häuser, ihre ganze Innendekoration, ihre Büros [...]. Es ist nicht erschreckend und menschenfresserisch, obwohl nun das ganze business-Geschäft sehr hart und brutal ist. Da hat man mich ja zunächst auch noch nicht herangelassen, aber ich habe gemerkt, daß man vor allen Dingen schlagfertig sein muss und viel Humor haben muss, sonst nehmen sie einen, wie der Berliner sagt, ›auf die Schippe‹. Und finden das dann O. K. (berlinerisch: okke ...)

Wenn man bereits einen Welterfolg gehabt hat wie die Baum[18] oder die Winsloe[19] oder wie der Feuchtwanger, so hat man etwas, worauf man zurückgreifen kann, ich habe rein gar nichts als mich selber und das ist etwas beängstigend zunächst, nichts anbieten zu können als sich selber. Ich weiss, dass die Freundlichkeit und Behilflichkeit, die man in den ersten 14 Tagen erfährt, nicht vorhalten werden, dann will man was sehen. [...] Verkauft habe ich noch nichts, es geht nicht so schnell [...]. Brecht könnte eine große Sache hier sein, aber ich habe nichts von ihm dabei. Und dann ist es allein doch ziemlich anstrengend. Wenn er herüberkäme, würde er keinerlei Schwierigkeiten haben, sich schnell und ziemlich breit durchzusetzen.
[...] und sollten Sie mit Eisler in Verbindung sein, bitte fragen Sie ihn doch, ob Brecht ihm alles geschrieben hätte wegen Konzert, Massnahme usw. Für dieses Frühjahr ist es zu spät, aber man könnte was für nächsten Herbst arrangieren, wenn Eisler im August herkäme und was für den Oktober vorbereitete (man kann es am besten über große Kommitees machen), ich kann aber auch leicht mit dem großen Dirigenten Stokowski[20] sprechen, ich bin sehr gut mit einer Frau bekannt geworden, die mit der Familie Stokowski befreundet ist. Stokowski machte seinerzeit den *Lindberghflug*[21], er ist ganz links jetzt, bei einem großen Kindersingen im März will er vor Tausenden von Kindern die Internationale singen lassen, was das hier heisst, kann man von drüben schwer beurteilen.
Wenn Brecht und Eisler herkämen, könnten sie viel anstellen. Wenn ich jetzt alleine etwas für sie versuche, hetze ich mich dabei ganz kaputt.«[22]

Da wollte sie also schon wieder die Agentin von Brecht, aber auch von Eisler und – natürlich – Benjamin sein! (Brecht schrieb an diesen am 6. November 1935: »Die Hauptmann wartet auf Ihren Aufsatz für Amerika [...].«[23] Ihr Optimismus hinsichtlich einer Linksentwicklung bei amerikanischen Intellektuellen machte bald einer ambivalenteren und doch immer noch zu optimistischen Einschätzung Platz. Im Mai 1934 schrieb sie: »Es ist hier gerade ein ebenso gefährliches wie für uns schwer ertragbares Aufschwemmungsstadium in linken Sachen. Das ganze leninistische Vokabular hören Sie bei der

Frühstücksbanane und in der Trambahn, die Leute gewöhnen sich daran wie an das Schnurren [...] der Windfächer.«[24]
Angesichts solcher Beobachtungen machte sie sich Hoffnungen, einen Novellenband über zur linken Tradition gehörende Frauen »verkaufen zu können«: Molly Maguire[25], Wera Figner[26], Rosa Luxemburg, Clara Zetkin, Frau Sun Yat-sen[27]: »Es sollte kein Buch über ›berühmte Frauen‹ werden, sondern über politische Kämpferinnen, und es sollte von Mädchen gelesen werden.«[28] Ihre Bemühungen um eine eigene literarische Karriere blieben vergeblich. Mal hoffte sie auf die Hilfe einer Literaturagentur, der sie die Dramatisierung von Novellen der Weltliteratur vorgeschlagen hatte. Dann bat sie Benjamin und Brecht, ihr Witze aus dem Dritten Reich zu schicken, weil sie hier eine Publikationsmöglichkeit witterte. Ihr Standort St. Louis im Mittelwesten schien allerdings für den Neustart in eine Berufskarriere als Autorin besonders ungeeignet zu sein. Als sechsunddreißigjährige unverheiratete Frau konnte sie damals in einem bürgerlichen Milieu leicht bereits als alt gelten. Darüber und daß sie sich zudem kränklich fühlte, schrieb sie offen an Benjamin: »Wenn ich mich gut fühlte, würde ich alles dran setzen, jetzt sofort nach dem Osten oder Westen zu kommen, aber ich weiss, wieviel ich mir [...] verdorben habe, dadurch, daß ich elend aussah, oder nicht weiterkonnte usw. usw [...] Wenn ich noch mal ganz stabil werden könnte, wäre es für mich ein grosser Spass hier, selbst bei der übergrossen Konkurrenz und dem ganz anderen Training der Amerikanerinnen. [...] Menschlich ist es hier immer noch ganz arg, selbst die Zeitungsleute, auf die ich Hoffnung setzte, sind zu nichts zu gebrauchen, sie wollen selber alle von hier weg und sie reden gern mit mir, weil ich ziemlich gut informiert bin und das können sie dann selber zu ihrer persönlichen Ausschmückung verwenden.«[29]
Im August 1934 kündigte Elisabeth Hauptmann Benjamin an, daß sie zwar die »Radioarbeit im Hinterkopf« behalte, dennoch aber eine Pflegestelle bei einer psychisch kranken Frau annehmen wolle. Es war ein ›illegaler‹ Job, von dem sie in den Gesprächen von 1972 sagt, daß er sie selbst beinahe ebenfalls in eine Psychose gestürzt hätte. Damals an Benjamin: »Dass sich nichts Besseres finden liess, kann Ihnen übrigens ein Bild

von der Lage hier geben. Ich weiss, dass es nicht richtig ist, diesen Weg einzuschlagen, wo ich z. B. beim Film wirklich was leisten könnte. [...] mir fielen genug Ideen ein, um mir eine kleine Stellung beim Film zu sichern, es braucht einem gar nicht so viel einzufallen, weil immer ein ganzer Haufen Leute für Ideen engagiert wird. Lorre ist inzwischen gross in Hollywood und in die hiesige Presse eingezogen, aber mein Glaube, dass irgendjemand den kleinen Finger heben wird für einen, ist so gänzlich dahin, das ich nicht mal die Courage aufbringe, ihm zu schreiben, obwohl er mir noch Geld schuldet.«[30]

Um sich besser auf den amerikanischen Literaturmarkt einzustellen, studiert sie die neuesten Shortstories. Sie findet hier offenbar vieles, was sie an ihre vergangene Arbeit mit Brecht erinnert. Hier »geht es auch um die armseligsten Dinge und um gigantische seelische Spannungen, die ihren Ursprung in wirtschaftlichen Dingen alltäglichster Art haben. Genau wie bei Br., der Windeln und Tücher als riesige Siege bezeichnet[31] usw., so werden hier die Schlachten um Nichtgefragtwerden, um eine Ausrede, um ein Alleinsein, um die in die Enge Getriebenen, aber Dichtnebeneinander Wohnenden brutal Kämpfenden, ausfuehrlich beschrieben. In den ersten Monaten las ich alle diese Geschichten nicht ruhig genug. Heute kann ich in ihnen die Methoden und Techniken schon ganz anders erkennen. Ich werde jetzt einiges davon uebersetzen.«

Weiterhin fehlten ihr die Materialien zur *Frau Einsmann* und zu *Karl dem Kühnen*. Sie verfügte nun endlich über ein eigenes Zimmer, fand aber wegen der ausbleibenden Möglichkeiten, etwas zu »verkaufen«, weder Mut noch Kraft, neue Arbeiten anzufangen oder alte weiterzuführen: »Was ich mit meiner freien Zeit in dem neuen Zimmer mache, weiss ich noch nicht. Ich bin so draus aus allem, dass ich eine direkte Übelkeit verspüre, wenn ich daran denke, dass ich zunächst mal wieder alle Fadenenden aufnehmen muss, um dann diese Enden [zu] sortieren.«[32]

Hier zeigt sich: Auch Elisabeth Hauptmann konnte eigentlich alleine nicht mehr künstlerisch arbeiten, ihre volle Kraft entfaltete sich erst im Dialog, in der ›kollektiven Arbeitsweise‹. Immer wieder schrieb sie Benjamin, wie sehr sie ihn um seine damals häufigen Besuche in Skovsbostrand beneidete, ja, daß es ihr beinahe unerträglich war, am weiteren Bau der Stücke nicht mehr direkt beteiligt zu sein. Die Vergangenheit erschien ihr nun in geradezu idealem Licht. Sie hatte »das Gefühl, als ob die Bindungen zu einigen wenigen Menschen so sind, dass man jeder Zeit an jedem Ort genau so fortfahren könnte mit dem einzigen Unterschied vielleicht, dass man inzwischen erworbene Kenntnisse mit hineinwerfen kann, vielleicht fällt einem auch flüchtig das Altern des anderen auf, aber ich glaube, auch da altert man zusammen. Nun wäre es eben nur besser, man sässe wirklich zusammen an irgendeinem unserer französischen Kamine und arbeite was zusammen. Ich komme darauf, weil ich hier in diesem Nest immer noch schrecklich isoliert bin, trotz einer Reihe von freundlichen, netten, sehr netten usw. Leuten. Ich habe so wenig Talent in diesen starke und dauernde Angelpunkte zu finden [...] und trotz gegenseitiger Begeisterung bleiben dann meistens vielleicht ganz schöne, aber doch nicht sehr ergiebige Beziehungen.«[33]

Ende September 1934 hatte sie an Brecht geschrieben: »Je länger ich hier bin, je mehr wird mir der Unterschied zwischen Europa und hier klar, und wieso hier alles so viel schwerer ist. Europäer können hier nur durchkommen auf Grund europäischer Erfolge, besonders der englischen, der Amerikaner ist besonders in Sachen von Kunst (Bücher, Theater) Europäern gegenüber zu unsicher, als dass er selber das Machen von Erfolgen, überhaupt das Einräumen von Chancen bei nicht akkreditierten Europäern in die Hand nähme. [...] Sollte ich mich über kurz oder lang entscheiden, dass ich nicht hierbleiben *kann*, so möchte ich meine Rückfahrkarte benützen, um nach Mosk. zu gehen, wo man mir Arbeit angeboten hat. Ich möchte aber vorher etwas in London sein und wenn Sie dann gerade da wären, würde ich Sie gern sehen, wenn es einzurichten und nicht zu kompliziert ist.«[34]
Aus einem wenig später an Benjamin geschriebenen Brief geht hervor, daß es Sergej Tretjakow und Wieland Herzfelde waren, die sie in Moskau »für einen Posten« vorgeschlagen hatten.[35]
Doch schon Anfang Januar 1935 meldet sie an Benjamin: »Mit Mosk. sieht es schlecht aus. Man stellt sich dort vor, ich könne

weiter nichts als übersetzen. Da ich aber nichts ins Russ. übersetzen kann, hat man mich jetzt an die entsprechende Verlagsvereinigung nach New York verwiesen. [...] Ich kann aber auch noch nicht ins Englische übersetzen. Aber: Antwort steht noch aus. [...] Vielleicht wird das was, obwohl ich nicht so verrückt darauf bin. Das ist ziemlicher Apparatbetrieb mit hundert Verpflichtungen ausserhalb der Arbeitszeit und Kontrolle usw. Ich war schon mal dort, um jemanden zu besuchen und mir blieb gleich etwas der Atem stecken. Ich kannte dieses zu genau von B. her, allerdings etwas besser ist es schon, aber man sieht soviele alte Fehler und wenn man was sagt ist man ein Defaitist.« Mit »B.« ist wahrscheinlich nicht Brecht gemeint, sondern Berlin. Denn angesprochen scheinen hier eher Elisabeth Hauptmanns Erfahrungen mit der Parteiarbeit für die Kommunisten. Der Job, den sie bei einer der KP der USA gehörenden oder ihr nahestehenden Institution hätte haben können, schreckte sie wegen der offensichtlich ähnlichen Atmosphäre eher ab.
In demselben Brief schrieb Elisabeth Hauptmann, daß sie nun ein »Quotavisum« bekommen hätte, ein wirkliches Privileg, das ihr das Recht zu legaler Arbeit gab.[36] Kurz danach trat sie eine Stellung als Lehrerin am College der Universität Missouri an. Später arbeitete sie an der John Burroughs High School. Obwohl damit die Zeit der brennendsten materiellen Sorgen vorbei war, mußte sie noch mindestens ein Jahr lang nach der Möglichkeit gesucht haben, das amerikanische mit dem sowjetischen Exil zu tauschen. Um ihrer Bewerbung in Moskau mehr Gewicht zu geben, schrieb ihr Brecht damals ein schon oft zitiertes Zeugnis: »Die Genossin Elisabeth Hauptmann war ursprünglich als Lehrerin tätig, arbeitete dann als Übersetzerin englischer und französischer Werke, besonders belletristischer Art, bis sie 1922 (soweit ich mich erinnere, war es dieses Jahr) zu mir kam. Sie war bald meine beste Mitarbeiterin. Sie besitzt eine außergewöhnliche sprachliche Begabung und hat aktiv und kritisch an allen meinen dramatischen Arbeiten mitgearbeitet, auch selber Novellen geschrieben. Besonders einige Lehrstücke für Schulen interessierten sie, eines davon, das ich zusammen mit ihr verfaßte *(Der Jasager)*, wurde in vielen Schulen des In- und Auslands aufgeführt.

Ihre Übersetzung und Bearbeitung eines amerikanischen Stücks[37] ging im Berliner Staatstheater, ihr Stück *Happy End* im Theater am Schiffbauerdamm in Berlin in Szene. [...] Sie ist einer der verläßlichsten und tüchtigsten Menschen, die ich kenne.«[38]

Vom 6. März 1936 stammt ein Brief von George Grosz an Elisabeth Hauptmann, der über ihre Absicht, in die Sowjetunion zu gehen, offensichtlich schwer beunruhigt war. Er schrieb, daß Hans Hermann Borchardt – Mitarbeiter u. a. an der *Heiligen Johanna der Schlachthöfe* – wegen kritischer politischer Bemerkungen aus der Sowjetunion ausgewiesen und gezwungen worden sei, nach Berlin zurückzukehren. »Ich gebe Ihnen jedenfalls den freundschaftlichen Rat, sollten Sie jemals nach Rußland kommen, ja recht aufzupassen, loben Sie nur fleißig, und, wenn Sie hier und da erstaunt sein werden – halten Sie Ihre Zunge schön im Zaum, ansonsten trifft Sie noch womöglich dasselbe Schicksal.«[39]

Nachdem sie die Hoffnung auf eine eigenständige Autorenperspektive in den USA und auch in der Sowjetunion aufgeben mußte, wird verständlich, daß sich Elisabeth Hauptmann sehr freute, als Brecht sie im Herbst 1935 zur Mitarbeit an der Inszenierung der *Mutter* nach New York einlud. Den Filmleuten berichtete sie 1972 darüber: »Ich wußte, daß die *Die Mutter* machen wollten.[40] Das wußte ich von denen und von Brecht. Ich wußte aber nicht, daß sich das realisiert hatte. Ich unterrichtete in St. Louis, am College. Und in dem Semester 35/36 war das geschlossen, weil das College von Grund auf umgebaut wurde, und da hatte ich sozusagen ›frei‹, vom Oktober bis Ende Januar. Das wußte ich aber nicht vorher, und das wußte der Brecht auch nicht. Ich bekam aber ein Kabel von hoher See: Eintreffe dann und dann in New York, bitte ebenfalls in New York sein. Der wußte aber gar nicht, daß ich frei hatte, der hat nur gedacht: Ach, wenn ich komme, dann kündigt die dem College! Das war so wahnsinnig komisch! Ich bin dann nach New York gefahren. Da war auch Eisler und seine damalige Frau, die Lou. Nun ja, und dann kam es zu der denkwürdigen *Mutter*-Aufführung. Sehr schwer war wieder: ein anderes Theater [...], fremde Schauspieler, nochmal

Aussuchen von Schauspielern und vor allem der Kampf um die Übersetzung, die dem Brecht zu niedlich war in vielen Sachen, sie war so aufgeweicht. Es kamen aber auch viele Mißverständnisse von Brechts Unkenntnis der englischen Sprache, nicht. Da hört er etwas und mißinterpretierte [...]. Das war wahnsinnig anstrengend. Und dann kamen die echten Schwierigkeiten. [...] Man konnte so vieles Politische mißverstehen und nicht verstehen [...]. Es waren auch eine ganze Reihe Schauspieler dabei, die wirklich von der Arbeit der Bewegung kaum eine Ahnung hatten. Brecht schreibt zwar mal, er war entzückt – ich glaube, das wird auch zitiert – über die Mutter-Darstellerin, die Missis – wie hieß sie? Eine zauberhafte kleine alte Frau, die glänzend aussah als ›Mutter‹. Und dann sich auch in die Rolle reingefunden hat. Aber ich weiß, als die Szene kam mit den Streikbrechern, den strike-breakers, da fragte sie: ›Was ist denn das?‹ Das werde ich nie vergessen, und Brecht erschrak.«[41]
Elisabeth Hauptmann erzählte, daß ihre damalige Rolle die einer besseren Kennerin der USA und vor allem des Englischen gewesen sei. Sie habe Brecht »ein bißchen den Weg gezeigt. Eisler war ja auch da, nein er kannte das auch noch nicht. Ja, beraten [habe ich]. Aber das Theater war mir auch fremd, ich konnte mich nur viel eher verständigen mit denen.
Das war merkwürdig, auch innerhalb des Theaters waren die Strömungen so verschieden, ganz merkwürdig. Dann ging es auch um die Dekorationen. Der Eisler hatte einen Kampf, das Klavier auf die Bühne zu kriegen, es sichtbar zu machen, nicht, man wollte alles verschummeln, obwohl sein alter Freund Gorelik[42] dabei war, klappte es nicht richtig. Und dann spitzte sich die Sache zusehends zu, und es gab dann Kräche. Und dann verließen sie eines Tages die Probe. Vorher hatten sich schon Sachen abgespielt – jetzt gerade fällt mir das ein, Brecht hatte sich nichts dabei gedacht, es war nicht fein von ihm, er war so wütend über irgend etwas, und er sprang auf und sagte nur ein Wort, aber das stand im Raum: ›Das ist Scheiße!‹ Und das kann man einfach nicht sagen. Sie haben alle möglichen Ausdrücke, aber das klang so grob, zu roh – ach nein. Da ist er auch gegangen, da war nichts mehr zu machen. Also die Menschenbehandlung oder die Behandlung der amerikanischen

Schauspieler war nicht gerade, was sie hätte sein können, nicht bewußt, sondern einfach aus vielen Mißverständnissen heraus, aus Unkenntnis der Sitten und Gebräuche. Und dazu kamen dann die politischen Schwierigkeiten.[43] Und es kam dann zur Aufführung, die gar nicht schlecht war, die war dann sehr dünn und auch sehr durchsichtig und sehr deutlich. Und so deutlich, daß viele Kritiker fanden: es war zu deutlich, als wie für Kinder gemacht. [...] das wurde alles für Klippschul-Ansprache gehalten, etwas für Minderbemittelte. [...] Aber setzen Sie das mal Leuten vor, die kein anderes Theater kennen außer dem kommerziellen New Yorker Theater!«
Während Brechts Aufenthalt in New York mietete Elisabeth Hauptmann für sich und ihn gegenüberliegende Apartments. Ein Brief, den Brecht im Oktober 1935 an die Weigel schrieb, drängt den Verdacht auf, daß sie von der erneuten, sehr nahen Zusammenarbeit mit der Hauptmann lieber nichts erfahren sollte: »Hauptmann kommt über New York nächste Woche. Fährt dann weiter nach UDSSR.«[44]

Auf der Heimreise, vom Schiff aus, schrieb Brecht am 6. 2. 1936 einen Brief an Elisabeth Hauptmann, in dem zum ersten Mal von seiner Seite aus das ›Du‹ nachweisbar ist. Er bedankte sich sehr dafür, daß sie ihn in Amerika »geführt« habe, »wie es immer vorgesehen war«. Und er versprach: »Ich werde Dich nicht für immer in St. Louis lassen.«[45]
Bis 1940 lebte Elisabeth Hauptmann als Lehrerin in St. Louis. Im selben Jahr konnte sie die amerikanische Staatsbürgerschaft und damit Rechte erwerben, die nicht viele Emigranten hatten. Neben ihrer Brotarbeit, die ihr – wie sie in den Gesprächen von 1972 erzählte – schließlich auch viel Spaß gemacht hatte, wirkte sie in verschiedenen politischen Zusammenhängen. 1937 war sie eine Zeitlang für die deutsch-mexikanische Spanienhilfe in New York tätig. Sie hielt Vorträge über den Faschismus. Aufklärung war dringend notwendig, weil es in den USA nicht nur Unkenntnis, sondern auch Sympathisanten der Nazis gab. Es gelang ihr dann auch, an einem Radioprogramm *Labor Speaks Against Nazism* mitzuarbeiten, das im Sommer 1939 in St. Louis gesendet wurde. Als sie 1940 zur Erholung im kalifornischen Santa Monica weilte, arbeitete sie

mit einer antifaschistischen Studentengruppe in der University of California zusammen.
In dieser Zeit konnte sie auch einige Artikel unterbringen, nicht nur in Emigrantenzeitungen. Leider sind sie im Nachlaß nicht erhalten oder anderweitig dokumentiert. Bekannt sind aber zumindest zwei Pseudonyme, die Elisabeth Hauptmann bei diesen Publikationen benutzte: Helen Miller und Josephine Diestel, letzteres eine Anspielung auf den Mädchennamen ihrer Mutter, Josephine Diestelhorst. Auch hier verwischte sie also wieder die Spuren ihrer Autorschaft, wahrscheinlich um ihren Job als Lehrerin nicht zu gefährden.
Wie aus den Gesprächen von 1972 hervorgeht, arbeitete die Hauptmann auch in Organisationen mit, die Emigranten aus Deutschland, deren Strom nicht abbrach, unterstützten. Viele waren zu Anfang in einer noch hilfloseren Lage, als sie es selbst gewesen war. Diese Organisationen informierten zum Beipiel darüber, wo und wie ein Emigrant seinen Aufenthalt regeln und eventuell soziale Unterstützung oder einen kleinen Job bekommen konnte.

Als der Krieg ausbrach, war es Elisabeth Hauptmann sofort klar, daß Brecht und sein Troß – zu dem nun auch Ruth Berlau gehörte – ebenfalls in die USA kommen müßten. Sie stand offensichtlich schon längere Zeit in Korrespondenz mit Margarete Steffin. Am 12. Juni 1939 schrieb sie ihr, daß die Flucht nach Schweden auch für sie hoffentlich nur »ein Halt auf dem Weg nach hier« sei. Allerdings schlug sie auch vor, das Exil in Mexiko zu erwägen, weil das Leben dort viel billiger wäre. Sie bedankte sich für die Zusendung des *Galilei*, zu dem sie bald kritische Anmerkungen versprach. Auf eine Anfrage hinsichtlich der Vertragssituation von *Happy End*, das die Pariser Filmgesellschaft Hakim-Frères produzieren wollte, antwortete sie: »Ich glaube, daß man mit dem Preis Brecht hereingelegt hat. Selbst in Paris zahlt eine Filmgesellschaft heute mehr als 250 Dollar für Filmrechte. [...] Es sollte mich auch gar nicht wundern, wenn, wie sie schreiben, Aufr. [-icht] B. angeschmiert haben sollte. Das hat schon Weill vor Aufricht fertig gebracht und andere. Es ist nur schade, da Geld ein so dringender Artikel für uns alle ist und altes Kapital zu Geld zu machen ja nicht

Elisabeth Hauptmann, USA, etwa Mitte der vierziger Jahre

immer so leicht ist. Sie fragen, wieviel ich bekomme? Das kann ich Ihnen gar nicht sagen. Es waren damals andere Zeiten. Der Vertrag mit Bloch Erben lief auf meinen Namen. [...] Denke ich an Happy End, mit allem Drum und Dran, taucht sozusagen Alaska vor mir auf, die sieben Kälten und wie wir beide die Bäume fällten. [...] Welche Gesellschaft macht den Film? Es sollten die Namen dabeistehen. Ich selber würde wahnsinnig gerne fahren – einmal hier heraus! Ohne Brecht wird es genau so ein Mist wie die [Verfilmung der] *3GO*! (Aber auch hier fürchten alle, Brecht ›dabei‹ zu haben, man stellt ihn als ›zu schwierig‹, ›zu störend‹ hin.«[46] Später in Berlin ließ die Hauptmann – offenbar erfolglos – durch einen Rechtsanwalt prüfen, inwieweit die Geschichte eines preisgekrönten amerikanischen Films *Boys and Girls* – in einem Brief an Lotte Lenya vom Januar 1962 auch mal als *Guys and Dolls* bezeichnet – auf Happy End fußte, denn die Fabel wies eine »strange resemblance« auf.[47]

Eineinhalb Jahre später wandte sich die Steffin – diesmal verzweifelt – an die Hauptmann, weil sich ihrer nun von Finnland aus versuchten Einreise in die USA unüberwindliche Schwierigkeiten entgegenzustellen schienen.[48]

Den Filmern sagte sie 1972 dazu: »Ich kriegte schon von Wladiwostok ein Telegramm von Brecht, ob ich nicht in Kalifornien wäre usw. Ich kriegte es auch nach Kalifornien. Dann kriegte ich noch mal eins von Honululu, und auch einen Brief, ich möchte doch eine Wohnung besorgen. Inzwischen war ich aber nach New York abgereist und hab den Granach[49] und eine Freundin beauftragt, eine Wohnung zu suchen.

Vorbereitet – das kann man auch mal sagen – habe ich sein Herkommen überhaupt. Da war ich nach Kalifornien gekommen, um zu studieren, ein Sommerkurs an der Universität in Los Angeles [...]. Da war das gerade sehr akut, daß man was tun mußte, daß der Brecht seine Visen bekam, amerikanische wollte er gerne, nicht mexikanische. Er kriegte ja zuerst mal mexikanische. Und dann kriegte Grete keins. Da schrieb mir die Grete ganz traurig, sie wär ausgelassen worden. Aber die Begründung war zu fadenscheinig, weshalb sie mitkommen wollte. Sie wurde dann als Sekretärin von – Hella [Wuolijoki] glaube ich – mitgenommen. Da kriegte sie es dann. Das habe ich sehr viel mit dem Feuchtwanger und mit dem Dieterle[50] [betrieben], daß die rüberkamen. Als Brecht dann nach Kalifornien kam, war ich schon in New York.«

Margarete Steffin hat ihr schließlich doch noch errungenes Einreisevisum in die USA nicht mehr benutzen können, da sie in Moskau ihrer Tuberkulose erlag.

Zu einem Treffen Hauptmann-Brecht kam es zunächst nicht. Sie war damals in einer Lebensphase, über deren wirtschaftliche Seite ich nichts in Erfahrung bringen konnte. Die nun Dreiundvierzigjährige hatte offenbar ihre Arbeit als Lehrerin aufgegeben und lebte seit 1941 fest in New York in einer Lebenspartnerschaft. Als Brecht im Frühjahr 1943 nach New York kam, notierte er lapidar in seinem *Journal*: »treffe viele leute. hauptmann lebt mit dem sozialdemokratischen früheren polizeipräsidenten baerensprung und hat nicht sehr viel zeit übrig, jedoch würde sie gern wieder arbeiten.«[51]

Horst Baerensprung[52] war als linker Sozialdemokrat Polizeipräsident von Magdeburg gewesen und wurde bereits von der Papen-Regierung entlassen. Zu Beginn der faschistischen Herrschaft ging er in den Untergrund und wurde verhaftet. Seine ehemaligen Polizisten verhalfen ihm aber zur Flucht aus dem Untersuchungsgefängnis und aus dem Land. Baerensprung ging zunächst nach China, wo er als Berater beim Aufbau der Armee Tschiang-Kai-scheks tätig war. Weil er auch dessen Spionagedienst ins Leben gerufen hatte, blieben seine Bewerbungen für den Spanienkrieg und für die amerikanische Armee erfolglos. Als er sich 1940 in New York niederließ, wurde er aber mit einigen Ehren empfangen. Im Hauptmann-Nachlaß findet sich ein Bericht von ihm selbst, in dem er erzählt, daß er als Gast der New Yorker Polizei einen ganzen Tag lang über ihr Funktionieren informiert wurde – das ihn wegen der modernen Rationalisierung außerordentlich begeisterte. Des weiteren sind seine Bemühungen bekannt, von Chicago aus eine Weltkriminalpolizei zu organisieren – wohl eine Art Vorläufer von Interpol.

Einen Radikaldemokraten vom Schlage Baerensprungs als überzeugten Polizeifunktionär kann man sich heute kaum noch vorstellen, weil weitgehend aus dem Bewußtsein geraten ist, daß die Weimarer Republik trotz allem auch einen demo-

kratischen Aufbruch für Deutschland bedeutet hatte, den man heute nur noch mit dem demokratischen Beginn in Drittweltländern vergleichen kann.
Mit Baerensprung verband Elisabeth Hauptmann u. a. ihr altes Interesse für Asien. Aus der damaligen Zeit sind Belege erhalten, wonach sie versuchte – womöglich auch für die Arbeit mit Brecht – Chinesisch zu lernen, was sich aber als zu schwer herausstellte.[53] Auch geht ihr nie verwirklichter, aber den Filmleuten 1972 gegenüber mehrmals erwähnter Stückplan über einen der Professoren der Göttinger Sieben auf die Jahre mit Baerensprung zurück. Einer seiner Vorfahren gehörte nämlich zu ihnen – vielleicht der von Hauptmann bewundernd erwähnte Gervinus.[54] Auf Baerensprungs Erzählungen fußte wohl auch ein Plan zu einem Filmskript über den ersten politischen Prozeß mit deutlich antisemitischen Zügen in der Weimarer Republik, den Schröder-Haas-Prozeß, bei dem er als Anwalt tätig gewesen war.
Brecht soll dem ›Polizeipräsidenten‹ Baerensprung skeptisch gegenübergestanden haben, und umgekehrt muß es ähnlich gewesen sein. Elisabeth Hauptmann hat damals aber ihre Zeit größter Autonomie gelebt, und zwar nach beiden Richtungen. Es gibt auch einige Belege für Baerensprungs Eifersucht gegenüber Brecht.
Aber was Fuegi für das Verhältnis Hauptmann/Brecht annimmt, trifft für Hauptmann/Baerensprung zu: sie war sein Ghostwriter. Wie aus einem Brief hervorgeht, den die Hauptmann 1953 an seine Tochter Renate schrieb, war er zwar ein »hervorragender Erzähler«, konnte aber allein keine Zeile zu Papier bringen. Zuckmayer und dessen Verleger hatten ihn aber angeregt, seine Memoiren zu publizieren: »So kam es, daß die jetzige vorliegende ›hellblaue Fassung‹ von A bis Z von mir geschrieben wurde. [...] Ich ließ mir kreuz und quer von ihm erzählen, stellte ihm ganz bewußt geplante Fragen, mußte unendlich viel Bücher dazu nachlesen, und konsultierte auch noch andere Freunde, die in China gewesen waren. [...] Ich machte die Arbeit ohne Entgelt, auf eigenes Risiko, und auch aus Spass, obwohl es eine Riesenarbeit war, und weil sie ein Lieblingstraum Deines Vaters war. Die Memoiren sind also, was man so nennt, mein geistiges Eigentum [...] im Gegensatz

zu wirklich selbstgeschriebenen Autobiographien. Als ich nach zwei Jahren ziemlich erschöpft war und ja auch andere Arbeiten zu erledigen hatte, schlug der Verleger vor, diese, meine dritte Fassung von einem damals drüben sehr bekannten Bearbeiter in die endgültige Buchform bringen zu lassen. Dieser lehnte die Bearbeitung nach gründlicher Einsicht [...] ab. [...] Was für die Memoiren gilt, gilt für die ›Radio-Reden‹. Auch hier war Dein guter Vater begeistert von dem Plan, jede Woche übers Radio sprechen zu können. Er hat es dann auch ganz großartig gemacht, und mit Erfolg. Aber wieder war er nicht zu bewegen, auch nur eine Zeile selber zu schreiben oder zu diktieren.«[55]

Dieser freundschaftlich geschriebene Brief zeigt, daß Elisabeth Hauptmann sehr genau wußte, wo geistiges Eigentum anfängt und wo es aufhört und daß sie wiederum ihre geistigen Geschenke genau kalkulierte. Daß Baerensprung als nicht ganz unbekannte männliche Persönlichkeit bei Verlagen und Radiosendern offensichtlich über einen erheblichen Vorschußkredit verfügte, während sich die eigentliche Autorin um den Zutritt in die Medien zumeist vergeblich abmühte, deutet erneut auf die systematische Benachteiligung weiblicher Leistungen auf diesem Markt hin.

Ein zunehmendes Problem ihrer Einbindung in die Brecht-Produktion und vor allem auch in die Edition entstand vor allem deshalb, weil Verlage offenbar nie bereit waren, Ausmaß und Qualität ihrer herausgeberischen Arbeit angemessen zu honorieren. 1946 war sie mit der Durchsicht von Übersetzungen Eric Bentleys für gesammelte Werke Brechts beauftragt. An diesen schrieb sie: »In Bezug auf meine Hilfe, da war der Verlag folgender Ansicht: meine Arbeit sei ausschließlich das Durchsehen der Uebersetzungen und das bedeute, dass ich mit Korrespondenz irgendwelcher Art nicht belastet würde [...]. Da ich einmal 100 Doll. gesagt hatte, habe ich das nicht geändert. Dagegen habe ich dem Verlag erklärt, warum Sie mich eingeschaltet haben: nämlich um die Ausgabe möglichst herauszukriegen, dass sie Ihren Vorstellungen von einer so repräsentativen Veröffentlichung entspricht, und dass man also zu allen Teilen der Ausgabe [...] Ihr O. K. braucht, das evtl. ich beschaffen [...] kann. Ein ›credit‹ in der Form eines Satzes wie

›mit Hilfe von usw.‹ interessiert mich nicht [...]. Er nützt mir nichts so, aber auf eine andere Formulierung kann ich beim besten Willen keinen Anspruch erheben. Es ist nun mal so. Zerbrechen Sie sich auch nicht den Kopf mehr darüber. Was immer ich tue, ist meine Verantwortung. Ich kann also auch auf eine Sache draufzahlen. (Als ich seinerzeit 8 Tage lang an der Reparatur der Kreymborgschen[56] Übersetzung arbeitete – sie war nicht reparierbar aus vielen Gründen – habe ich das hergeschenkt, ich habe Viertels Aufsatz über Sie roh uebersetzt, etwa 15 sehr schwere Seiten, auch das konnte ich – Herschenken ist einfacher für mich als mit einem einzelnen Menschen um Geld zu handeln. Wenn die Zeit kommt, wo ich nichts mehr herschenken kann, dann kann man mich begraben. Vielleicht ist es nicht mehr lang bis dahin.« Weiter unten geht es um eine Geldforderung der Hauptmann an Paul Czinner, der Brecht Nachdruck verleihen soll, denn: »[...] ich kann etwas herschenken und dann kann ich nicht fordern; wenn ich aber fordere und noch dazu für reine Schreibarbeit, dann muss ich auf Bezahlung bestehen.«[57]
Aus Brechts Antwort: »[...] es kann keine Mißachtung Ihrer Arbeit beabsichtigt sein, eine solche träfe mich ebenso. Bitte rufen Sie Czinners Sekretärin, Frau Roth, ruhig noch einmal an deswegen, es ist eine einfache Forderung und keineswegs ein Geschenk. Ich war mehr als froh über Ihre Mitarbeit und weiß gut, daß Sie nicht ausbezahlt ist, auch wenn die Restsumme beglichen ist. Wenn es mir finanziell auch nur ein bißchen besser ginge im Augenblick, könnte ich das alles besser ordnen, ich bin tief in Ihrer Schuld, ich weiß es gut [...]. Ob die *Dreigroschenoper* druckreif ist, können nur Sie entscheiden.« Im Postscriptum desselben Briefes fragt Brecht nach, ob die »Geldteilung mit Bentley kontraktlich festgelegt« sei.
Eric Bentley war der damals und auch für spätere Zeiten noch lange erfolgreichste Übersetzer Brechts, mit dem aber weder er selbst noch die Hauptmann zufrieden waren. Brecht wollte auch von Bentleys Übersetzungen nichts drucken lassen, was die Hauptmann nicht ›autorisiert‹ hatte. Um die dadurch notwendig werdende Teilung der Übersetzungshonorare gab es noch oft Unstimmigkeiten, vor allem natürlich mit Bentley selbst. Brecht: »Hat er meine Arbeitsprocedure unterzeichnet?

Ich bestehe auf einem Kredit für Sie; wenn Sie ihn nicht wollen, ich will ihn. Ihr Name ist (und wird sein) besser als seiner.«[58]
In den vierziger Jahren war Elisabeth Hauptmann in den USA wieder nicht nur Brechts Agentin, Herausgeberin und Überwacherin der Übersetzungen. Sie war auch weiterhin am Bau von Stücken beteiligt. Eric Bentleys Brecht-Erinnerungen, die kürzlich deutsch erschienen, stellen ein teils traurig, teils kurios anmutendes Reuebekenntnis hinsichtlich der eigenen Homosexualität und seiner – wohl nur intellektuellen – Beziehung zu Brecht dar. Aus einigen Episoden geht hervor, welche enormen Vollmachten, ja welche Macht Elisabeth Hauptmann über Brechts Werk hatte. Eine Szene in *Furcht und Elend des Dritten Reiches* hat sie seiner Meinung nach »kaputtgemacht, und ihre Meisterleistung ist auch heute noch in allen englischen und deutschen Ausgaben enthalten. In der Szene geht es um die schreckliche Tatsache, daß sich Kommunisten und Sozialdemokraten auch in den Nazilagern noch bekämpften. Die Originalszene schildert lediglich das Grauenhafte und Ironische dieser Tatsache. Frau Hauptmann konnte das nicht durchgehen lassen. Für sie hatten Politik und Ideologie Vorrang vor Tatsachen und Tatsachentreue. Wir hatten die Volksfront zu dieser Zeit.[59] [...] ›Wir‹ Kommunisten arbeiteten mit ›uns‹ Sozialdemokraten zusammen. [...] denn sie weigern sich, bei angedrohter Folter, einander zu verraten. Der Szene mußten nur wenige Zeilen hinzugefügt werden, so daß das Heldentum durch ein Minimum an Arbeit gewonnen wurde. Brecht brachte mir die Zeilen am nächsten Tag, und ich übersetzte sie.
SS-Mann: Wer hat hier *Volksverräter* geschrien?
Niemand antwortet.
SS-Mann: Ihr lernt nicht zu. Zu Lohmann: Wer?
Niemand antwortet.
SS-Mann: Jetzt gebe ich euch noch fünf Sekunden, dann stecke ich euch alle in den Bunker, bis ihr schwarz werdet.
Er wartet fünf Sekunden. Alle stehen stumm, vor sich hinblikkend.«[60]
In der Ausgabe der Gesammelten Werke von 1967 ist noch eine weitere Zeile hinzugefügt: »SS-Mann: Dann ist's der Bunker.«[61]

Die Kollektivität des Schaffensprozesses bei Brecht findet Bentley ebenso skandalös wie Fuegi, wenn er auch den Akzent mehr auf die Verwässerung des Werkes legt, die Mitarbeiter wie die Hauptmann bewirken konnten.
Bentley offenbart eigenartiges Unverständnis für die prinzipielle Offenheit und die historische Flexibilität von Brechts Werk. So regt er sich nicht weniger darüber auf, daß die Hauptmann »es auch als ihre Aufgabe« ansah, ein Stück »den lokalen Bedingungen anzupassen. Ein Brecht-Charakter schreibt vor der Hinrichtung eine Botschaft an seinen Sohn, der ihn überleben wird: ›Bleib deiner Klasse treu!‹« Frau Hauptmann »belehrte« Bentley, »daß es in meinem amerikanischen Text so heißen müsse: ›Bleib dem gemeinen Volk treu!‹« Weil er gehorchte, wurde er selbst später oft einer ungenauen Übersetzung bezichtigt – was nun wirklich ein tragisches grundsätzliches Mißverstehen des Status von Brecht-Texten ist. Denn in deutschen Ausgaben blieb es natürlich bei »Bleib deiner Klasse treu!«[62]
Wenn sich Bentley bei Brecht über Hauptmanns Änderungen beklagte, kam aus seiner Sicht etwas Skandalöses heraus: »›Ja, ja‹, sagte er zu mir, ›lassen Sie es stehen.‹«[63]
Die Annäherung von Kommunisten und Sozialdemokraten war für die Hauptmann freilich nicht, wie Bentley unterstellt, eine Frage von »Politik und Ideologie« im Sinne reiner Moskauhörigkeit, denn sie hatte diese Annäherung schließlich selbst am Tisch und im Bett vollzogen. Die Überwindung der für Deutschland so fatalen Gegnerschaft von Kommunisten und Sozialdemokraten, die politische Öffnung zur ganzen Gesellschaft, zur Demokratie, war für die Hauptmann zweifellos keine taktische Frage.
Angesichts von Faschismus und Krieg entstanden auch in vielen anderen Ländern Bündnisstrukturen weit über die Arbeiterbewegung hinaus. Sie schlossen, wie z. B. die italienische Resistenza, auch katholische Bewegungen mit ein. Damals überwand sogar Elisabeth Hauptmann ihre ehemalige Animosität gegenüber christlicher Gebundenheit. Von 1944 bis 1945 war sie ›executive secretary‹ des Council for a Democratic Germany, das als Pendant zum Nationalkomitee Freies Deutschland in der Sowjetunion gegründet wurde, politisch

Mit Paul Dessau. Von Elisabeth Hauptmann beschriftet: »10421 Crater Lane, Los Angeles, Cal. Hier wohnten Dessau und ich 1947/48 mit dem Kater ›Caspar‹ und dem Huhn ›Alkibiades‹«

aber wesentlich freier agieren konnte. Der namhafte Religionsphilosoph und Sozialdemokrat Paul Tillich stand dem Council vor, in dem sich viele Emigranten aus Kultur, Politik und Wissenschaft, »Mitglieder der verschiedensten politischen Richtungen [...] von den Katholiken bis zu den Kommunisten«[64] zusammentaten, um Perspektiven für Deutschland nach dem Krieg zu entwerfen.[65] Auch Brecht war Mitglied des Council. Er bemühte sich – freilich vergeblich – Thomas Mann zur Mitarbeit zu bewegen.[66]

Als Ruth Berlau 1945 in eine psychiatrische Anstalt eingeliefert werden mußte, kümmerte sich nicht nur Ida Bachmann,[67] sondern auch Elisabeth Hauptmann um sie. Sie schrieb Brecht ausführliche Berichte über Ruths Zustand und gab Ratschläge, wie er sich verhalten sollte, welche Ärzte und Krankenhäuser zu wählen seien usw.: »Am 24. [Dezember] zeigte sie mir eine Geschichte über ›Helli‹. Ich solle sie ihr verbessern, dann wolle sie sie ihr schicken. Es war eine sehr rührende, (sehr gut geschriebene) Geschichte und ich sagte, sie solle sie doch so schicken, die paar orthographischen Fehler würden nichts machen. [...] Ruth erzählte mir viel, [...] von ihrem Stück *Who are you*, nach einer Idee von Nordahl Grieg, an dem Ida mitarbeiten sollte, auch ich. Sie hat auch einen Roman angefangen, und wie mir I. B. sagt, soll er ausgezeichnet sein. Wenn man sie doch darauf konzentrieren könnte. [...] Wenn es gelänge, Ruth durch Behandlung etwas selbständiger zu machen, waere viel gewonnen. [...] sie will auf der einen Seite sich von Ihnen emanzipieren, aber auf der anderen Seite mit ungeheurer Wucht bei Ihnen bleiben.«[68]

Horst Baerensprung kehrte 1946 wieder nach Deutschland – und zu seiner Ehefrau zurück. Elisabeth Hauptmann zog damals nach Los Angeles – wieder in Brechts Nähe. Zeitweise wohnte sie auf der Ranch von Peter Lorre. Die Kollektivarbeit lief wieder auf vollen Touren. Damals entwickelte sich eine Beziehung zwischen ihr und Paul Dessau, der damals auch schon eng mit Brecht zusammenarbeitete, seinen Lebensunterhalt aber als Gärtner verdienen mußte. Sie heirateten 1948 in Santa Monica.

Über diesem Verhältnis liegt ein größeres Geheimnis als über dem zwischen Hauptmann und Brecht, weil fast alle Spuren vernichtet wurden. Längere Zeit hoffte ich, Belege gemeinsamer Arbeit zu finden. John Willet und John Fuegi behaupten immer wieder, daß nicht nur die englischen, sondern auch andere Lieder Brechts ganz von der Hauptmann seien. Es läge dann nahe, daß es auch Hauptmann-Dessau-Lieder geben könnte. Meine diesbezüglichen Anfragen an das Dessau-Archiv waren erfolglos. Aber eine ›Vernunftehe‹, wie sie im Exil oft geschlossen wurde, war das nicht – sagte mir Antje Ruge[69], eine spätere Ehefrau Dessaus. Die von ihm komponierten Brecht-Lieder *Die Reisen des Glücksgottes*[70] seien der Hauptmann gewidmet.
Im amerikanischen Exil, das für Elisabeth Hauptmann so demütigend begann, lief sie schließlich zu großer Form auf, sowohl in ihrer beruflichen und politischen Aktivität als auch privat.
Wegen einer langwierigen Knieverletzung verließ Elisabeth Hauptmann die USA als letzte des Brecht-Kreises. Am 9. Oktober 1948 kündigte sie in einem Brief an die »Liebe Helli« ihre baldige Abreise per Schiff an und fragte, ob sie ihr etwas mitbringen könne. Sie klagte, daß die nun endlich wieder in Gang gekommene Tantiemen-Zahlung von Bloch Erben für sie einen gravierenden Mangel hatte: »Die Verbrecher ziehen mir immer einen *Happy End*-Vorschuss von der *3GO* ab, da ist denn nix; aber auch sollte [?] und muss man im Ernst etwas gegen die Furie tun!« Und: »Dessau war hingerissen von Schweiz + Ihrer Nachbarschaft – ich hätte ihm den Schädel einhauen können vor Neid.«[71]

Im Spannungsfeld zwischen Botschaft und Verwertung, zwischen Ost und West

Mit einem holländischen Schiff fuhr Elisabeth Hauptmann bis Den Haag. Dann schlug sie sich bis Braunschweig durch – um bei Familie Baerensprung Station zu machen. Mehr als Eifersucht wog die ›dritte Sache‹ offensichtlich auch bei Baerensprungs Frau.

Er war nun Polizeipräsident von Braunschweig. Aus Korrespondenzen im Hauptmann-Nachlaß geht hervor, daß er in den folgenden Jahren mit seiner Amtsautorität versuchte, den Auswüchsen des Kalten Krieges entgegenzutreten. Vermutlich hat ihn nur Krankheit und früher Tod im November 1952 vor größeren Schwierigkeiten bewahrt.

Elisabeth Hauptmann besuchte Familie Baerensprung von Berlin aus noch mehrmals. In dem bereits im vorigen Kapitel zitierten Brief an die Tochter Renate schrieb sie, daß der bereits kranke Baerensprung bei ihrem letzten Besuch vorgeschlagen hätte, das einzige Exemplar seiner von ihr verfaßten Memoiren mitzunehmen, »es ist ja Deines«. Sie wußte aber, daß das Vorlesen aus diesem Manuskript für den Kranken eine große Freude war. »Ich ging heraus zu Deiner Mutter – und machte ihr den Vorschlag, das Manuskript sofort abschreiben zu lassen, mit mindestens zwei Kopien, dann hätte ich ein Exemplar nach Berlin bekommen können, [...] dann gingen wir beide hinein, an das Bett Deines Vaters, und erzählten ihm, wie wir es machen wollten.« Aber Horst Baerensprung starb, bevor es zur Vervielfältigung kam. In dem Brief an Renate betonte die Hauptmann, daß sie weiterhin nichts gegen die Vervielfältigung hätte, die von ihr seinerzeit hergestellte Originalfassung aber zurückhaben wolle.[1] Sie bekräftigte ihre Autorschaft, weil damit zu rechnen war, daß die Memoiren die Aufmerksamkeit von Verlegern auf sich zögen.

Der Vorgang ist für Elisabeth Hauptmann charakteristisch.

Sie zeigte allerhöchste menschliche Großmut im ›Herschenken‹ von Arbeit, und sie betonte ihren Anteil an einer Arbeit oder Mitarbeit erst, wenn sich diese in eine Ware zu verwandeln begann. ›Geschäftstüchtigkeit‹ war ihre Stärke nicht, Engagement und Menschlichkeit gingen ihr vor.
Brecht war geschäftstüchtiger. Wenn er sich schon in den zwanziger und dreißiger Jahren immer wieder als besonders großen oder gar den größten Schriftsteller der Zeit bezeichnete, so war das aber auch keine rein kommerziell motivierte Werbeaktion. Ruhm wird auch benötigt, um sich in der Öffentlichkeit überhaupt Gehör zu verschaffen. Die meisten seiner Arbeiten waren zunächst nicht oder nur wenig marktgängig. Die Transformation seines Werks in eine ständig hohen Gewinn abwerfende Ware hatte sich – wegen des politischen Engagements, für das sich Hauptmann und Brecht nach dem auch finanziell bedeutsamen Erfolg der *Dreigroschenoper* entschieden – weder am Ende der Weimarer Republik noch in den Jahren des Exils vollzogen. Auch deshalb muß die Kontinuität der Zusammenarbeit bis zu dieser Zeit im wesentlichen mit gemeinsamen politischen und künstlerischen Interessen erklärt werden. Wenn man nach dem Krieg davon ausgehen konnte, daß die Zeiten der größten Knappheit beendet waren, so war doch für niemanden – auch für Brecht nicht – vorhersehbar, welche Größenordnung die Kommerzialisierung seines Werks annehmen sollte. Im Nachlaß der Hauptmann fand ich eine von ihr 1951 angeforderte Auskunft über West-Kontostände, die für Brecht 5 415 DM, für sie selbst 453 DM und für Dessau 146 DM betrugen. Auch im Osten sprudelten die Geldquellen zunächst bescheiden. Die eigentlich erst nach seinem Tode einsetzenden ganz großen Gewinne aus Theatertantiemen und Buchveröffentlichungen waren auch bedingt durch die einzigartige Rezeptionskonkurrenz, die sich in seinem Falle zwischen Ost und West entwickeln sollte und deren Scharnier das Dreigespann Weigel-Hauptmann-Unseld wurde.

Mit ihrem amerikanischen Paß hatte Elisabeth Hauptmann damals weniger Schwierigkeiten als Brecht und Weigel, überhaupt nach Deutschland hereinzukommen. Nicht leicht zu

bewerkstelligen war allerdings ihre Weiterreise von Braunschweig in den sowjetischen Sektor. In den Gesprächen zum Film 1972 erzählte sie, daß sie von Braunschweig aus telephonierte: »Könnt Ihr mich nicht anfordern, daß das alles schneller geht? Brecht war schon hier. Da kriegte ich Telegramme vom Brecht und vom Engel, und von Leipzig kriegte ich eins von Budzislawski[2] und von wem noch? [...] Jetzt wollte ich eines Tages fahren, das war schon nach der *Courage*-Premiere. Und das war mir arg.
Wir fuhren zu einer Eisenbahnstation, wo es hieß: hier fahren Züge ab nach Berlin. [...] Da war ein kleines Häuschen, wie ein Bahnwärterhäuschen. Und da kam ein Mann raus und sagte: Die Züge fahren ab heute nicht mehr von hier. [...] Wenn Sie Glück haben, sehen Sie zu, daß Sie privat mitkommen! [...] Wir fahren und sind vielleicht so zwanzig Kilometer oder fünfzehn Kilometer von Helmstedt entfernt, da kommt da so ein Wagen entlanggefahren [...] und da sagen meine Bekannten: ›Das ist ein Berliner Wagen – nach der Nummer, [...] vielleicht nehmen die dich mit!‹ Also wir haben uns dicht an den Wagen gehalten, und der steigt aus und sagt: ›Der ganze Wagen ist voll, Sie sehen, wir haben Gepäck bis unters Dach, da hat keiner mehr Platz!‹ [...] ›Wissen Sie, ich kann Ihnen Telegramme zeigen, daß ich hinkommen soll‹ und zog mein Telegramm von Brecht heraus. [...] ›Ach‹, sagten sie, ›ja, entschuldigen Sie – wir sind nämlich von der DEFA.‹ Das war Janka[3] und noch jemand – wer, das habe ich vergessen. ›Wir rücken das hier ein wenig zusammen, nur Gepäck können wir nicht mehr mitnehmen. Wir haben hier nämlich einen großen Teil von Engels Gepäck, der kommt morgen nach!‹ Und dieser Mann, der ging hin und sagte zu dem Stationsvorsteher: ›Können wir die Sachen hier stehenlassen, der Rest wird morgen mitgenommen!‹ Einen Teil hat er nach Braunschweig wieder mitgenommen. Aber ich hatte zum Beispiel Dessaus sämtliche Noten dabei! Dann haben wir Engel das mit einem Briefchen dagelassen. Und ich fuhr jetzt mit dem DEFA-Wagen nach Berlin. Das war schon schrecklich diese Fahrt, so gegen Magdeburg hin. [...] Und da war gar nichts. Ich suchte da immer am Horizont – große Kirche usw. [...] Ich sagte denen ganz altklug: ›Wissen Sie, ich habe Material dabei über einen der

wichtigsten Filme, die jetzt gemacht werden sollten.‹ Da sagten die: ›Na und?‹ Ich sagte: ›Hier fand doch der erste Antisemitismus-Prozeß statt und ich habe mir über die ganze Sache von einem Anwalt[4] – wie das alles abgehandelt wurde – erzählen lassen. Das war der bekannte Schröder-Haas-Prozeß.‹ Da sagte er: ›Den haben wir leider gerade schon gedreht – das ist *Affäre Blum*.‹ [...] Und es waren bei den Unterlagen noch herrliche Sachen dabei, die die gar nicht gewußt haben! Aber der Film ist sehr schön, und man kann es verschmerzen. [...] Und jetzt fuhren wir weiter, es wurde eigentlich immer kahler, bis auf ein paar Ortschaften, das war so kahl. Jetzt sagte ich: ›Wo fahren wir eigentlich hin? Ich weiß doch gar nicht, wo die alle wohnen, aber ich weiß, daß da ein Büro im Deutschen Theater ist, da müßte ich eigentlich hin.‹ – ›Ja wir fahren zunächst mal ins Gästehaus der DEFA, und da kommen Sie mit, können sich ausruhen und da vielleicht auch was zu essen kriegen.‹ Und so war es, wir fuhren ins Gästehaus der DEFA nach Babelsberg. Und da versuchte man mir eine Hafersuppe zu organisieren. Das war das einzige, was man mir bieten konnte. Und dann gelang mir ein Telephonanruf nach Berlin ins Deutsche Theater. Und da hat das Deutsche Theater einen Wagen organisiert, da wurde ich abgeholt. [...] Und von da an habe ich überhaupt nichts mehr erkannt, nichts. [...] Berlin selber, wo ich ja so bewußt gelebt hatte, von 22 an, und was ich ziemlich gut kannte – ich erkannte nichts! [...] Es waren nicht die Ruinen einer Stadt, sondern es waren die Ruinen einer Stadt, die ich nicht gekannt habe. So anders, so fremd. Nun, von Amerika kommend, wo die Leute einigermaßen angezogen waren, auch im normalen Alltag, und hier diese Armut, diese Ärmlichkeit ... [...] Das war mir schon in Braunschweig aufgefallen: der Kampf um die Seife! Und auch hier, bei Bekannten, die ich traf: Hast du kein Seifenpulver, hast du keine Seife? Und daß man es einem fast übelnahm, daß man selber noch Seife hatte zum Waschen, auch fürs Geschirr. Geschirr wurde prinzipiell nur mit Wasser gewaschen. Das hat mich alles sehr verwundert [...]. Und da haben wir [bei Wolfgang Langhoff[5]] gewohnt, das ging noch, das war eingerichtet da oben. Bis auf Seife und Kaffee. Dann wohnten wir noch eine Zeit lang im Adlon, da in den paar geretteten Räumen da oben:

ohne Bettzeug, ohne Handtücher. Aber wir hatten auch nichts dabei, ich hatte nichts dabei [...]. Und da fand sich eine Freundin, eine alte Genossin, die war acht Jahre im Zuchthaus und im Lager gewesen, die hatte irgendwoher von einer Schwiegermutter oder einer Schwägerin, die gestorben war, Handtücher und Bettzeug usw., und das brachte sie mir. Und nach acht Tagen waren bis auf eins sämtliche Handtücher verschwunden. Ich kam gar nicht darauf, daß man die eventuell wegtun müßte, verschließen müßte. [...] Aber dann die Neugier, wo man sich einschalten konnte oder wo man einen gebrauchen konnte, [...] das war dann doch stärker als diese kleinen Sachen. Und dann habe ich mich sehr schnell auf den Weg gemacht – die Weigel tat das dann auch – eine Wohnung zu finden. Sie fand eine in Weißensee, ich in Hohenschönhausen.«
Neben dem Schock über die neuen Lebensumstände, die schlimmer waren als vermutet, war es für heimgekehrte Emigranten wie die Hauptmann ein schockierendes Problem, immer wieder mit lebenden Überbleibseln aus der Nazizeit konfrontiert zu sein: »[...] erschreckend war, wieviel noch von den Nazi-Sachen drinsteckte. Und das war ganz schrecklich für mich, im Vokabular hauptsächlich: ›Ach ich habe noch eine Jacke an, die habe ich damals beim Juden gekauft, vor – ich weiß nicht – zwanzig Jahren.‹ Oder es wurde einfach noch Nazi-Terminologie verwandt. Das war für uns furchtbar, auf Schritt und Tritt.«
Zudem ereilte sie auch noch die Überraschung, daß Paul Dessau sie wegen der jungen Schauspielerin Antje Ruge verließ, die von Langhoff aus Frankfurt ans Deutsche Theater geholt worden war. Antje Ruge erzählte mir – noch immer bewegt –, daß Elisabeth Hauptmann damals, im Oktober/November 1950, erneut einen Selbstmordversuch unternahm.
Ihre beiden in *Romeo ohne Julia* enthaltenen fragmentarischen Erzählungen *Eine wahre Geschichte* und *Gedanken am Sonntagmorgen*[6] enthalten zwar literarische Verfremdungen, beziehen sich aber doch zweifellos auf ihren Aufenthalt in Braunschweig und die in vielerlei Hinsicht schwierige erste Zeit in Berlin. Da dem Leser dieser Fragmente, aber auch ihrer Interpretationen von Horst und Hanssen kein Hinweis auf das damalige Scheitern ihrer Ehe mit Dessau gegeben wird, kann er

den hier geschilderten Selbstmordversuch wieder nur auf Brecht beziehen. Elisabeth Hauptmanns materielle Probleme, ihre damalige Einsamkeit ›am Sonntagmorgen‹ hatten aber nicht nur damit zu tun, daß sie nun wieder alleinstehend war, sondern daß sich – wie zu Beginn der Emigration – auch die Freundschaften mit anderen näheren oder ferneren ›Mitarbeitern‹ nicht sofort in alter Qualität auffrischen ließen. In Amerika hatte es Elisabeth Hauptmann zunächst nicht gewagt, Peter Lorre zu schreiben, obwohl er ihr Geld schuldete. Nun wagt es die Protagonistin der *Gedanken am Sonntagmorgen* nicht, einen gewissen ›Hanns‹ anzurufen, in dem wohl unschwer Hanns Eisler zu erkennen ist.
Die Dokumente der kommenden Jahre zeigen, daß Elisabeth Hauptmann in eine tiefe Depressionskrise geraten war, die mit großen Kontaktängsten einherging.
Aus der ersten Zeit dieser Krise muß ein von mir im Hauptmann-Nachlaß entdeckter undatierter Brief Brechts stammen, der vor allem deshalb frappiert, weil hier erneut ein intimes ›Du‹ zur Anwendung kam. Brecht tritt hier als Tröster auf, dem freilich nichts anderes einfällt, als vorzuschlagen, das private Leid wieder durch Arbeit für die gemeinsame ›dritte Sache‹ zu überwinden:
»Liebe bess,
die beiden aufträge, damit Du nichts vergißt, wenn Du allein bist und vielleicht geht es leichter, wenn Du etwas für unsere arbeit tust. Ich kam herüber, um Dir alles selbst zu geben; man sagt mir, Du kämest erst am abend, so lasse ich es hier.
es ist alles nur eine frage der zeit, und etwas zeit musst Du mir geben. bis sich alles besser eingelaufen hat, musst Du Dich vor allen dingen um die *versuche* kümmern und den kontakt zu suhrkamp halten. der vertrag sieht ein kleines entgelt für beides vor, aber es kann mit den jahren sehr viel mehr werden. betrachte das mit der defa als *v o r ü b e r g e h e n d.*
b. i. d. i., liebe, liebe bess. immer. b
schreib ans theater«[7]

Tatsächlich war Elisabeth Hauptmann damals zunächst bei der DEFA untergekommen. Den Filmern sagte sie 1972 darüber: »Ich mußte ja irgendwie eine Arbeit haben, nicht wahr.

[...] Und wie das zustandegekommen ist, weiß ich gar nicht. Ob Brecht den Janka getroffen hat oder irgendjemand. Und da sollt ich mal Material sammeln für einen Eulenspiegel-Film, der war damals akut. [...] Dann sollte ich mir aber auch schon was für die Courage überlegen. Da weiß ich, da habe ich noch eine ganze Zeittafel da, weil man ja aus realen Sachen, Abläufen so sehr viel auch für die Dramaturgie beziehen kann. [...] Aber das dauerte nicht lange. Es war zu schwer für mich – allein da in der DEFA sitzen! Das machte mir keinen Spaß.«
Wieder fehlte ihr das Kollektiv! Wie aus Briefen hervorgeht, bemühte sich Brecht auch darum, den alten Freund Emil Hesse-Burri, der jetzt in München saß, zur Filmarbeit heranzuziehen, trotz seiner Vergangenheit bei der UFA. Das Courage-Drehbuch entstand dann tatsächlich in Zusammenarbeit mit Burri.[8] Brecht trug ihm auch an, ein Drehbuch des *Puntila* zu schreiben. Wegen der politischen Kompromittierung, die solche Aktivitäten für Burri in der Bundesrepublik mit sich gebracht hätte, schlug er ihm sogar vor, anonym oder unter Pseudonym zu arbeiten.[9] Brecht bemühte sich nach dem Krieg auch wieder um Theo Lingen, den er als Mackie Messer einsetzen wollte.[10] Wie mir Klaus Völker sagte, verhinderte die Atmosphäre des Kalten Krieges in den fünfziger Jahren auch die engere Zusammenarbeit zwischen Brecht und Therese Giehse. 1972 fragten die Filmer die Hauptmann, ob sie damals eine Art Vorposten Brechts beim Film gewesen sei.
»Ja, und das machte mir aber überhaupt keinen Spaß. Dann dachte ich, ich könnte es vielleicht noch mal schaffen, eine eigene Sache zu machen. Ich wollte so gerne ›Hänsel und Gretel‹ machen, meine Sache. Und die DEFA war auch sehr dafür. Da war die Hexe eine ekelhafte Bäckersfrau, die das Brot, das gute Brot, immer vorenthielt, und das kriegten dann die reichen Kunden. Und die Hänsel und Gretel, die Hänsels und Gretels, die schmiß sie raus. Und da waren gute Einfälle dabei, [...] wie ein Traum, der reale Grundlagen hat.
[...] Zwei Jahre hat das gedauert, glaube ich. Aber dann [...] kriegte ich ja von meinem Freund Tank[11] aus Amerika ein Stück geschickt – ob das nicht für hier in Frage käme? Ich sollte es mir mal angucken. Und das war das, was dann später hieß *Tanker Nebraska*.[12] [...] Das hat fast jedes Theater hier

gespielt. Das [...] ist so eine Geschichte von Solidarität in einer Schiffsmannschaft, die ganz bunt zusammengesetzt ist, weil da ein Neger umgebracht wurde vom ersten Offizier.«
Obwohl ihr Aufspüren von Stoffen, ihre Übersetzungen, ihre Bühnenbearbeitungen durchaus dramaturgische Arbeiten im besten und weitesten Sinne waren, wollte sich die Hauptmann zeitlebens genausowenig Dramaturgin wie Herausgeberin nennen.
Mit der erfolgreichen Arbeit an *Tanker Nebraska* war ihr wieder eine eigenständige Aktivität gelungen. Warum ging sie nicht weiter in dieser Richtung? War es das damals bei ihr stark ausgeprägte Einsamkeitsgefühl, weshalb sie sich nicht nur in die Edition von Brechts Werken, sondern auch wieder in Arbeiten einspannen ließ wie Abrechnungen und Vertragsverhandlungen? Sie beschrieb ihren Abgang von der DEFA und ihr Herüberwechseln zum Berliner Ensemble in einem Brief vom 4. November 1951 an Baerensprung, dem ihre erneute Einbindung in Brechts ›Kollektiv‹ wohl suspekt gewesen ist, folgendermaßen: »Übrigens: meine Adresse ist entweder die vom Berliner Ensemble oder wie oben am Briefkopf. Mit dem Deutschen Theater habe ich nichts zu tun. Auch bin ich nicht Dramaturgin. Und Brecht unterstehe ich auch nicht. Solche Angaben führen zu Mißverständnissen. Ich arbeite als freie Schriftstellerin und ich ›unterstehe‹ nur den laufenden Arbeiten, zu denen allerdings die Herausgabe von Brechts *Versuchen* gehört, aber mein Vertrag ist mit dem Verlag, nicht mit Brecht. Die *Versuche* kommen hier jetzt sehr hübsch heraus.«[13]
In diesen frühen fünfziger Jahren muß Elisabeth Hauptmann angenommen haben, daß die sozialistische Gesellschaft an qualitativ guten Herausgeberarbeiten, Übersetzungen und Bearbeitungen genug Interesse haben müßte, daß man davon leben konnte. Nur so ist erklärbar, daß sie nun wieder hoffte, sich mit solchen Arbeiten über Wasser zu halten, dabei eigene literarische Projekte verfolgen und für Brecht wieder Arbeitszeit »herschenken« zu können.
So selbstbewußt wie sie in dem Brief an Baerensprung wirkt, ist sie in diesen Jahren nicht oft gewesen. Sie war nicht nur psychisch, auch physisch labil. Erste Zeichen einer schweren Arthritis meldeten sich. Und weil sie sich insgesamt schlecht

fühlte, konnte sie ihre eigenen Interessen auch Brecht gegenüber oft nicht frühzeitig genug und nicht entschieden genug artikulieren. Wenn sie es tat, wird eine eigenartige Ambivalenz sichtbar. Einerseits klagte sie darüber, daß sie sich zu selten sahen. Ein undatierter Brief wirkt wie die Wiederholung der Situation von 1926, als sie krank gewesen war und Brecht sie nicht besucht hatte: »Es hat mich sehr deprimiert, dass Sie Sonnabend nicht vorbeigekommen sind. Ich war sehr krank. Wenn das nicht drin ist, wenn man sich über 25 Jahre kennt und es am selben Ort ist – aber es war ja schon so oft nicht mehr drin. [...] Ich hatte eine Riesenanstrengung gemacht, um aus meinem Einsiedlerleben herauszukommen.«[14]

Andererseits sandte sie ihm auch mal einen – ebenfalls undatierten – Brief, der eine Bitte enthielt, lieber nicht vorbeizukommen:

» [...] so lange es mich so entsetzlich deprimiert, Sie zu sehen, ins Ensemble zu gehen oder in die Probebühne, möchte ich allein sein, das heißt ganz abgeschnitten von allem, wo ich nichts zu suchen habe, sondern nur eine trübselige Erscheinung bin. [...] Je weniger ich sehe und höre, umso besser, garnichts sehen und hören ist das Beste.«[15]

Ähnliche Ambivalenz ist in der Frage der Entlohnung ihrer Arbeiten für Brecht zu erkennen. Es ist nur mit ihrer depressiven Grundstimmung zu erklären, daß sie für die herausgeberischen Arbeiten bei Suhrkamp sogar das dafür vorgesehene Honorar zunächst ablehnte. Das geht aus einem Brief hervor, den Brecht ihr im Juli 1952 aus Buckow schickte:

»Liebe Bess,

der erste Band scheint mir in Ordnung zu sein. [...] Lassen Sie bitte den Vertrag, wie er ist, wenn Sie auch das Geld nicht wollen, obwohl ich das nicht einsehe. Ich werde es also einstweilen nehmen. Auf dem Vertrag bestehe ich: die Spaltung hört eines Tages auf, dann brauchen wir ihn also, wie er ist. Ich habe ihn damals gründlich mit Suhrkamp besprochen. Ihre Verankerung im Vertrag nützt dem Verlag und mir mehr als Ihnen; für Sie ist es viel Arbeit. [...]

Wollen Sie nicht herauskommen, wenn Sie fertig sind, mit den Korrekturen?«[16]

Etwa eineinhalb Jahre später schrieb sie einen sehr bitteren

Brief, in dem sie zunächst wieder ungewünschte Kontaktaufnahmen Brechts zurückwies, um sich dann drastisch über ihre finanzielle Situation zu beklagen: »Too bad. Anarchy is no good. Jour fixes, après-midis fixes, soirs fixes [...]. I am neither a lady of leisure nor a call-girl. Ich muss nämlich tatsächlich arbeiten. Nicht immer das, was ich möchte, aber immerhin arbeiten. Vielleicht kann ich es doch wieder erreichen zu arbeiten, was ich möchte.

Das bringt mich darauf, es Ihnen einmal in Zahlen zu zeigen, wie meine Arbeitsverhältnisse aussehen, rein finanziell. Ihre Grösse und Ruhm lasse ich dabei aus dem Spiel.«

Sie rechnet nun auf, daß sie zwischen Januar und Oktober 1953 für zwei Versuche-Hefte vom Aufbau-Verlag nur 445,90 und für einen Programmartikel des Berliner Ensembles 250,00 Ostmark bekommen hätte, wovon auch noch 14 Prozent Steuern abgingen. Aber: »Dass die Suhrkamp-Einnahmen wegfallen, dafür ist Adenauer verantwortlich.« Wieso der Kalte Krieg ihr den Zugang zu Westhonoraren von Suhrkamp versperrte, läßt sich heute nicht nachvollziehen, denn die Mauer stand noch nicht.[17] Ein halbes Jahr lang sei sie krank und arbeitsunfähig gewesen. Und: »Leider werde ich von niemandem ausgehalten, bekomme keine Alimente, wurde nicht prämiert, ausgezeichnet, überhaupt nicht gelobt, was auf die Dauer schwer zu ertragen ist, denn ich bin auch nur ein Mensch.«[18]

In einem in flottem Amerikanisch geschriebenen Brief kündigt sie Brecht am 6. April 1954 die kostenlos erledigte Korrespondenzarbeit mit skandinavischen Partnern.[19] Aus einem am selben Tag datierten Brief an Ruth Berlau geht hervor, daß sie ihr die Weiterführung dieser Geschäftsbeziehungen übergab. Es frappiert der Satz: »Nebenbei möchte ich nur sagen, dass ich mich idiotischerweise auch nicht mit einer Schwedenkrone während all dieser Jahre bereichert habe an Brechts schwedischen Aufführungen oder einer Kommission dafür. Das tut mir leid. Wegen meiner Arthritis vor allem.«[20] Es bleibt unverständlich, weshalb sie sich keine Kommissionshonorare ausbedungen hat.

Einen solchen Brief kann man als Vorboten jener heraufziehenden Gewitter ansehen, die der ›Ruhm‹ und die rasant zunehmende Marktgängigkeit von Brechts Werk mit sich bringen sollte. So sehr Elisabeth Hauptmann in diesen Prozeß mit hineingezogen wurde, so sehr wird sie sich widersetzen, daß dieses Werk – das zu einem Teil auch ihres war – immer mehr in ihm aufzugehen drohte. Für Brecht ging seine Arbeit bis zu seinem Tode selbstverständlich niemals ganz in ihrer kommerziellen Verwertung auf, er sah diese eher als eine nun endlich eintretende, aber durchaus logische Folge an. Elisabeth Hauptmann mußte sich durch die Art ihrer Tätigkeiten – insbesondere Anfang der fünfziger Jahre – aus den Zonen der Kreativität in die Zone der Organisation der Verwertung abgedrängt fühlen. Das war unerträglich für sie. Und dagegen rebellierte sie.

Ihre Finanzprobleme wurden durch eine feste Anstellung als Dramaturgin am Berliner Ensemble gelöst. Zu Brechts Lebzeiten hörten ihre diesbezüglichen Klagen wieder auf. Häufiger schimpft sie aber über die oft vergessene persönliche Anerkennung ihrer Arbeit: »Ach, die Zeiten, wo Sie mir den ersten Band der *Versuche* mit Widmung gaben, sind längst vorbei und vieles andere auch. Es ist schade, wenn da keine Traditionen geschaffen sind. Ohne sie kann man schlecht leben.«[21]

Auch ist nicht nachvollziehbar, wieso die Herausgeberin sich bei dem Herausgegebenen beklagen mußte, daß sie seine *Werke* zweimal für sich selbst anschaffen mußte, sowie eine zur Arbeit offenbar auch notwendige »Thomas-Mann-Serie«. War das Brechts Schuld? Wieso bekam sie keine Belegexemplare von Suhrkamp? Jedenfalls fühlte sich Elisabeth Hauptmann damals wohl zu Recht vernachlässigt. Sie fordert nun kategorisch etwas, was sie zuvor und später immer wieder grundsätzlich abgelehnt hat: das Drucken einer Danksagung Brechts: »Das In-Schwung-Bringen der 4 Bände war wirklich ziemlich viel Arbeit – eigentlich zwei Sommer – als ich noch nicht beim BE war – deshalb: könnte nicht wie am Ende sagen wir des 7. Bandes etwas Ähnliches stehen wie hinten in der Thomas Mann-Ausgabe: nämlich der Kredit für die Arbeit. Anonyme Arbeit zählt hier nicht und bis zum Ende Ihrer *Gesammelten Stücke* kann ich nicht warten. Ich muss vorzeigen können, womit ich u. a. meine Zeit verbracht habe.«[22] Solche Briefe waren ihrer Erfahrung nach ein Druckmittel, das bei Brecht Wirkung zeigte. Und tatsächlich kam er 1952/53 wieder auf die Tradition des

kollektiven Schreibens zurück, in das Elisabeth Hauptmann maßgeblich einbezogen wurde. Den Filmern sagte sie 1972 darüber: »Also zum Beispiel *Pauken und Trompeten* ist in Brechts Wohnung gemacht worden. Da trafen wir uns jeden Vormittag.
Bei solcher Zusammenarbeit war Regelmäßigkeit eines der Prinzipien, die eingehalten werden mußten. Manchmal hat man sich auch noch am Nachmittag mal verabredet, wenn es dringend war. Da war Monk da, da waren Besson, Wekwerth[23], Palitzsch[24], d. h. zum Stückbearbeiten war es hauptsächlich Besson und Wekwerth. Besson war es beim *Don Juan*, bei *Pauken und Trompeten*. Dann war Besson und sonst keiner dabei bei der Bearbeitung von *Jeanne D'Arc, der Prozeß von Rouen*, die Bearbeitung des Hörspiels von Anna Seghers. Und dann Wekwerth mit der *Hirse*, die wir vorbereitet hatten. Dann kamen wir damit zu Brecht wegen der letzten Schönheiten.«
Bei *Don Juan* nach Molière und *Pauken und Trompeten* nach *The recruiting Officer* von George Farquhar[25] entstanden die entscheidenden Vorarbeiten, d. h. die Übersetzungen und ersten Szenenvorschläge in Zusammenarbeit zwischen ihr und Benno Besson, der damals wie sie in der legendären Friedrichstraße 129a wohnte, dem Domizil vieler Brecht-Mitarbeiter. Der hohe Anteil Hauptmanns und Bessons an diesem Stück fand auch im Tantiemenschlüssel Ausdruck: Für Brechts »Schönheiten« gab es 40 Prozent, für Hauptmann und Besson jeweils 30 Prozent.[26]
Die beiden waren auch über die Arbeit hinaus miteinander befreundet. Benno Besson war es, der eines Tages zu der mittlerweile von Dessau wieder getrennten Antje Ruge sagte: »Elisabeth hat mich gebeten, dich einmal mitzubringen. Sie lädt dich herzlich ein!«
Gegen Mitte der fünfziger Jahre konnte Elisabeth Hauptmann also wieder selber auf Menschen zugehen, die Einsamkeit von sich aus durchbrechen. Antje Ruge erzählte mir, daß die Hauptmann nicht nur ihre Freundin, sondern eine ganz wichtige künstlerische Beraterin für ihre weitere Karriere als Schauspielerin und Regisseurin wurde. Eine solche Ratgeberin wurde die Hauptmann in den kommenden Jahren auch für viele andere junge Künstler. Eng befreundet war sie dann

übrigens auch mit Isot Kilian[27] und Brechts Tochter Hanne Hiob.

Brecht muß damals auch klar geworden sein, daß Elisabeth Hauptmann nicht nur weiter mit ihm zusammen kreativ sein, sondern auch vom Glanz des ›Ruhms‹ etwas spüren mußte. Im Februar 1956 fuhr er mit ihr und Hanne Hiob zusammen nach Mailand zur Premiere der *Dreigroschenoper*, die der junge Giorgio Strehler[28] damals meisterhaft in Szene gesetzt hatte. (Brecht an Ruth Berlau: »[...] das Stück wirkt sehr frisch. Strehler, vermutlich der beste Regisseur Europas [...]«.[29] Über ein Treffen mit diesem existiert ein schönes Notat der Hauptmann, aus dem hervorgeht, wie Strehler seinen Schauspielern das gestische Spielen, das ›Zeigen‹ im Sinne Brechts beigebracht und wie genau er dessen Sinn verstanden hatte.[30]

Niemand ahnte, daß Brecht ein halbes Jahr später, am 14. August – nur achtundfünfzigjährig – sterben würde. Ich meine, daß sein schnelles Altern auch mit dem ungeheuren Kräfteverschleiß zusammenhing, den die zermürbenden Kämpfe gegen die stalinistische Bürokratie in Kultur und Politik erforderte. Die Anspannung muß noch gewachsen sein, als Brecht nach den – auch für gut Informierte – überraschenden Enthüllungen des XX. Parteitages der KPdSU an einer reformerischen Perspektive festhielt. Das bedeutete, den Kampf gegen die Kulturbürokratie nur selten offen zu führen, sondern im Stil der Frühaufklärung vorgehen zu müssen, im ›Dialog‹ zwischen Philosophen und Feudalherrschaft.[31] An dieser, bestenfalls punktuelle Erfolge zeitigenden Methode, für die dahingestellt bleiben muß, ob Brecht sie noch lange aufrecht erhalten hätte, wird Elisabeth Hauptmann bis zu ihrem Tode festhalten. Das führte sie – nicht nur als Editorin – manchmal zur Einnahme recht opportunistischer Haltungen.

Elisabeth Hauptmann berichtete Peter Suhrkamp, der kurz nach Brechts Tod in der Chausseestraße 125 eintraf, daß weder Brecht selbst noch seine Familie den Ernst der Erkrankung rechtzeitig erkannten. Noch bei einem kurzen Erwachen aus dem Koma sollte er mit »ganz schwacher Stimme« gesagt haben: »›das ist ein Witz – oder ich bin schwer krank.‹« So lange er bei Bewußtsein war, hätte ihn nur »das Ergehen

1956 in Mailand währennd der Proben der von Giorgio Strehler inszenierten *Dreigroschenoper*. Von links: Brecht, Elisabeth Hauptmann, nicht identifizierte Person, Theo Otto

von Bekannten, die krank oder sonst in Not sind« beschäftigt. Als Brecht gestorben war, widmete sich die Hauptmann der Aufgabe, die in dieser Situation wohl die menschlich dringlichste war: »[...] sie kümmerte sich um Ruth Berlau.«[32]
Da ist sie wieder, die alte Elisabeth Hauptmann, in erster Linie für andere da, denen es vielleicht noch schlechter ging als ihr selbst! Um Ruth Berlau hatte sie sich auch in den vergangenen Jahren gekümmert, zeitweise diente sie als Nachrichtenbrücke zwischen ihr und Brecht. Aus einem Brief der Berlau an Hauptmann vom 22. Juni 1955: »Wollen Sie Brecht ein Paar Sachen fragen – ich weis schon es ist kein angenehmes Job aber mir scheint Sie müssen irgendwann Freunde oder Bekannte gehabt haben mit ›Nerven-anfälle‹ – sie tuen nehmlich immer das richtige, jedenfalls gegenüber mir. Nun sind Sie ja auch ein sehr fornehme personality und das was selten ist: klug.«
Elisabeth Hauptmann hat Ruth Berlau auch in späteren Jahren ab und zu besucht und ihr, wenn sie selbst keine Zeit hatte, Geschenke – oft Südfrüchte oder andere Lebensmittel – über Antje Ruge und Isot Kilian geschickt. Trotzdem wurde auch sie Opfer der Verleumdungssucht der Berlau. Im Hauptmann-Nachlaß finden sich Durchschläge von Briefen, in denen sie der Berlau deshalb mit strafrechtlicher Verfolgung drohen mußte. Weil diese Beziehung zeitweise auch spannungsvoll war, sind die – oft zitierten – Äußerungen der Berlau, die sie in den Tonbandgesprächen mit Hans Bunge über die Hauptmann gemacht hat, nur mit Vorbehalt aufzunehmen.[33]

Von Brecht existiert ein spätes Testament, in dem er seine eigenen Autorenanteile an den Stücken zwischen seiner Familie und Elisabeth Hauptmann, Ruth Berlau, Isot Kilian, Käthe Reichel[34] und Jakob Walcher[35] aufteilte. U. a. weil dieses Testament nicht mehr rechtzeitig beglaubigt wurde, konnte es Helene Weigel erfolgreich anfechten.[36]
Aus dieser Situation erwuchs ein Erbstreit, der jahrelang andauerte und hier nur in der die Hauptmann betreffenden Seite verfolgt werden kann. Am 14. März 1957 schrieb sie ziemlich verzweifelt an Peter Suhrkamp: »Brecht hat mich in 2 Testamenten, die Helli mir zeigte, ich hatte sie vorher nicht gesehen, als Mit-Nachlaßverwalterin bestimmt und mir ein Drittel sei-

ner Dreigroschentantiemen vermacht. Beide Testamente sind maschinengeschrieben, von Brecht unterzeichnet, von 2 Zeugen beglaubigt, aber wegen der Maschinenschrift nicht ganz gültig. Immerhin enthielten sie Brechts Wünsche, für die er wohl seine Gründe gehabt hat. Bis heute ist mir weder die eine noch die andere Testamentsbestimmung mich betreffend von den Erben bestätigt. Als ich mal mit Helli davon anfing, fing sie an zu weinen und da war es aus. [...]
Was heißt nun: ›E. H. soll ein Drittel meiner Dreigroschentantiemen haben?‹ Brecht hat vor Jahren, als Steff[37] Geld brauchte, Steff ein paar Zeilen nach Amerika gegeben, wonach Steff *Brechts* Einnahmen dort einkassieren konnte. Diese Autorisation hat sich Steff letzten August von den Mitarbeitern bestätigen lassen, aber er interpretierte es so und das sagte mir Helli neulich, ehe sie an zu weinen fing: es handelt sich um *alles* Geld in Amerika und nicht nur um Brechts Geld. [...]
Lieber Suhrkamp, was soll ich machen. Was früher für und mit Brecht war, mit und ohne Lohn – es war immer irgendein Lohn – gehört hier nicht hin [...].
Was soll ich machen, lieber Suhrkamp? Wenn ich es mit einer ordinären Bürgersfamilie zu tun hätte – da kommen ja wohl Erbstreitigkeiten vor – aber hier geht es um Brecht und seine Familie.«[38]
Peter Suhrkamp intervenierte zugunsten von Elisabeth Hauptmann, damit diese wenigstens ihren alten Dreigroschensatz von 15 Prozent an Auslandsrechten behalten konnte. Die Tränen der Weigel zeigen immerhin, daß ihr Hauptmanns Situation peinlich war. Aus einem Brief Hauptmanns an die Weigel vom 6. Januar 1965 geht hervor, daß die Auszahlung ihres Anteils der amerikanischen Dreigroschenrechte tatsächlich an Stefan Brecht erfolgte, die die Weigel dann im Nachhinein der Hauptmann ausbezahlte.[39] Wahrscheinlich als Ausgleich für die viele ›unbezahlte‹ Arbeit, die sie geleistet hatte, trat ihr die Weigel auch die Brecht-Rechte an *Happy End* ab, das bis zu Hauptmanns Tod immerhin 52 Inszenierungen erlebte.[40]
Barbara Brecht-Schall hat mich kürzlich darauf aufmerksam gemacht, daß die DDR-Führung nach Brechts Tod immer wieder nach Möglichkeiten suchte, sein Werk zum ›Volkseigentum‹ zu erklären. Welchen Schaden das hinsichtlich seiner

Verbreitung und der Benutzbarkeit des späteren Archivs bedeutet hätte, kann man sich nicht dramatisch genug ausmalen. Infolge der alten Verträge mit Suhrkamp und dem geschickten juristischen Vorgehen der Weigel gelang es schließlich, dieses Erbe fortan als privatwirtschaftliches Unternehmen zu verwalten.

Aber die ›Erbkonflikte‹ brachen immer mal wieder auf, insbesondere im Streit zwischen der Weigel und Lotte Lenya um die Dreigroschentantiemen, in dem die Anteile Hauptmanns erneut in Gefahr gerieten, zerrieben zu werden. Die Weigel schuf nicht nur in materiellen Fragen Mechanismen des Ausgleichs, sondern bemühte sich auch stets um den respektvollen Ton der Vertrautheit, der zwischen den beiden auch in früherer Zeit zumeist geherrscht hatte. So schrieb sie der Hauptmann am 18. Oktober 1957:

»Was wir mit dem *Ja-Sager* in Ordnung bringen können, sollst du mir genau sagen, was *Pauken und Trompeten* betrifft, habe ich im Augenblick den Vertrag nicht bei der Hand.

Außerdem wollte ich Dir schon längst sagen, daß ein Vorschlag unsererseits, wegen Dreigroschenoper bei Inge Genz[41] liegt. Dein ›sonniger Lebensabend‹ liegt mir auch am Herzen.«[42]

Helene Weigel war sich bewußt, daß sie auf das Wissen und das Engagement der Hauptmann angewiesen war, die es wiederum geschickt verstand, diese Trümpfe auszuspielen: »Ich selber habe dem Archiv sehr viele Auskünfte gegeben, die dort auch niedergelegt sind bzw. in Kommentare eingegangen sind. Wer kennt dort heute z. B. die vielen Handschriften von Mitarbeitern auseinander, die sich auf Manuskriptseiten finden? Natürlich erkenne ich sofort, [...] was Hesse-Burri, was Borchardt usw. usw. usw. geschrieben haben und kann Schlüsse daraus ziehen.[43] Helene Weigel beauftragte sie nicht nur mit der Leitung der herausgeberischen Arbeiten, sie ließ sich auch von ihr in allen brisanten Personalfragen beraten. Darüber hinaus fertigte sie für die Weigel z. B. Gutachten zu Brecht-Übersetzungen oder zu Stücken anderer Autoren an, wenn die Frage stand, ob sie für den Spielplan des Berliner Ensembles geeignet waren.[44] Sofort nach Brechts Tod stellte sich für die Hinterbliebenen die Frage, wie überhaupt weitergearbeitet werden sollte. Über diese Situation sagte die Hauptmann in

den Filmgesprächen 1972: »Eine Leitung des Archivs habe ich abgelehnt. Nein, ich bin kein Archivleiter. [...] Ich war zu ganz etwas anderem bestimmt von Brecht [...], zum Nachlaßverwalter. Aber es kam alles anders. Dann habe ich mir herausgesucht, was ich machen wollte, nicht. Ich wollte so weiter mitarbeiten, an Stücken, was ich auch zum Teil zu Hause machen konnte. Nach den ersten Jahren, nachdem Brecht tot war, da gab es ja enorm viel zu tun [...]. Ich habe mich ums Archiv gekümmert, so zum Beispiel die Numerierung der Blätter, die sich als ungeheuer praktisch erwiesen hat. Es ist schon nachgemacht worden. Das hatte ich mal in Amerika gesehen.« Auf die Bemerkung der Filmleute, wie »legendär« es sei, daß Brecht nie etwas wegwarf, selbst die kleinsten Notizzettel aufbewahrte, antwortete sie: »Das ist nicht legendär, das ist ein Fakt. Wenn es denn nicht geklaut ist oder mal so beiseite gemacht, irgendwas, müßte alles da sein. Es sind aber leider ein paar Sachen weggekommen. Aber nicht die wichtigsten.«
Die Mitarbeiter brauchten Zeit, bis der Status der Texte festgestellt war, bzw. ob ein nur flüchtig notierter Gedanke endgültig war oder später in fast gleicher Formulierung, aber mit anderer Akzentsetzung wieder auftauchte. Die vielen Textversionen, die von einem einzigen Gedanken vorhanden sein können, stellte eines der Probleme für die Freigabe des Brecht-Archivs zur öffentlichen Nutzung dar. Bei keinem anderen deutschen Autor wurde, wenn die Erben das Zitieren noch nicht edierter Materialien untersagten, schneller behauptet, daß hier ›Zensur‹ vorläge, und zwar auch, wenn es sich um persönliche Aufzeichnungen wie persönliche Tagebücher oder Briefe handelte. Um spätere juristische Konflikte zu vermeiden, mußte ein über Brecht mit unveröffentlichtem Material arbeitender Autor seinen Text vor der Drucklegung zur Begutachtung vorlegen. Sie erfolgte des öfteren durch Elisabeth Hauptmann, die dann an Helene Weigel in folgender Art schrieb: »Er hat gut ausgewählt, aber es ist etwas viel.« Dann schlägt sie vor, den Autor auf bereits veröffentlichte Texte zu verweisen, in denen die gleichen Gedanken abgehandelt werden. Und: »Tagebuchzitate würde ich auf ein Minimum reduzieren, d. h. fast alles nicht erlauben.
Zwei grundsätzliche Bemerkungen:

Das Benutzen der bisher ungedruckten Texte bedeutet eine zusätzliche Arbeit für uns, Brecht (oder jemand anders) hatte oft sehr schnell geschrieben; das Niedergeschriebene war als Selbstverständigung, als Vornotizen für eine größere Arbeit usw. gedacht. Die Texte müssen jetzt von uns genau auf Orthografie usw. durchgegangen werden, was wir natürlich sehr viel lieber tun, wenn wir sie für unsere eigene Ausgabe vorbereiten.«[45]

Der Weigel und der Hauptmann müssen die besonderen Schwierigkeiten, die die Fülle des Materials mit sich brachte, zugute gerechnet werden. Trotzdem ist nicht von der Hand zu weisen, daß hier zwar ein Recht wahrgenommen wurde, seine Inanspruchnahme aber wegen des großen öffentlichen Interesses in Ost und West als Ausübung einer außerordentlichen Macht wirkte.

Obwohl Elisabeth Hauptmann sich nach Brechts Tod gerne endlich eigenen Projekten gewidmet hätte, obwohl sie weiterhin an Stückbearbeitungen vor allem für das Berliner Ensemble mitwirkte,[46] wurde die Herausgabe einer Werkausgabe nun endgültig ihre Hauptaufgabe. Normalerweise gilt das Werk eines Autors nach seinem Tod zu Recht als abgeschlossen. Aber was ist, wenn es zum Teil in kollektiver Arbeitsweise entstanden ist? Und was ist, wenn die Herausgeberin selbst eine maßgebliche Mitarbeiterin war? Zwar hatte Elisabeth Hauptmann bei den Editionen zu Brechts Lebzeiten Unklarheiten immer mit ihm selbst geklärt. Aber gerade das war für sie auch eine Form der Mitarbeit gewesen, denn das Ergebnis war zweifellos von ihr beeinflußbar, ein Vorgang, den sie »lebendige Arbeit« nannte.

Brechts vorherige Praxis wurde beibehalten, die Mitarbeiter an Stücken im Vorspann anzugeben. Aus heutiger Sicht sind diese Angaben lückenhaft, denn auch andere Texte entstanden in kollektiven Prozessen, wie ein Teil der Kurzprosa aus den zwanziger Jahren. Hier beispielsweise hat die Hauptmann bewußt ihre eigenen Spuren in Brechts Werk verwischt.

Mit drei Belegen aus ihrem Nachlaß möchte ich zeigen, daß nicht nur sie selbst, sondern auch der Suhrkamp Verlag und der Aufbau-Verlag das Bild des klassisch einsamen Autors

Brecht modelliert haben, hinter dem die Realität der kollektiven Arbeitsweise weitgehend unsichtbar bleiben sollte. Eine aus ihr entspringende Besonderheit war ja auch, daß Brecht seine eigenen Arbeiten schon zu Lebzeiten nicht selber edierte, sondern von einer mit großen Vollmachten ausgestatteten Mitarbeiterin herausbringen ließ. Diese wiederum weigerte sich, als ›Herausgeberin‹ zu firmieren, sondern wollte z. B. bei den *Versuchen* als ›Redakteurin‹ genannt sein. In der Folge dieser Konstellationen blieb insbesondere ihr Anteil und der von Margarete Steffin an Brechts Werk lange unterbelichtet. Vielleicht aus eigenen Erwägungen, vielleicht infolge des weiter oben zitierten Briefes der Hauptmann, in dem sie ausnahmsweise einmal eine Danksagung Brechts nach dem Vorbild der Thomas-Mann-Ausgabe verlangt hatte, regte Brecht 1955 beim Aufbau-Verlag an, Elisabeth Hauptmann als Herausgeberin zu nennen. Walter Janka, damals Geschäftsführer des Aufbau-Verlages, antwortete ihm am 27. August 1955: »Ihr Brief vom 18. Juli wirft eine grundsätzliche Frage in bezug auf die Herausgebertätigkeit von Elisabeth Hauptmann auf. Wir sollten uns, bevor wir zu einer Neuregelung kommen, auf jeden Fall mit dem Suhrkamp-Verlag verständigen. Soweit ich unterrichtet bin, enthält die Suhrkamp-Ausgabe keinen solchen Herausgeber-Vermerk. Ich weiß nun nicht, ob es Suhrkamp sehr angenehm ist, daß wir fernerhin einen solchen Herausgebervermerk aufnehmen, denn ich vermute, daß Suhrkamp nicht geneigt ist, einen solchen für seine Ausgabe zu übernehmen.
Es gibt noch ein zweites Moment, das wir überlegen sollten. Wenn zu Lebzeiten der Autoren Gesammelte Werke oder Gesamt-Ausgaben erscheinen, ist es in den meisten Fällen nicht üblich, solche Ausgaben durch Herausgeber zu veranstalten, weil die Autoren die Herausgebertätigkeit fast immer selbst ausüben. Auch in Ihrem Fall verfahren wir ja eigentlich so. Daß der Autor Mitarbeiter heranzieht, ist deshalb nicht ausgeschlossen, sondern selbstverständlich. Die Frage ist nur, ob wir solche Mitarbeiter als Herausgeber oder Redakteure in Erscheinung treten lassen.
Ich würde dies nicht empfehlen.«[47]
Daß auch nach Brechts Tod nicht nur ihr Anteil am Werk,

sondern ebenfalls die auf ihrer Rolle in diesem Werk beruhende besondere Editionsleistung einer breiteren Öffentlichkeit unbekannt bleiben sollten, beruhte teilweise auf eigenen Entscheidungen.
1958 gab es offensichtlich den Plan einer separaten historisch-kritischen Brecht-Ausgabe für die DDR, die von der Akademie der Wissenschaften und der Akademie der Künste in Ostberlin verantwortet werden sollte. Hans Bunge, der damalige Leiter des Brecht-Archivs, hatte vorgeschlagen, daß die Weigel und die Hauptmann beide als Herausgeberinnen zeichnen sollten. Die letztere gab einen ablehnenden Bescheid, der nach heutigen Maßstäben nicht sehr ›emanzipiert‹ klingt. Obwohl die tieferen Ursachen dafür, sich an dem Unternehmen nur in beratender Funktion zu beteiligen, vielleicht die Hoffnung war, sich doch noch eigenen Arbeiten widmen zu können, baute sie hier ebenfalls am Bild des großen Einzelautors mit, der auch postum keine Herausgeber brauche: »Es gibt für mich zwei Arten der Herausgeberschaft. I.: Helli zeichnet allein als Herausgeber. Oder II.: es zeichnet niemand neben den Akademien (es gibt dann keine sogenannten Herausgeber), das erscheint mir am würdigsten. Zwei Weiber auf der Titelseite als Herausgeberinnen sieht mir etwas klein aus für eine so großangelegte historisch-kritische Ausgabe. Hellis Kontrollrechte tauchen dann anderswo auf, und mein Name kann ebenfalls anderswo auftauchen, und dort richtiger. [...] Schon bei Brecht hätte ich bei den *Versuchen* und *Stücken* als Herausgeber zeichnen können. Das habe ich schon damals abgelehnt.«
Dann erklärt sie, daß die Arbeit für Bunge »frische Arbeit« sei, für sie aber mit zu vielen Erinnerungen belastet: »Es hat immer wieder Zeiten gegeben, wo ich tatsächlich unter dieser Arbeit zusammengebrochen bin. Es hat mich dann immer nur eins gerettet: daß ich mich etwas von dieser Arbeit entfernt habe und mich eine Zeitlang anderen Dingen zuwendete. [...] Daß ich die Kenntnisse, die ich von bestimmten Arbeiten Brechts habe, der Ausgabe nicht vorenthalten will, wissen Sie. Und Helli weiß es auch. Das ist so selbstverständlich, daß es fast eine Schande ist, es zu erwähnen.«[48]
Infolge der juristischen Entscheidung, die das Brecht-Erbe

seiner Familie zusprach, behielt der Suhrkamp Verlag die Rechte für die Originaledition des Brechtschen Werkes, die zum Zeitpunkt von Brechts Tod eigentlich erst in den Anfängen steckte. Der Aufbau-Verlag mußte die Lizenzen von Suhrkamp kaufen, hatte aber die Möglichkeit, nach dem Verstreichen einer gewissen Zeitspanne eine vom Brecht-Archiv philologisch verbesserte Fassung der jeweiligen Bände vorzulegen, die anspruchsvollere Leser in der Bundesrepublik dann auch noch gerne anschafften. Hinter dem Deckmantel der Philologie sollten sich jedoch auch politische Manipulationsversuche verbergen.

Mit Helene Weigel als eigentlicher Entscheidungsträgerin, Elisabeth Hauptmann als ihrer wichtigster Beraterin und den beiden Verlagen trafen vier nicht immer übereinstimmende Interessen aufeinander. Rückblickend gesehen kam die sich dadurch entfaltende Dynamik aber diesem ›gesamtdeutsch‹ bleibenden Projekt außerordentlich zugute.

Suhrkamp erreichte, daß die Hauptmann bei der Weiterführung der editorischen Arbeiten die Herausgabe der Stücke und der Gedichte übernahm, wenn in den Bänden selbst auch der Verlag als Herausgeber firmierte »unter Mitarbeit von Elisabeth Hauptmann«. Damit hatte sie die Chance auf selbständige künstlerische Entfaltung endgültig aufgegeben – was ihr freilich immer leid tun sollte.

Im Gegensatz zur im Osten geplanten historisch-kritischen Ausgabe wollte Suhrkamp nun eine *Gesamtausgabe* letzter Hand machen. Damit konnte die Hauptmann Brechts Vermächtnis erfüllen, zunächst eine leicht zu verbreitende Volksausgabe herauszubringen, die weitgehend frei von Kommentaren und Anmerkungen sein sollte.

Peter Suhrkamp, der Brecht und Hauptmann seit Ende der zwanziger Jahre kannte, war sich des Problems bewußt, daß zwischen Mitarbeit bei Brecht und der Herausgabe seiner Werke für Elisabeth Hauptmann leicht eine Grauzone der Kreativität entstehen konnte, die herkömmlichen Editionsprinzipien widersprach. Da er sich aber für die Präsentierung Brechts als herkömmlichen Einzelautor entschieden hatte, erging 1958 eine deutliche Warnung an Elisabeth Hauptmann, insbesondere in Hinblick auf Neupublikation von Texten, die schon zu Brechts Lebzeiten erschienen waren: »Da wird einmal die große Frage an uns gerichtet werden: woher stammen die Änderungen? Ist zu belegen, daß es Änderungen nach der letzten Drucklegung sind?« Er hielt den »Verdacht« denkbar, »es wären hinterher ohne Brecht Änderungen vorgenommen worden. Sie, Elisabeth Hauptmann, werden nicht glauben, daß bei mir irgendein Verdacht besteht. Ich skizziere hier nur, was ich von außen her kommen sehe.« Suhrkamp betonte, daß jede Änderung in Zukunft eines Belegs von Brechts Hand bedürfe.[49]

Elisabeth Hauptmann hat die Warnung nur zu gut verstanden. Angesichts der Tatsache, daß Brechts Stücke eigentlich erst auf der Bühne fertig wurden, bei der nächsten Inszenierung oder einfach infolge eines ›Einfalls‹ von Mitarbeitern wieder Änderungen erfahren konnten und angesichts der noch gar nicht geordneten Fülle ungesichteten Materials bedeutete die Herstellung einer korrekten Ausgabe letzter Hand für Elisabeth Hauptmann eine ungeheure philologische Anstrengung. In einem Brief von 1965 dankte sie Werner Hecht für die ihr sehr helfende Durchsicht von Materialien und klagte: »Wie oft Brecht in einigen, nein in wie vielen Gedichten geändert hat, aus was für vielfältigen Anlässen und mit welchen Zeitspannen dazwischen – ich gerate immer wieder in schwere Depressionen deswegen.«[50]

Den erforderlichen Arbeitsaufwand sah man den fertigen Bänden nicht mehr an. Vielleicht weil Brecht selbst an einer möglichst rasch erscheinenden Volksausgabe gelegen war, die nicht die Ansprüche der Philologen, sondern normaler Leser bedienen sollte, war Helene Weigel die Wichtigkeit der von der Hauptmann zu erbringenden Nachweise für jedes Komma und der dafür erforderliche Aufwand nicht voll bewußt. Suhrkamp aber mußte – nicht zuletzt aus politischen Gründen – auf allergrößte Korrektheit bestehen. Zwischen beiden verschiedenen Anforderungen stehend, mußte die Hauptmann sich arbeitsmäßig das Letzte abverlangen. 1960 stellte sie der Weigel gegenüber klar, weshalb die Arbeit mit Brecht zu seinen Lebzeiten für sie – trotz allem – so viel leichter gewesen war:

»Liebe Helli:
Ich muß einfach dafür sorgen, dass die Belastung während des Tages vorläufig nicht so anläuft, dass ich abends vollkommen in Stücke gehe. Schon im letzten Jahre habe ich versucht, bestimmte Arbeiten, z. B. an den Gedichten und an den Stücken, so zu dosieren, dass sie mich nicht zerstören und mir jede Kraft rauben, mich weiter mit ein paar Sachen zu beschäftigen, die mir grossen Spass machen. Du könntest mit Recht einwenden, dass die Sachen Brechts, mit denen ich zu tun habe, doch sehr schön sind und ihre schnelle Herausgabe sehr wichtig ist. Als Brecht mir nach 1949 wieder die Kümmerei um Herausgaben aufpackte, wusste er, dass mich das nicht auffressen dürfte; ausserdem stand bei dem Prozess jeder Satz wieder zur Diskussion, es gab Vorschläge, Änderungen usw., es war also eine lebendige Arbeit. Jetzt muss ich Brechts Handschrift nachfahren und nur zusehen, dass Brecht unverändert und authentisch herauskommt, nur mit kleinen Diskussionen über Fassungen und Entzifferungen und Datierungen und Anordnung mit ein paar Mitarbeitern. Brecht bestand darauf, dass ich einigen eigenen Interessen nachging, von denen er wusste, dass sie mir Spass machen; im übrigen hatte er selbst etwas von einigen solcher Interessen. Im Moment, wo es zu einem so krassen Mißverhältnis zwischen diesen beiden Arbeitsbezirken kommt – es kam auch zu Brechts Zeiten vor, muss ich zugeben – wie seit ein paar Jahren, werde ich fast vernichtet und sehe nur die Qual der Arbeit. Dass dazu Meinungsverschiedenheiten mit Verlegern kommen, macht es nicht besser, ist vielleicht aber das geringste Übel.
Ich schreibe Dir dies, weil ich möchte, dass Du meine Lage etwas besser verstehst. Elisabeth«.[51]
Helene Weigel ermunterte die Hauptmann zwar hin und wieder, sich von Siegfried Unseld – der nach Suhrkamps Tod den Verlag vertrat – mit Terminen nicht unter Druck setzen zu lassen. Aber sie weigerte sich, genügend Mitarbeiter einzustellen. Die Hauptmann mußte viele und lange Briefe an sie schreiben, damit ihren Mitarbeiterinnen Rosemarie Hill und Herta Ramthun die Überstunden bezahlt wurden. Als 1967 die Edition der 20 Bände abgeschlossen war, schickte sie der Weigel »... zum Spaß und zur Belehrung – das sei mir gestat-

tet – einige Fakten über die soeben angelaufene neue englische Shakespeare-Ausgabe.« Lange läßt sie sich über die unvergleichliche Menge der hier in Einsatz gebrachten Mitarbeiter und Forschungskapazitäten aus. Und schließlich kommt sie auch auf das sie selbst unablässig quälende Problem der Textsicherung. Der Herausgeber des Shakespeare-Ausgabe hatte geschrieben, daß trotz dieser großen Mittel zuweilen nicht alle Zweifel an der Authentizität einer Stelle ausgeräumt werden konnten: »Diese Feststellung hat mich in Bezug auf die neue Ausgabe *Gesammelte Werke* etwas beruhigt, besonders hinsichtlich von Textstellen, wo Abschreiberinnen, von frühster Zeit an, – ich gehöre auch in einigen Fällen dazu – Wörter ausgelassen oder eigenmächtig hinzugefügt haben, Zeilen und ganze Abschnitte verwechselt haben, Wörter durch andere ersetzt haben (auf Grund einer handschriftlichen Korrektur Brechts wurden aus ›lobenden Rezensionen‹: ›lebende Regenwürmer‹, wie Du weißt, aus ›Neher-Vorhang‹ wurde, glaube ich, Wagner-Vorhang oder etwas Ähnliches.«[52]

Das Ausmaß der Schwierigkeiten, die für Elisabeth Hauptmann in Gewissensnöte ausarten konnten, läßt sich auch an folgendem scheinbar winzigen Beispiel ermessen, das die Probleme der Freiheiten anspricht, die sich manche andere Mitarbeiter herausgenommen hatten. In einem Brief an Unseld heißt es am 2. Dezember 1967:

»Eben rief Dessau an, er ist für ein paar Tage im Krankenhaus (nichts Beunruhigendes), und ich sagte ihm, jetzt ginge die Kanonade der Textkritiken los und wir kamen darauf zu sprechen, was er so oft an den Texten geändert hat (meistens nach Rückfrage bei Brecht, ich glaube sogar *immer* oder doch *fast immer*) – das war fast immer mündlich; oft übers Telefon. Dazu kommt hier Busch[53], auch ein Brecht-Kenner von eh und je, zu Zeiten auch ein Veränderer. Einiges von solchen Veränderungen hat Brecht übernommen, anderes nicht. Da gibts den Anfang vom *Anachronistischen Zug*: Frühling ward, ... ward's, ... wurd, wurd's. Dessaus Auseinandersetzung mit Brecht kannte ich damals nicht, auch nicht, daß Busch nach Dessaus Korrektur sehr bös war. Dessau wählte nämlich ›wurd‹, d. h. seine eigene Version auch für den Druck seiner Musikaus [-gabe]. Für die *Hundert Gedichte* heißt es noch im 1. Umbruch ›wurd‹.

Hätten wir nicht eine handschriftliche, sehr deutliche Korrektur Brechts in diesem 1. Umbruch könnten wir nichts beweisen, obwohl es dann im ausgedruckten Band ›wurd's‹ heißt. [...] Bis ich ihm vor einigen Jahren den Umbruch zeigte, bestand Dessau auf seiner Version als der authentischen.«[54]

So schwer für die Hauptmann die Bewältigung der philologischen Situation auch gewesen ist – die eigentlichen Probleme, die sich bei der Herausgabe der *Gesammelten Werke* stellten, waren politischer Natur. Das Gegenteil der von Brecht noch erhofften Überwindung der Spaltung Deutschlands war eingetreten: beide Staaten waren politisch immer mehr auseinandergedriftet. Zwar war dem Kalten Kriege der fünfziger Jahre eine Phase von Koexistenz in den sechzigern gefolgt, die aber von starker Konkurrenz und gegenseitiger politischer Provokation geprägt war. Das, aber auch die Logik der Blockkonfrontation, der sich beide Staaten zu unterwerfen hatten, ließ den eigentlichen Kern von Brechts künstlerischer und politischer Botschaft – die Selbstregierung der Menschen – in beiden Systemen als irreal und bestenfalls als Utopie erscheinen. Deren politischer Status wurde aber für beide deutsche Staaten nun rasch sehr unterschiedlich. Für bewußte Sozialisten im Osten bedeutete diese Utopie das Festhalten an der auch von Brecht selbst noch vertretenen reformistischen Perspektive, die die diktatorischen Elemente des Regimes allmählich zurückdrängen sollte. So abstrakt diese Reformperspektive war und bleiben sollte – sie war den Herrschenden höchst suspekt und konnte ebenso zu Verfolgung führen wie die Propagierung des westlichen Systems. Der offiziell anerkannte und in den Schulen gelehrte Brecht war nicht zufällig ein reduzierter: der Brecht der Friedenstaube, des Antifaschismus und des Antikapitalismus. Seine den politischen Realitäten entgegengesetzte Sozialismusperspektive sollte möglichst verborgen bleiben.
Brecht hatte sein Prestige genutzt, um seine Meinung gegenüber den Mächtigen in Regierung und Kulturbürokratie immer deutlich kundzutun – das hielt er sogar für politische Pflicht. Wenn er seine kritischen Texte und Meinungen nicht an westliche Zeitschriften weitergab, so hatte dies nicht nur zur Ursache, daß er den ›aufklärerischen Dialog‹ noch aufrech-

terhalten wollte. Es lag auch daran, daß ihm gar nicht genug Zeit geblieben war, um sich auf die Situation nach dem XX. Parteitag mit einer neuen Konzeption einzustellen. Den Herausgebern erwuchsen nach seinem Tode daraus freilich viele Probleme. Und die Kulturbürokratie der DDR hatte sich mit der Zustimmung zu den Verträgen zwischen Suhrkamp und Aufbau – die die Übernahme der Bände nach einem gewissen Zeitraum vorsahen –, auf ein Unternehmen eingelassen, dessen Brisanz sie – wegen des vielen unbekannten Materials – zu Beginn der Arbeiten noch gar nicht einschätzen konnte.
Die Weigel und die Hauptmann mußten bei der Textzusammenstellung sowohl ihre Wirkung im Westen als auch im Osten in Betracht ziehen. Wenn aus der angekündigten *Gesamtausgabe* bald die *Gesammelten Werke* wurden, so liegt dieser Zurücknahme sicher vor allem zugrunde, daß sie Brechts Taktik der vorsichtigen Dosierung fortzusetzen suchten und sich vorbehielten, die brisanten Texte zu einem ihnen politisch richtig scheinenden Zeitpunkt zu bringen. Da sie hier aber nicht immer übereinstimmten und Unseld das westliche Interesse nach möglichst rascher Publikation gerade solcher Texte vertrat, setzte die Edition eine politische Dynamik in Gang, die rückblickend als ihr eigentlich spannender Punkt erscheint. Der – ebenfalls von Brecht zu seinen Lebzeiten gewünschte – weitgehende Verzicht auf kontextuelle Anmerkungen hielt wiederum die Möglichkeit vielfältiger Interpretation offen. Das war sicher in den meisten Fällen vorteilhaft und ermöglichte die gleichzeitige Rezipierbarkeit der in Ost und West weitgehend identischen Ausgaben überhaupt erst. Historische Prinzipien zeigte die Ausgabe nur mit der chronologischen Anordnung der Texte. In einigen Fällen sollte sich der Verzicht auf historisch-kritische Anmerkungen für die Herausgeber aber auch als Fluch erweisen.
Bis heute ist es für Westdeutsche schwer zu erkennen, mit welchen Risiken das Aufrechterhalten der Reformperspektive im Osten sowohl für den einzelnen Menschen als auch für ganze Projekte behaftet gewesen ist. Das schlimmste – von Elisabeth Hauptmann permanent befürchtete – Risiko war nicht etwa persönliche Gefährdung, sondern das Abwürgen der Edition im Osten. Wie aus einem Brief an die Weigel vom

7. September 1960 hervorgeht, erschien ihr der Tod des Präsidenten Wilhelm Pieck als eine Katastrophe. Dieser war ein von Brecht geschätzter Partner im ›reformistischen Dialog‹ gewesen und hatte das Berliner Ensemble gegenüber dem viel ungebildeteren Walter Ulbricht manchmal verteidigt. Sie erinnerte sich nun, »wie freundlich Brecht immer von den Ratschlägen Piecks in Bezug auf Veränderungen gesprochen hat.«[55] Ihre Sorge um die Edition trieb sie in opportunistische Haltungen, die sich auch in Konflikten zeigten, in denen es nicht um Brecht ging. So plädierte sie z. B. 1962 für die Absetzung von Heiner Müllers Stück *Die Umsiedlerin*.

Im Westen stieß die Brecht-Edition auf ganz andere Bedingungen, denn das demokratische System bot immer etwas mehr Raum auch für die Entwicklung utopischen Denkens und sogar Raum für utopisch experimentierende Lebensnischen. Dennoch erforderte das Unternehmen auch vom Suhrkamp Verlag politischen Mut. Ein großer Teil der Kritiker ging natürlich von umstandsloser Identifikation des östlichen Systems mit der Brechtschen Utopie aus. Um diese Tendenz als Verleger nicht noch zu bedienen, lehnte Unseld z. B. einen von ihm für zu ›ideologisch‹ empfundenen Kommentar Arnold Zweigs zu bestimmten Gedichten ab, den Hauptmann und Weigel mit abdrucken wollten. Er schrieb an die Hauptmann am 6. April 1961, daß er den dritten Band der *Gedichte* nicht damit »belasten« könne, der für ihn ohnehin »der gefahrenreichste« sei, weil er *Lob des Kommunismus* und *Lob der Partei* enthielt. »Dafür hast du Verständnis.«[56]

War die Fortführung der Herausgabe für den Osten zeitweilig wegen politisch mißliebiger Inhalte oder auch bestimmter westlicher Brecht-Interpretationen in Frage gestellt, so konnte eine Gefährdung der »Situation Brecht« – wie Unseld es nannte – im Westen vor allem dann entstehen, wenn der Osten politisch gravierende Entscheidungen in die Tat umsetzte, auch, wenn sie mit Brecht nun wirklich überhaupt nichts zu tun hatten. Ein solches Problem entstand durch den Bau der Mauer. Unseld schrieb an Hauptmann am 4. September 1961, daß dem Verlag nichts anderes übrig bleibe, als »in zähen Einzelverhandlungen spektakuläre Aufschübe oder Absetzungen von Premieren zu verhindern.«[57]

Eine ähnliche Situation entstand noch einmal 1968 beim Einmarsch der Truppen des Warschauer Pakts in die ČSSR, mit dem der dortige Reformversuch des Sozialismus abgebrochen wurde. Unseld teilte der Weigel mit, daß Suhrkamp deshalb seine Teilnahme an der Leipziger Buchmesse absagen müsse. Die gemeinsame politische Perspektive des Dreiergespanns Weigel/Hauptmann/Unseld war aber offensichtlich die Vorstellung fortschreitender Demokratisierung beider Systeme, d. h. auch im Osten. Deshalb wurden solche Ereignisse als gemeinsame schwere Schicksalsschläge empfunden, worüber man sich vom Osten aus freilich nur in einer Art Tarnsprache äußern konnte. In einem Brief vom 27. September 1968 schreibt die Hauptmann an Unseld, daß sie sein ausgesprochen schlechtes Aussehen im Fernsehen wahrgenommen habe und es mit den »finsteren Zeiten« in Zusammenhang brächte.[58] Damit war die Situation nach dem Einmarsch gemeint.
Wenn das Vorhaben der Brecht-Ausgabe in West und Ost gelingen sollte, bedeutete das für das Dreiergespann, Sorge zu tragen, die östliche Kulturbürokratie mit bestimmten Formen der Brecht-Rezeption im Westen nicht allzusehr in Verlegenheit zu bringen. Aus heutiger Sicht hat der Suhrkamp Verlag hier manchmal in erstaunlicher Weise mitgespielt. So war er bereit, das politische System der DDR vor der Identifizierung mit dem des Faschismus zu schützen, wozu sich die Szene *Der Spitzel* aus *Furcht und Elend des Dritten Reiches* aber geradezu anbot. Als das Berliner Kabarett »Die Stachelschweine« 1959 diese Szene auf DDR-Verhältnisse uminszenierte, erwirkte der Suhrkamp Verlag die Absetzung.[59]
1962 kam es zu einem ähnlichen Inszenierungsversuch des Berner Kellertheaters, und Hauptmann schrieb an Unseld: »Da wir wissen, dass Ihr bei derartigen Sinnentstellungen sofort eingreift – wie damals hier in Berlin – nehmen wir an, dass Ihr keine Ahnung davon habt, wie die Berner die Sachen inszenierten. Falls die Aufführung noch läuft, bittet Helli um Verbot.«[60]
Nicht nur in der Umfunktionierung der Spitzelszene zeigten sich im Westen vielfältige Adaptionsmöglichkeiten Brechts, die höchstes Mißtrauen der östlichen Kulturbürokratie erwecken mußten. Sie zögerte das Erscheinen der Bände im Aufbau-Verlag gerade dann um Jahre hinaus oder verlangte

deren Änderung, als es – schon vor der Mitte der sechziger Jahre – zu einer Brecht-Schwemme im Westen gekommen war. Unter den Bedingungen der Systemkonfrontation bedeutete zunehmender Erfolg im Westen die proportionale Zunahme des Mißtrauens der östlichen Kulturbürokratie – gegen Brecht.

Für den wachsenden Erfolg der Suhrkamp-Edition im Westen war entscheidend, daß sie in den Jahren des Heranreifens der Studentenrevolte und der antiautoritären Bewegungen stattfand. Sie machten einen über sie hinausgehenden Teil der Gesellschaft aufgeschlossen für radikaldemokratische Utopien, die freilich nur – aber immmerhin – in Nischen auch praktisch gelebt werden konnten. Schon seit etlichen Jahren mit dem Vorteil der Presse- und der Publikationsfreiheit ausgestattet, konnte man von den westlichen Brechtinteressenten kaum Verständnis für jene ›Dosierungen‹ erwarten, von denen Weigel/Hauptmann hofften, daß sie die Kulturbürokratie im Osten so gerade noch hinnehmen würde. Und natürlich bestand in antikommunistischen Kreisen ebenfalls Interesse, durch spektakuläre Publikation isolierter sozialismuskritischer Texte Brechts gerade diese für sein letztes und vor allem weisestes Wort auszugeben.

Wenn sich ein Text als mißverständlich erwiesen hatte oder sich in die politische Situation nicht mehr so einfügte wie zu seiner Entstehungszeit, hatte Brecht vor Veränderungen oder auch dem Verbot seiner eigenen Arbeiten nicht zurückgeschreckt – wie nicht nur der Fall der *Maßnahme* zeigt. Dieses Vorgehen ist für einen lebenden Autor legitim. Nach seinem Tode bekommen seine Texte leicht einen überzeitlichen Status und sind zudem vor keinem Zugriff mehr sicher. Der einzige Schutz dagegen ist eine historisch-kritische Ausgabe. Aber die in den sechziger Jahren entstehende Brecht-Ausgabe konnte und wollte das noch nicht sein.

In dem Bemühen, auch in den sechziger Jahren Brechts Taktiken beizubehalten – obwohl er sie selbst vielleicht geändert hätte –, geriet Elisabeth Hauptmann zumindest in einem Falle über die Grenze herausgeberischer Honorigkeit hinaus. Es dreht sich um die 1963/64 anstehende Publikation des zu den Buckower Elegien gehörigen Gedichts *Die Lösung*. Die Hauptmann hat das Gedicht wahrscheinlich selbst aus einer westlichen Zeitung kennengelernt, denn im Archiv war es nicht vorhanden. Nur Käthe Reichel soll ein vollständiges Exemplar der Buckower Elegien bessen haben. Unklar ist, wie das Gedicht – lange vor seinem Erscheinen in den *Gesammelten Werken* – in den Westen gelangt ist.

Nach dem Aufstand des 17. Juni
Ließ der Sekretär des Schriftstellerverbands
In der Stalinallee Flugblätter verteilen
Auf denen zu lesen war, daß das Volk
Das Vertrauen der Regierung verscherzt habe
Und es nur durch verdoppelte Arbeit
Zurückerobern könne. Wäre es da
Nicht doch einfacher, die Regierung
Löste das Volk auf und
Wählte ein anderes?[61]

Wahrscheinlich von 1963 ist ein Brief der Hauptmann an die Weigel, in dem sie angesichts der bei Aufbau ins Stocken geratenen Edition bedauert, »daß drüben so eine Brecht-Flut stattfindet. [...] In der jetzigen Situation« gehe »es ihr sehr gegen den Strich«, daß Gedichte wie *Die Lösung* für die Edition bei Suhrkamp überhaupt ins Gespräch gebracht wurden. Obwohl sich die Weigel gerade auch in Editionsfragen fast immer auf die Hauptmann gestützt hatte, ist es in diesem Falle anders gewesen. Die Hauptmann erinnert an das letzte Gespräch über dieses Thema, »in dem Du an Deiner bisherigen Meinung festhieltest, ist meine Position 1:2. Aber jetzt hat der Verlag vorn meinen Namen schon mit eingedruckt [...] und ich bin so mitverantwortlich. [...] Angesichts der politischen Situation würde ich für unsere Ausgabe [in der DDR] nicht auf den paar Gedichten bestehen. Schließlich können wir hier entscheiden, wie wir es für richtig halten. Ich weiß nämlich nicht, ob es sich nur um die *Lösung* handelt. Wie dem auch sei, ich finde, wir müßten die ganze Frage jetzt umgehend aufnehmen angesichts der drübigen Brecht-Flut. Wenn Du zu einer Meinung gekommen bist – wahrscheinlich bist Du's – laß es mich wissen. Ich möchte darüber ein Gespräch haben, zunächst mit Dr.

Voigt[62] vom Aufbau-Verlag. Ich finde es auf die Dauer unerträglich, daß es hier nur die ›Gedichte‹ 1–6 gibt.«[63]
Auch aus späterem Briefwechsel geht hervor, daß Helene Weigel das Stocken der Ostausgabe eher in Kauf zu nehmen bereit war als die Hauptmann. Für die Weigel war wohl entscheidend, daß ein Herauslassen der *Lösung* auch die westliche Ausgabe gefährdete, ihr jedenfalls Glaubwürdigkeit genommen hätte. Denn das Gedicht war ohne Einholung irgendwelcher Rechte schon öfter in Zeitungen abgedruckt worden. Die beiden Frauen scheinen bis zur Umbruchkorrektur bei Suhrkamp in dieser Frage miteinander – und wohl auch mit dem Aufbau-Verlag – gehadert zu haben. Es ist schwer vorstellbar, daß die Hauptmann den Brief vom 27. Dezember 1963 an Unseld ohne Rücksprache mit der Weigel abgeschickt hat. Nun versucht sie im buchstäblich letzten Moment, ihn mit philologischen Gründen zu einem Aufschub der Publikation zu veranlassen: »Bei der Durchsicht der Fahnen für die Bände 5, 6 und 7 habe ich noch einmal an verschiedenen Stellen die Unterlagen überprüft. Bei den *Buckower Elegien* war ich ganz zuerst von Brechts kleiner Auswahl für das Versucheheft (und für *Sinn und Form*) ausgegangen. Natürlich gab es mehr Gedichte, die zu diesem Komplex gehörten. Die wollte ich, wie ich es bei dem *Lesebuch für Städtebewohner* gemacht hatte, als *Zu den Buckower Elegien gehörig* bezeichnen. Von den Menschen, die damals, als Brecht diese Gedichte schrieb [...] viel um Brecht herum waren, weiss z. B. Helli wenig über die *B. E.* anzugeben. Die jungen Regisseure garnichts. Schon viel mehr Käthe Rülicke und auch Käthe Reichel. Mit beiden habe ich seinerzeit ausführlich gesprochen. Ich habe daraufhin die *B. E.* so in der Aufeinanderfolge gelassen, wie ich es mit Käthe Rülicke besprochen hatte und wie sie in dem jetzigen Manuskript von Band 7 enthalten sind. Jetzt bin ich überzeugt, dass das Gedicht *Die Lösung* und evtl. zwei weitere, die nicht in der jetzt vorliegenden Zusammenstellung enthalten sind, wohl zu den Gedichten aus dieser Zeit gehören, aber nicht in Band 7, sondern in Band 8 hineinsollen. Ich bitte Dich, zu veranlassen, dass dieses Gedicht aus den *Buckower Elegien* herausgenommen wird.«[64]
Aus dem im Hauptmann-Nachlaß befindlichen Material war

nicht zu entnehmen, was sie sich von einem Aufschub der Publikation versprochen hat. Vielleicht bestand Hoffnung, daß ein Literaturwissenschaftler an einer Interpretation bastelte, die die *Lösung* auch für den Osten akzeptabler gemacht hätte. Aber schon am 2. Januar 1964 sandte Unseld seine Entscheidung, das Gedicht wie vorgesehen zu bringen, mit der er sich wahrscheinlich ebenfalls auf eine – frühere – Entscheidung der Weigel berufen konnte.[65]

Im Aufbau-Verlag erschien der entsprechende Band erst fünf Jahre später und zwar mit der *Lösung*. Das Herauslassen des Gedichts hatte die Weigel untersagt.[66] Es blieb in der DDR lange ganz ohne Interpretation. Das war vom Standpunkt der Kulturbürokratie aus das beste Mittel, seinen Bekanntheitsgrad auf jene kleinen intellektuellen Zirkel zu beschränken, für die es so und so keine Neuigkeit mehr darstellte.

Da Brecht selbst die Publikation eigener Texte auch unterbunden hatte, wenn sie ihm in die politische Situation nicht zu passen schienen, fühlte sich Elisabeth Hauptmann zu ihrem Verhalten im Falle der *Lösung* wahrscheinlich auch noch von ihm selber ermächtigt. Hier liegt das deutlichste Beispiel einer Überschreitung ihrer herausgeberischen Kompetenz vor, die zum Glück folgenlos blieb.

Nachdem die *Lösung* in den *Gesammelten Werken* von Suhrkamp herausgekommen war, erschien der Hauptmann weiteres mögliches Unheil im Zusammenhang mit Brechts Position am 17. Juni dann kaum noch relevant. Den Vorschlag Unselds, hinsichtlich des spektakulär angekündigten Stücks *Die Plebejer proben den Aufstand* von Günter Grass eine Dokumentation über Brechts Aktivitäten und statements in diesen dramatischen Tagen zusammenzustellen, hielt sie – nur wenige Monate später – für nicht notwendig. Sie schrieb, daß sie »sehr dafür« sei, daß dieses Stück zu Ende geschrieben, veröffentlicht und gedruckt wird. »Wir können uns nicht den Termin zu unserer Veröffentlichung unserer Materialien so ohne weiteres durch ein Anti-Brecht-Stück diktieren lassen.«[67]

Heikel für die Entscheidungsträger der *Gesammelten Werke* war auch die Frage der scheinbar pornographischen – oder wie sie es lieber nannten – »priapeischen« Gedichte Brechts:

der *Augsburger Sonette*, deren Entstehen Elisabeth Hauptmann 1926/27 miterlebt hatte, und der Liebessonette für Margarete Steffin, die in den dreißiger Jahren geschrieben wurden. Wie bei der *Lösung* schien auch hier die Publikation außerhalb eines historisch-kritischen Kontextes mehr als gefährlich. Das lag, wie heute erkennbar ist, nicht an Prüderie von Weigel und Hauptmann, sondern eher an einer gewissen Hilflosigkeit. Wie es 1982 dann tatsächlich noch geschehen ist, mußten Weigel/Hauptmann in den sechziger Jahren erst recht annehmen, daß die Publikation dieser Gedichte außerhalb einer historisch-kritischen Edition zu nichts anderem führen würde, als den ›Menschen‹ Brecht postum dem Abschuß preiszugeben. Wenn die Erstellung eines historisch-kritischen Kontextes bei der *Lösung* zum damaligen Zeitpunkt durchaus denkbar gewesen wäre – in diesem Falle waren die Herausgeber und vielleicht der Zeitgeist überhaupt überfordert.
Die erste Spur des Problems fand ich in einem Brief Unselds an die Weigel vom 16. Dezember 1964, in dem er über die *Augsburger Sonette* schrieb. Er versicherte ihr, daß ihm persönlich an diesen Gedichten nichts läge. Er hielte sie nicht für »gut« und nicht für »substantiell«. Aber das seien »Geschmacksfragen, die mit der Edition nichts zu tun haben.«[68]
Am 2. Januar 1965 nahm die Hauptmann Bezug darauf in einem Brief an die Weigel. Einziger »Kronzeuge (ausser meiner Person)« für die Existenz dieser Gedichte sei »Dr. Münsterer, der über die Entstehung nichts weiss«. Deshalb findet sie den Abdruck aller *Augsburger Sonette* »überhaupt nicht akut«. Nachdem sie einen Abriß über die philologische Situation und einige eigene Zuordnungsfehler bereits veröffentlichter *Augsburger Sonette* dargelegt hat, heißt es: »Also: in Band 10 kommen die A. S. nicht hinein. Wird ein extra Band gemacht, ohne mich. Bestens E. H.«[69]
Wenig später, am 6. Januar 1965, meldete sich die Hauptmann bei der Weigel nochmals zum Thema: »Wegen Unseld/priap. Gedichte habe ich Dir schon geschrieben. Möglich, dass Unseld zu den Augsburger Sonetten auch noch einige andere nehmen will, die wir aber auch aus bestimmten Gründen herausgelassen haben; da waren einige Grete betreffend, die ich nicht nehmen werde. Wenn Unseld diese Gedichte nicht er-

wähnt, wollen wir auch nicht daran rühren. Und wie gesagt, wegen der 10 Augsburger Sonette: ich will sie nicht in Band 10 haben.«[70]

Schon einen Tag darauf antwortete die Weigel: »Ich meine auch, daß man die sogenannten ›priapeischen Gedichte‹ einfach mal sein lassen könnte. Sie sind einzeln zwar herrlich, aber tatsächlich nicht alle.« Sie schreibt weiter, daß sie ursprünglich an eine kleine Liebhaberausgabe mit diesen Gedichten gedacht hätte, die schon allein wegen des Preises keine allzu große Verbreitung finden würde.[71]

Darauf antwortet die Hauptmann dann, daß diese Gedichte – wie auch die *Lösung* – durch die Möglichkeit des Kopierens auf jeden Fall großes Aufsehen erregen würden.[72]

Die beiden entschlossen sich dann offenbar sehr rasch zur Publikation eines Inselbändchens *Liebesgedichte*, bei dem Elisabeth Hauptmann als Herausgeberin zeichnete. Die Auswahl ist bis in den Rhythmus der Gesamtkomposition eine Meisterleistung herausgeberischen Geschmacks. Die teils glasklare, teils dunkle Verschiebung der Bedeutungen, die für Brechts Behandlung des Themas Liebe charakteristisch ist und die noch heute die Gemüter erregt, muß sich auch dem damaligen Publikum auf zauberhafte Weise mitgeteilt haben. Obwohl die »priapeischen« Gedichte ausgelassen sind, ist die Sammlung keineswegs prüde. Das Bändchen erlebte zwischen 1966 und 1982 acht Auflagen von insgesamt 67.000 Exemplaren. Dann wurde es abgelöst durch die von Werner Hecht herausgegebenen *Gedichte über die Liebe*.[73]

In den sechziger Jahren entwickelte sich Brechts Marktwert dermaßen, daß vor allem auch handschriftliche Texte und Briefe, die noch in in den Händen ihrer Adressaten waren, enorme Preise erzielen konnten. Die Hauptmann darüber 1964 an Hans Otto Münsterer: »Immer wieder höre ich von Privatleuten und von Institutionen, auch solchen in den USA, die, mit grossen Mitteln ausgestattet, hinter Brecht-Dokumenten her sind.«[74]

In Augsburg hatte Dr. Franz Xaver Bayerl[75] frühzeitig begonnen, solche Dokumente zu sammeln und bereits viel damit verdient. Auf einer Reise, die die Hauptmann mit Unseld 1964

Elisabeth Hauptmann, etwa 1972

dorthin unternahm, stellte sie fest, daß z. B. Paula Banholzer (die Brecht »Bie« genannt hatte) das Opfer dieser Geschäftstüchtigkeit gewesen war. Sie schrieb darüber an die Weigel: »Nach dem, was Dr. Maiberger[76] und auch die Bie sagten, hatte er sich z. B. von den Originalen der Bie welche für sich behalten; er hat noch einige Bie-Briefe. Das hat die Bie auch durch den Rechtsanwalt der Frau Bayerl schon vor einiger Zeit mitteilen lassen. Den grössten Teil eines Bie-Briefes stellte Dr. Bayerl dem Kindler-Verlag für die Brecht-Bildbiografie zur Verfügung und hat dafür wohl Mk. 2000.– bekommen, wovon er der Bie nichts gesagt hat.
[...] Es wäre gut gewesen, wenn ich gewußt hätte, dass sie von Dir eine Summe bekommen hat. Sie hat das mir gegenüber nicht erwähnt. Das kann einfach deswegen sein, weil sie keine Tratschen ist. Aber ihre Sachen bekommen wir. Sie würde gern im späten Frühjahr – trotz ihrer Haushaltspflichten – nach Berlin kommen.«[77]
Die Hauptmann ersteigerte nicht nur für die Brecht-Erben, d. h. für das Archiv, Handschriften und frühe Dokumente, sondern auch für sich selbst. 1961 bat sie Unseld um Überweisung von 2000 DM aus ihrem Guthaben an den nach Westberlin umgesiedelten Hainer Hill[78], der in ihrem Auftrag ein *Dreigroschen*-Manuskript erworben hatte, das 1928 bei den Proben gebraucht worden war und an dem man sehen konnte, »wo die Änderungen herkamen, die dann später in die gedruckten Ausgaben übernommen wurden.«[79]
Der immer mal wieder aufflackernde Streit um Prozente mit den Brecht-Erben hatte seit den sechziger Jahren für Elisabeth Hauptmann vor allem symbolische Bedeutung. Denn sie war ein für alle Mal aller materiellen Probleme enthoben. Das verringerte aber ihre Sorgen wegen des Ausbleibens wichtiger Bände im Osten nicht. Mit der Drohung, sich von der Arbeit zurückzuziehen, versuchte sie 1967, Helene Weigel zur Ausübung von Druck gegenüber dem Aufbau-Verlag zu veranlassen: »Was ich seit langem immer unerträglicher finde, ist, daß drüben Brecht in sehr hohen Auflagen erscheint – jetzt wird noch die Dünndruckausgabe zu Brechts 70. Geburtstag vorbereitet –, während hier, was Stücke und Gedichte angeht, es stockt. Ich will hier nicht auf Gründe eingehen, an denen das

liegt. Aber ich muß sagen, daß für mich dadurch die Arbeit an den Texten der letzten Bände der ›Stücke‹ und ›Gedichte‹ sehr verleidet ist. Entweder muß man die Brecht-Bände-Flut drüben eindämmen oder es müßte hier weitergehen. Ich habe seinerzeit verschiedene Gespräche mit dem Aufbau-Verlag gehabt, die unverbindlich geblieben sind und nur unverbindlich sein konnten, da ich kein Entscheidungspartner bin. Aber wenn jetzt Gespräche im Gang sein sollten, würde ich gern den Stand wissen. Wie gesagt, mir ist die Arbeit an den Texten, vor allem die letzte Überprüfung wegen der Dünndruckausgabe, durch diese Konstellation so zuwider, daß ich sie aufgeben würde, wenn sich da nichts ändert.«[80]
Die Weigel antwortete mit der ihr eigenen Diplomatie: »Ich finde es nicht nur betrüblich, daß man in einem solchen Œuvre kleinlichen Bedenken Raum gibt, ich finde es ebenso betrüblich, daß im ganzen Buchhandel der DDR eine Gesamtausgabe [sicher eine Fehlbezeichnung] der Bücher, die bereits erschienen waren, nicht mehr aufzutreiben ist. Wie soll ich mich aufregen über das, was nicht gedruckt ist, wenn die gedruckten Bücher vergriffen sind?
Ich kann hier nichts weiter tun als bedauern, daß die Arbeit hier nicht weitergeht. Daß Dich, die Du so eng mit der Arbeit verhaftet bist, das stört, verstehe ich nur zu gut, aber ändern kann ich daran nichts.«[81]
Die im Osten verlegten Brechtbände waren auch deshalb nicht ausreichend in den Buchhandlungen zu finden, weil der Aufbau-Verlag, wie Unseld schon 1960 an die Hauptmann schrieb – nach einer Praxis, die auch andere DDR-Verlage auf geheimes Geheiß der Regierung pflegen mußten – »unbedenklich Exemplare der Brecht-Ausgabe in den Westen« verkaufte, um »rücksichtslos das Währungsgefälle« auszunutzen. Weil das einen Vertragsbruch mit seinem Verlag bedeutete, sah er sich gezwungen, »einen geharnischten Brief« an den Aufbau-Verlag zu senden.[82]

Wenngleich die unter Elisabeth Hauptmanns Leitung herausgegebenen *Gesammelten Werke* von fachlicher Seite teils berechtigt, teils unberechtigt kritisiert wurden – genannt seien hier vor allem die Kritiken von Martin Esslin[83] und John Wil-

lett[84] – haben sie die von Brecht gewünschte Funktion einer populären Volksausgabe glänzend erfüllt – schließlich und endlich in beiden deutschen Staaten. Genau genommen sind sie sogar das einzige wirklich gelungene gesamtdeutsche Unternehmen in der Zeit der Spaltung.
Wie auch zu Lebzeiten Brechts war Elisabeth Hauptmann und nun auch Rosemarie Hill immer wieder zu ›kostenlosen‹ Einsätzen für das Projekt bereit. Am 3. Mai 1967 heißt es in einem Brief an Unseld: »Ich wäre – und das ist ein wirkliches Opferangebot – bereit, mit Frau Hill einige Tage nach Passau [Ort der Druckerei] zu gehen, um dort im Hotel sofort die letzte Durchsicht vorzunehmen. Unsere Reise- und Hotelkosten würden wir tragen.«[85]
Die Mauer existierte für Elisabeth Hauptmann und – jedenfalls wenn es um Arbeit ging – auch für ihre Mitarbeiterin nicht. Insofern brachte die oft ins Unmenschliche ausufernde Anstrengung paradoxerweise Privilegien mit sich. In den sechziger und in den beginnenden siebziger Jahren konnte die Hauptmann auch noch mehrere – wohl auch dringend notwendige – Erholungsreisen nach Italien, in die Schweiz und nach Österreich unternehmen.
Helene Weigel, die mit den *Gesammelten Werken* weitaus zufriedener war als mit der Entwicklung ihres Theaters, machte ihr häufig Geschenke: antike Teller, seidene Garnituren, ›Ferienschecks‹ für sie und ihre Schwester aus den USA. Wenn Elisabeth Hauptmann im Krankenhaus war, sandte sie ihr Obst, Blumen, Krimis. Und zu ihren Geburtstagen organisierte sie manchmal den ›spontanen‹ Auftritt von Kinderchören. Elisabeth Hauptmann wären einige Erleichterungen für die Arbeit vielleicht wichtiger gewesen, aber es zeigt doch, daß trotz aller nie erlöschender Rivalität, die sich am deutlichsten in den Geldstreitigkeiten ausdrückte, zugleich Respekt und sogar eine Art Zuneigung zwischen beiden Frauen herrschte. In ihrem Dank für die Arbeit an den *Gesammelten Werken* an Elisabeth Hauptmann erklärte die Weigel – allen Pressekritiken zum Trotz – am 20. August 1967: »Gott sei Dank werden wir beide nicht mehr diese Erde schmücken, wenn eine Revision der vorhandenen B. B.- Ausgabe beginnt. [...] Ich find's enorm und begnüge mich damit. Die Korrektheit sollten an-

dere Geschlechter nachprüfen, das soll uns dann Wurscht sein.«[86]

Elisabeth Hauptmann trieb noch Monate später etwas anderes um. Sie wurde das Gefühl nicht los, womöglich doch zuviel Ungesichertes preisgegeben zu haben: An Siegfried Unseld schrieb sie am 7. Januar 1968: »Die Werkausgabe hätte ihn über die Maßen gefreut, wenn sie auch wohl nicht 20 Bände, sondern nur 12 Bände umfaßt hätte bei seiner strengen Auswahl.«[87]

Weil sie oft und lange krank war und mehrere schwere Operationen über sich ergehen lassen mußte, hatte es Elisabeth Hauptmann seit den frühen fünfziger Jahren mehrmals für notwendig gehalten, ihr Testament aufzusetzen. Es wurde oft im Krankenhaus in Eile verfaßt und immer mal wieder in wesentlichen Punkten verändert. Ich möchte auf ihre ›Vermögensverhältnisse‹ und diese Testamente eingehen, weil sie über die Beziehungen, die Elisabeth Hauptmann zu Menschen und zur Welt hatte, ziemlich deutlich Auskunft geben. 1953 war noch Brecht mit der Vollstreckung ihres Testaments beauftragt gewesen. Damals teilte sie mit, daß sie zwar ein Guthaben von 7000 Mark (Ost) hätte, die Höhe ihrer Schulden aber nicht genau bemessen könne. Ihren Freundinnen vererbte sie vor allem Kleider, darunter auch Abendkleider, »die zu tragen« sie »leider keine Gelegenheit gehabt hatte«. Barbara Brecht sollte eine Korallenkette bekommen.

Obwohl sie von Verlagen, Bühnenvertrieben und Theatern permanent unterbezahlt wurde, verfügte sie seit Ende der fünfziger Jahre schon über mehr finanzielle Mittel als sie selber verbrauchen konnte, und zwar sowohl in Ost- als auch in Westmark. Mit Hunderten, manchmal Tausenden Mark in beiden Währungen hat sie schon zu Lebzeiten immer wieder viele ihrer Freunde großzügig unterstützt: Margret Mynatt, Gertrud Heartfield. Als Emil Hesse-Burri im Sterben lag, ließ sie über den Suhrkamp Verlag eine hohe Summe an seine Frau überweisen, damit eine Nachtschwester bezahlt werden konnte. Asja Lacis und Bernhard Reich wurden westlich eingekleidet, als sie 1965 aus der Sowjetunion zu Besuch kamen. Ich fand auch Belege, daß die Hauptmann zeitweise für etwa

10 Kollegen des Berliner Ensembles das Abonnement der West-Zeitschrift *Theater Heute* bezahlte. Und als die Behörden der DDR die private Zustellung verweigerten, kümmerte sie sich auch darum, daß die Zeitschriften über das Theater an die einzelnen Leute kamen.[88] Bedeutende Summen spendete sie für gemeinnützige oder politisch von ihr als wichtig erachtete Ziele.

Auch in ihren vielen Testamenten hat sie nicht nur ihre Freunde, Mitarbeiter und deren Kinder reichlich bedacht. René Hill war – ohne es zu wissen – eine Zeitlang Erbe ihrer Dreigroschentantiemen. Von etwa 50000 vorhandenen Ostmark sollten im Testament von 1966 zum Beipiel 23 000 an die Volkssolidarität gehen. Und: »Das Geld auf der Berliner Bank, also West – ich weiß im Augenblick nicht, wieviel es ist – geht auf das Konto für Vietnam.« Ein Ring, den Brecht getragen und ihr geschenkt hatte, sollte an Hanne Hiob gehen, eine grusinische Brosche und die »in meinem Besitz befindlichen Original-Manuskripte von Bertolt Brecht gehen an Frau Helene Weigel mit der Bitte, sie in der DDR zu belassen«. Auch seltene Brecht-Ausgaben, z. B. die aus den dreißiger Jahren vom Malik-Verlag stammenden, sollte die Weigel bekommen.

Im Testament von 1962 hatte sie angegeben, daß ihr vertraglich abgesicherte Tantiemen an folgenden Stücken zustehen, die sie teils mit Brecht, teils mit anderen bearbeitet hatte: *Happy End, Die heilige Johanna der Schlachthöfe, Die Dreigroschenoper, Don Juan, Pauken und Trompeten, Volpone* (Bearbeitung nach Ben Jonson), *Hirse für die Achte* (Bearbeitung nach Loo Ding/Chang Fan/Chu Shin-Nan), *Die erste Reiterarmee, Optimistische Tragödie* (beide sind Bearbeitungen nach Wsewolod Wischnewski), *Zwei Herren von Verona* (Bearbeitung nach Shakespeare). Ihre Tantiemenanteile wollte sie damals größtenteils den anderen, an den Bearbeitungen beteiligten Übersetzern wie M. Orlowa und Mitarbeitern wie z. B. Benno Besson oder Manfred Wekwerth übertragen.

Für die aktuellen Diskussionen ist folgender Testamentszusatz wichtig: »Diese Tantiemen sind die Entschädigung für meine Arbeit (Einfall, Text, dramaturgische Arbeit usw., bis das betreffende Stück fertig war). Dabei sei vermerkt, daß bei einigen Stücken, in die ich auch eine ganze Menge (fast er-

kennbar) hineingesteckt habe (*Mann ist Mann, Der Jasager, Die Mutter*, vor allem hier die 1. Szene – der 1. Mai – die Bibelszene) ich nicht beteiligt bin. Irgendein Gehalt habe ich von Brecht nie bekommen, wollte ich nicht – ausser in den ersten zwei Jahren, wo mich der Kiepenheuer-Verlag dafür bezahlte, daß ich mich um Brechts Arbeiten kümmerte, habe ich damals nur freiberuflich übersetzt, bearbeitet, später Hörspiele geschrieben, um Geld zu haben. Das 1. Stück, an dem ich finanziell beteiligt war, war *Die Dreigroschenoper*.«
Wichtig auch der Zusatz von 1971: »Von einer Reihe von Stücken gehört mir ein Anteil an den Autorentantiemen. Sie gründen sich auf eine direkte Mitarbeit am deutschen Text (z. B. *Die heilige Johanna der Schlachthöfe* und *Happy End* u. a.) oder auf die Arbeit als Übersetzer und/oder Bearbeiter (*Tanker Nebraska* von Tank, *Hirse für die Achte, Volpone* u. a.). Bei einer Reihe von Stücken, an denen ich weitgehend am Text beteiligt war *(Der Jasager und Der Neinsager, die Ausnahme und die Regel)* wurde die *vertragliche* Regelung durch mich zunächst verschlampt, später (in den fünfziger Jahren) nicht rechtzeitig genug angemeldet.«
Hauptmanns letztes Testament von 1972 wurde in der Anwaltskanzlei von Inge Genz niedergelegt, mit der auch die Brecht-Erben arbeiteten. Hier wurde die Übergabe des geistigen Nachlasses, aber auch einiger Werte wie z. B. der Bibliothek und des kleinen Hauses in Eggersdorf an die Akademie der Künste geregelt.[89] Alle Teile dieses letzten Testaments konnte ich nicht einsehen. Anzunehmen ist, daß mit Hauptmanns Tantiemenanteilen nun genauso verfahren wurde wie mit den 2 Prozemnt, mit denen sie an den von ihr betreuten Brechteditionen beteiligt war. Sie fielen nach ihrem Tode wahrscheinlich an die Brecht-Erben. Dieser Entscheidung muß sie selbst zugestimmt haben.
Unverständlich ist, daß sich weder die verschiedenen Erben noch die Verlage, für die sie Brecht herausgegeben hat, um die Erhaltung des Grabes von Elisabeth Hauptmann auf dem Dorotheenstädtischen Friedhof gekümmert haben. Es besteht zur Zeit nur noch, weil die Friedhofsverwaltung es so entschieden hat.
In einem ihrer Testamente wünschte sie die Verstreuung ihrer

Asche. Wie sie mit dem Verschwinden ihrer Mitautorschaft auf dem Marktplatz der Eitelkeiten einverstanden war, wäre sie auch mit dem Verschwinden ihres Grabes einverstanden. Aber ist es nicht wichtig für uns, daß es erhalten bleibt? Es wäre auch an der Zeit, daß bei der Erwähnung bestimmter Werke Bertolt Brechts der Name der Elisabeth Hauptmann als Mitarbeiterin nicht mehr vergessen wird.

Anmerkungen

Folgende Kürzel werden verwendet:

EHA	– Elisabeth-Hauptmann-Archiv in der Stiftung Archiv der Akademie der Künste, Berlin
RoJ	– Elisabeth Hauptmann: *Romeo ohne Julia, Geschichten, Stücke, Aufsätze, Erinnerungen*. Hrsg. v. Rosemarie Eggert und Rosemarie Hill, Aufbau-Verlag, Berlin und Weimar 1977.
BFA	– Bertolt Brecht: *Werke. Große Kommentierte Berliner und Frankfurter Ausgabe*. Hrsg. v. Werner Hecht, Jan Knopf, Werner Mittenzwei, Klaus-Detlef Müller, Aufbau-Verlag Berlin und Weimar, Suhrkamp Verlag Frankfurt am Main.
GW	– Bertolt Brecht: *Gesammelte Werke*, 1–20. Hrsg. vom Suhrkamp-Verlag in Zusammenarbeit mit Elisabeth Hauptmann, Suhrkamp Verlag, Frankfurt am Main 1967.
Briefe	– Bertolt Brecht: *Briefe*. 2 Bd. Hrsg. u. kommentiert v. Günter Glaeser, Suhrkamp Verlag, Frankfurt am Main 1981.
BBA	– Bertolt-Brecht-Archiv in der Stiftung Archiv der Akademie der Künste, Berlin
WBA/57/14, WBA/57/15	– Briefe Elisabeth Hauptmanns im Walter Benjamin-Archiv, no. 57. Die Zahlen 14 und 15 bezeichnen den Mikrofiche, unter dem sie in der Stiftung Archiv der Akademie der Künste, Berlin, einsehbar sind.

Opferhaltung oder Tarnung?

1 Angela Bachmaier, zit. nach dem redaktionellen Artikel: *Brecht in Augsburg*. In: *Dreigroschenheft*, Augsburg, 4/1996, S. 20.

2 John Fuegi: *Brecht& Company. Sex, Politics, and the making of the Modern Drama*, New York 1994. Dieselbe Fassung erschien unter dem Titel: *Life and lies of Bertolt Brecht* bei HarperCollins-Publishers, London 1994. Unter dem Titel: *Brecht& Co* ist von der Europäischen Verlagsanstalt, Hamburg eine »autorisierte, erweiterte und korrigierte deutsche Fassung« für 1997 angekündigt.

3 Peter Weiss: *Ästhetik des Widerstands*, Frankfurt am Main 1983. Klaus Theweleit: *Buch der Könige*, Bd. 1, Basel, Frankfurt am Main 1988.
Fritz Raddatz: *Bertolt Brecht*. In: *Männerängste in der Kunst*, Hamburg 1993, S. 165 ff.
Carl Pitzker: *Ich kommandiere mein Herz. Brechts Herzneurose-ein Schlüssel zu seinem Leben und Schreiben*, Würzburg 1988.

4 Sabine Kebir: *Ein akzeptabler Mann? Streit um Bertolt Brechts Partnerbeziehungen*, Berlin 1987, S. 160 f. (Ab Januar 1998 überarbeitete und erweiterte Ausgabe im Aufbau Taschenbuch Verlag.)

5 Ruth Berlau (1904–1974), die mit dem Arzt Robert Lund verheiratete Dänin war als Schauspielerin und linksorientierte Erlebnisjournalistin bekannt, als sie 1933 in Skovsbostrand Brechts Bekanntschaft machte. Sie organisierte sofort Kontakt mit Arbeitertheatern und brachte die *Svendborger Gedichte* als Subskriptionsdruck heraus. Seit 1935 war sie auch Geliebte Brechts und bis zu seinem Tod Mitarbeiterin, auch Regisseurin.

6 Jan Knopf: *Sex for text. Anleitung zur Firmengründung oder Wie der amerikanische Literaturwissenschaftler John Fuegi einmal die Laken des Dichters Bertolt Brecht entzifferte*. In: *Konkret*, Hamburg, 10/1994, S. 53–55).

7 *Bildzeitung*, Berlin, 11. Juli 1994.

8 Jörg von Uthmann: *Vom reichen B. B. und seinen Opfern.* In: *Frankfurter Allgemeine Zeitung*, Frankfurt am Main, 5. August 1994.

9 Hellmuth Karasek: *Von Brecht vollbracht?* In: *DER SPIEGEL*, Hamburg 38/1994, S. 210–215.

10 Marieluise Fleißer (1901–1974), Dramatikerin, Erzählerin; von Feuchtwanger, dann vor allem von Brecht gefördert, der einen Teil ihrer frühen Stücke auf die Bühne brachte.- Die kollektive Arbeitsweise Brechts kritisiert sie in dem Stück *Der Tiefseefisch*, das wie *Avantgarde* enthalten ist in: *Ausgewählte Werke*, Berlin und Weimar 1979.

11 Der Brief von Marieluise Fleißer trägt das Datum vom 29. Oktober 1963 und der von Elisabeth Hauptmann das vom 21. Februar 1966. Beide liegen im EHA in Mappe 332.
In den Gesprächen zur Vorbereitung des 1972 über die Hauptmann gedrehten Dokumentarfilms (Siehe Anm. 28, S. 242) kam die Rede auf Marieluise Fleißers Konflikt mit Brecht, der in seiner Inszenierung von *Pioniere in Ingolstadt* den Text in einer Weise verändert hatte, den die Autorin nicht mittragen wollte. Daß Regisseure teilweise große Eingriffe in von ihnen inszenierte Stücke machen, ist allerdings ein üblicher Konflikt der Theaterpraxis. Elisabeth Hauptmann meinte, daß sich hier in der Tat zwei unvereinbare Positionen gegenübergestanden hätten, deshalb fand sie es legitim, daß die Fleißer später die Änderungen Brechts wieder rückgängig machte: »[...] das verstehe ich auch. Denn es war auch ganz etwas anderes. Brecht konnte das Stück aber nur inszenieren helfen, wenn die Fabel Hand und Fuß kriegte [...], für gerade diese Inszenierung. Ich erinnere mich sehr daran.« Sie deutete an, daß der Konflikt auch persönliche Gründe gehabt hat, die in der Erzählung *Avantgarde* keine Erwähnung fanden: »[...] ich möchte mich da nicht so drüber verbreiten. Sie war da mit einem Mann sehr befreundet, der das Gegenteil war von Brecht, der Brecht haßte. Der hat ihr alles miesgemacht, was man nur miesmachen konnte. Und dieser Mann war ein sehr vornehmer Balte. Mit dem fuhr sie [...] durch Frankreich. Und sie bewunderte seine schlanken Füße, die er auf der gegenüberliegenden Bank ausgestreckt hatte usw. Ich erinnere mich an diese Zeiten ganz genau und auch an den Knatsch mit Brecht, gerade in Bezug auf *Pioniere in Ingolstadt*. Aber es war eine zauberhafte Inszenierung dann [...]«.

12 Ute Wedel: *Die Rolle der Frau bei Bertolt Brecht*, Frankfurt am Main, Bern, New York 1983, S. 101.

13 Astrid Horst: *Prima inter pares. Elisabeth Hauptmann. Die Mitarbeiterin Bertolt Brechts*, Würzburg 1992.

14 Paula Hanssen: *Elisabeth Hauptmann. Brechts silent collaborator*, Bern, Berlin, Frankfurt am Main, New York, Paris, Wien 1995.

15 Margarete Steffin (1908–1941) stammte aus einer proletarischen Familie und war in der Arbeiterkulturbewegung engagiert. Sie war von 1932 an Brechts Geliebte und Mitarbeiterin, begleitete ihn im Exil. 1941 erlag sie in Moskau ihrem Tuberkuloseleiden.

16 Judith Butler: *Das Unbehagen der Geschlechter*, Frankfurt am Main 1991.

17 Gerda Marko: *So erwirbt der Apfel seinen Ruhm, indem er gegessen wird ... Bert Brecht und Marieluise Fleißer, Elisabeth Hauptmann, Margarete Steffin, Ruth Berlau*. In: *Schreibende Paare. Liebe, Freundschaft, Konkurrenz*, Zürich, Düsseldorf 1995, S. 181.

18 In ihrem Nachlaß fand sich ein Vertrag mit Suhrkamp über *Mein Leben und die Arbeit mit Bertolt Brecht* - EHA 19.

19 Werner Hecht (geb. 1926), 1959–1971 als Dramaturg und Regisseur am Berliner Ensemble, 1977–1991 Leiter des Berliner Brecht-Zentrums. Hecht war Redakteur und Herausgeber vieler Originalausgaben Brechts und mehrerer Dokumentenbände über ihn. Siehe: *Bescheidenheit und Leistung der Elisabeth Hauptmann*, in: *notate*, Mai 1987, S. 16.

20 Hans Bunge kam als Regieassistent Anfang der fünfziger Jahre zu Brecht ans Berliner Ensemble. Nach dessen Tod war er der erste Leiter des Brecht-Archivs.

21 *Brechts Lai-tu. Erinnerungen und Notate von Ruth Berlau*, hrsg. v. Hans Bunge, Darmstadt, Neuwied 1985, S. 324.

22 John Fuegi: *The life* ..., a. a. O., S. 617.

23 J. Edgar Hoover organisierte als Direktor des FBI umfangreiche Aufklärungsaktionen u. a. gegenüber den deutschen Emigranten während und nach der Hitlerzeit.

24 Eric Bentley kolportiert und kommentiert hier einen Satz von Paul Dessaus Tochter Therese Pol. In: Eric Bentley: *Erinnerungen an Brecht*, Berlin 1995, S. 26.

25 Siegfried Unseld, seit 1959 Leiter des Suhrkamp Verlages.

26 EHA 25.

27 Werner Mittenzwei (geb. 1927), Literaturwissenschaftler, Dramaturg. Seit 1962 zahlreiche Publikationen zu Brecht.

28 Der Film *Die Mit-Arbeiterin. Gespräche mit Elisabeth Hauptmann* war ein Auftrag des Fernsehens der DDR, 1972 produziert vom DEFA-Dokumentarfilmstudio Berlin, Regie: Karlheinz Mund, Szenarium und Kommentar: Rolf Liebmann, Wolfgang Gersch.

29 EHA 27–28.

30 Siehe: Michael Erber: *Niemand baut ein Haus allein. Notizen zur Debatte über Brechts kollektive Autorschaft von der Tagung der International Brecht Society 1995 in Augsburg*. In: *Dreigroschenheft*, Augsburg, 3/1995, S. 12.

Vom westfälischen Peckelsheim nach Berlin

1 *RoJ*, S. 202–203.

2 Brecht 1926 über Rilke: »In einigen seiner Gedichte kommt Gott vor. Ich richte Ihre Aufmerksamkeit darauf, daß Rilkes Ausdruck, wenn er sich mit Gott befaßt, absolut schwul ist. Niemand, dem dies je auffiel, kann je wieder eine Zeile dieser Verse ohne ein entstellendes Grinsen lesen.« – *BFA* XXI, S. 158.

3 Elisabeth Hauptmanns Erinnerung ist wahrscheinlich ungenau. Es gab wohl keine diesbezügliche Kritik Döblins an Brecht, aber folgenden Tagebucheintrag des letzteren vom 15. September 1920: »Ich habe zwei Sachen von Döblin gelesen: erst *Wadzeks Kampf* und jetzt *Wang-lun*. Es ist eine große Kraft drinnen, alle Dinge sind in Bewegung gebracht, die Verhältnisse der Menschen zueinander in unerhörter Schärfe herausgedreht, die gesamte Gestik und Mimik virtuos in die Psychologie hineingezogen und alles Wissenschaftliche daraus entfernt. Technisch ergriff mich unerhört stark die Kultur des Zeitworts. Das Zeitwort war meine schwächste Seite, ich doktere daran geraume Zeit herum (schon seit ich Lorimer und Synge las!). Davon profitiere ich jetzt enorm. Gefahr: der Barock Döblins!« – *BFA* XXVI, S. 167.

4 Der Architekt war Dr. Paul Zucker.

5 Der Schriftsteller war H. G. Scheffauer.

6 Dora Mannheim hieß eigentlich Doris Hasenfratz. Über ihre eigene Bekanntschaft mit Brecht hat sie einen langen Artikel in der *ZEIT*, 19. August 1966, geschrieben, um dessen Redaktion sie übrigens die Hauptmann gebeten hatte. Sie war der Hauptmann und auch der Weigel lebenslang freundschaftlich verbunden.

7 Gustav Kiepenheuer (1880–1949), gründete 1909 in Weimar den Gustav Kiepenheuer Verlag, von 1919 bis 1928 in Potsdam ansässig.

8 Max Reinhardt (1873–1943), österr. Regisseur, Schauspieler, Theaterleiter, hauptsächlich in Deutschland tätig. Sein Name ist besonders mit dem Deutschen Theater in Berlin verbunden, das er 1906 erworben hatte. Seit September 1924 hatte Brecht ein Engagement als Dramaturg bei Max Reinhardt am Deutschen Theater.

9 Emil Hesse-Burri (1902–1966), mit Brecht seit dessen Zeit an den Münchener Kammerspielen befreundet, wo Emil Hesse (Burri war der Geburtsname seiner Mutter) Dramaturg war. Es kam zu einer langjährigen Zusammenarbeit. Mitte der zwanziger Jahre wurden auch Dramen von ihm aufgeführt. Bis 1933 arbeitete er teilweise nicht weniger intensiv als die Hauptmann- an Stücken Brechts mit. Auch mit Elisabeth Hauptmann kam es zu freundschaftlichen Arbeitsbeziehungen.

10 Auch in *Trommeln in der Nacht* wurde ein Mann gegen seinen ursprünglichen Willen, dann aber mit seinem Einverständnis, in einen Kämpfer verwandelt.

11 *GW* 1, S. 331 ff./*BFA* II, S. 119.

12 Der Song wurde schließlich nicht in das Stück, sondern in die Sammlung der Gedichte aufgenommen- *GW* 8, S. 138–141/*BFA* XIII, S. 302.

13 Caspar Neher (1897–1962), Schulfreund Brechts, der sich – in lebenslanger Zusammenarbeit mit diesem – zu einem der gefragte-

sten Bühnenbildner Deutschlands entwickelte. Neher leistete auch Bedeutendes in der Malerei.

14 Zit. nach: *Bertolt Brecht. Sein Leben in Bildern und Texten*, hrsg. v. Werner Hecht, Frankfurt/Main 1978, S. 63.

Ihn an eine längere richtige Arbeit kriegen

1 Wenn nicht anders ausgewiesen, tragen die Teile des Tagebuchs von 1926 die Signatur EHA 151.

2 Alle B-Texte tragen die Signatur EHA 1107/02.

3 Alle C-Texte tragen die Signatur EHA 173/5.

4 Dora Mannheim. Siehe Anm. 6, S. 243.

5 Vielleicht ein Spitzname, denn Ferruccio Busoni- übrigens Kurt Weills Lehrer- war schon 1924 gestorben.

6 *Der fröhliche Weinberg*, Stück von Carl Zuckmayer (siehe Anm. 64, S. 250), das am 22. Dezember 1925 im Theater am Schiffbauerdamm eine erfolgreiche Premiere hatte. Viele andere Theater bemühten sich um das Stück. Offenbar suchten Hauptmann/ Brecht nach einer Möglichkeit, um nach einem ähnlichen Rezept ein Erfolgsstück zu schreiben.

7 Es handelt sich um das Romanprojekt *Die Flucht Karls des Kühnen nach der Schlacht bei Murton – BFA* XII, S. 409.

8 In den USA plante Elisabeth Hauptmann eine Zeitlang, den Stoff selbständig zu bearbeiten.

9 Fritz Kortner (1892–1970), österreichischer Schauspieler und Regisseur, 1926–1930 in Berlin an Jessners Staatstheater, auch am Deutschen Theater.

10 Oskar Homolka (1901–1978), Schauspieler, zwischen 1925 und 1933 am Deutschen Theater, am Theater am Schiffbauerdamm, am Künstlertheater und am Lessingtheater.

11 Hannes Küpper, Dramaturg und Dichter, gab die Essener Theaterzeitschrift *Der Scheinwerfer* heraus, in der auch Elisabeth Hauptmann später publizierte.

12 Moritz Seeler, Intendant des Neuen Theaters am Zoo, später der Jungen Bühne.

13 Sybille Binder (1898–1962), Schauspielerin an den Münchener Kammerspielen, ab 1922 an verschiedenen Berliner Theatern, auch bei Reinhardt, Piscator, in der Josefstadt Wien. Die politisch und sozial engagierte Binder spielte in der Emigrationszeit in Zürich und London, ab 1950 in Düsseldorf.

14 Samson Körner, Boxer, dessen epische Erzählweise Brecht inspirierte, Körners Leben aufzuschreiben. Ursprünglich war ein Roman geplant: *Das Renommée. Ein Boxerroman – BFA* XVII,

S. 421. Es entstand schließlich nur die Geschichte *Der Lebenslauf des Boxers Samson Körner* – *GW* 11, S. 121–144.

15 Es handelt sich um das im Zeitungsmagazin *UHU* veröffentlichte, später berühmt gewordene Foto Brechts mit Samson Körner, der zu einem Kinnhaken anzusetzen scheint.

16 Ernst Toller (1893–1939), vom Expressionismus beeinflußter Lyriker und Dramatiker. Als Mitglied der USPD war er 1919 führend an der bayrischen Räterepublik beteiligt und mußte danach fünf Jahre Festungshaft abbüßen. Emigration in die USA, dort Selbstmord.

Kiepenheuer hatte Elisabeth Hauptmann 1926 auch vorgeschlagen, die Arbeiten von Ernst Toller zu unterstützen. Daraufhin 1972 von den Filmern angesprochen, sagte sie: »[...] ich fand seine ersten Stücke ungeheuer nützlich, die waren nützlich. Aber seine Art zu schreiben, das lag mir gar nicht. Ich weiß nicht, wie es kam, es lag mir nicht. Vielleicht war da auch schon der Vergleich mit Brecht. [...] Kiepenheuer bat mich, zum Toller zu gehen, der damals sehr krank war und, wie Kiepenheuer sagte, sich eigentlich gar nicht mehr in der Großstadt zurechtfand. Es war noch nicht lange her, da war er von der Festung gekommen. Und ich konnte dem Toller eigentlich gar nicht helfen, ich konnte ihm keinen Rat geben. Bei Brecht war ich das gewohnt, das war so natürlich. Da sagte ich: ›Ich glaube nicht, daß es geht, also ich würde es nicht so machen usw.‹ Bei Toller wäre mir das gar nicht eingefallen. Es wurde auch nicht so viel geändert, das war gar nicht gefragt. Wahrscheinlich hatte der Toller auch gar nicht so eine besondere Meinung von mir. Und außerdem war das ganz schwer zu vereinen mit der Arbeit bei Brecht. Das ging ja auf die Dauer gar nicht. Und es war ein bißchen schwer, das dann abzubrechen. Ich hatte aber eine Freundin, von der ich meinte, die würde das vielleicht gerne machen – Toller, Ernst Toller. Und sie ging darauf ein und sie mochte ihn, mochte bei ihm arbeiten. Und sie gefiel ihm auch. Ich war da sehr gut ersetzt, und ich brauchte es nicht mehr zu machen. Also, wo es nicht ging, da hatte es gar keinen Sinn.« – Siehe auch Anm. 47, S. 248.

17 Erich Engel (1891–1966), Regisseur, produzierte 1925 die von Brecht hochgeschätzte Inszenierung von *Im Dickicht der Städte* an Reinhardts Deutschem Theater. Er gehörte bis zu seinem Tode zur künstlerischen Leitung des Berliner Ensembles. (Siehe Hauptmanns Würdigung Engels als *Prototyp des klugen Regisseurs* in *JoR*, S. 189–191.)

18 Dora Mannheim. Siehe Anmerk. 6, S. 243.

19 Frank Warschauer (1892–1940), Journalist und Filmkritiker, großzügiger Freund und Förderer Brechts.

20 Die Fragen in den folgenden Abschnitten geben Arbeitsschritte des Interviews wieder. Nachdem Warschauer es abgebrochen hatte, übernahm es der für die italienische Zeitung *Secolo* arbeitende Journalist Bernard Guillemin. Es erschien am 30. Juli 1926 in der *Literarischen Welt.*

21 Ziel ist eine größtmögliche Vereinfachung in der Darstellung der *Baal*fabel.

22 Kaul, Journalist vom *Börsen-Courier.*

23 Reggie Mac Namara, berühmter Rennfahrer aus Australien, der den Beinamen The Iron Man trug. Das Gedicht *He, he! The Iron Man!* von Hannes Küpper wurde auf Brechts Empfehlung in der *Literarischen Welt* veröffentlicht.

24 William Harrison Dempsey, genannt Jack, amerikanischer Boxchampion.

25 *Amerikanische Jugend* war wie das weiter unten erwähnte *Das mangelhafte Mahl* ein Stück von Emil Hesse-Burri. Aus einer um dieselbe Zeit entstandenen Notiz Brechts: »[...] sein Mangel an Technik (wenn man darunter die Fertigkeit verstehen will, gewisse Vorgänge dem Publikum während einer Dauer von zwei bis drei Stunden in Kontakt zu bringen) in Zusammenfall mit seiner erstaunlichen Fortgeschrittenheit, was Auswahl der Gesichtspunkte, Großzügigkeit des Aufziehens und Wahrhaftigkeit der Geschehnisse betrifft, bringt mich auf die Sie gewiß interessierende Frage, ob etwas vielleicht auf unserem Theater dem Publikum nur nahegebracht werden kann unter Aufopferung der genannten Vorzüge. Das, was bei Burri Technik ist oder als solche gedacht ist (denn er denkt über dergleichen nach), ist schon deswegen nicht einfach Unzulänglichkeit, weil es so ungeheuer deutlich und ausbaufähig ist. Es ist objektives Theater. So rund die Dinge da sind, über ihnen schwebt das Imperfekt. Es wird nicht mehr möglich sein, den Kampf ums Theater fortzuführen, solang nicht Farbe bekannt sein wird, welches Theater gemeint ist. Die pure Existenz dieses jungen Menschen beweist die Richtung, die die Generation nehmen wird. Die alte Technik ist überhaupt nicht mehr verwendbar, die neue Technik steckt noch in solchen Anfängen, aber sie verschmäht jeden Kunstgriff der alten, sie kann nichts, aber auch gar nichts davon brauchen ...« – *BFA* XXI, S. 138–139.

26 Hans José Rehfisch (1891–1960), Dramatiker, zuvor Staats- und Rechtswissenschaftler, zusammen mit Piscator Direktor des Berliner Centraltheaters. Emigration nach England, später USA, lebte seit 1950 in der BRD, arbeitete aber auch in der DDR, u. a. für das Fernsehen.

27 Gemeint ist die Geschichte *Bargan läßt es sein* und/oder *Bargans Jugend* – GW 11, S. 20–36.

28 Arnolt Bronnen (1895–1959). Der aus Österreich stammende expressionistisch beeinflußte Bronnen wurde Anfang der zwanziger Jahre in Berlin selbst Autor und Funkdramaturg, zeitweise enge Freundschaft mit Brecht. Bronnen sympathisierte aber mit den Nazis, bekleidete Kulturfunktionen, bis er 1940 wegen oppositioneller Haltungen entlassen wurde. Dann Teilnahme am Widerstand. Ab 1955 in der DDR.

29 Leopold Jessner (auch Jeßner, 1878–1945), Schauspieler, Regisseur, 1919–1930 Intendant des Berliner Staatstheaters, Emigration nach England, USA.

30 Jürgen Fehling (1885–1968), Regisseur, der 1923 Brechts *Eduard* in aufschäumend phantastischer Form am Schauspielhaus am Gendarmenmarkt inszeniert hatte, was Brecht außerordentlich mißfallen hatte.

31 Siehe Anm. 20, S. 246.

32 Valeska Gert, (1982–1978), Tänzerin, erfand den Grotesktanz, zeitweilig auch Schauspielerin am Deutschen Theater.

33 Margo Lion (1899–1988) Schauspielerin und Chansonette.

34 Hier enden vorläufig die EHA 151-Signaturen. Die folgenden undatierten Blätter über Notizen zu den *Baal*proben wurden im BBA gefunden.

35 Gerda Müller (1895–1951), Schauspielerin, kam 1922 an Jessners Berliner Staatstheater. Wichtige Darstellerin des expressionistischen Theaters, eignete sich dann auch stark gestisches Spielen an. In *Baal* spielte sie die Sophie Barger.

36 BBA 675/67–675/68. Die folgenden Blätter gehören wieder zu EHA 151.

37 Alfred Kerr (1867–1948), profilierter Theaterkritiker, Widersacher Brechts.

38 Der endgültige Titel lautete: *Vier Männer und eine Pokerpartie oder Zuviel Glück ist kein Glück* – *GW* 11, S. 175–183.

39 Es handelt sich um Ernst Tollers Stuck *Der entfesselte Wotan.*

40 Siehe: Romanprojekt *Robinsonade in der Stadt* in: *BFA* XVII, S. 584.

41 Aus dem Plan einer *Südseerevue* wurde nur eine dialogartig aufgebaute Geschichte *Gespräch über die Südsee* – *GW* 11, S. 104–105.

42 *Dan Drew* und *Joe Fleischhacker* blieben Fragmente. Sie erscheinen demnächst in *BFA* X.

43 Ludwig Berger (1892–1969), Schriftsteller und Regisseur am Staatstheater.

44 Gottfried Benn (1886–1956), Lyriker, Erzähler, Essayist. Sympathisierte zeitweise mit dem Faschismus.

45 Brecht über die »Generationen« der »Jungen« und der »Alten« – Siehe: *BFA* XXI, S. 137–138.

46 Thomas Badington Macaulay (1800–1859), engl. Schriftsteller.

47 Das Gespräch zwischen Brecht und Toller war auf Vermittlung Elisabeth Hauptmanns zustandegekommen. Dazu in den Gesprächen zum Film 1972: »Ich war wirklich der Meinung, daß Brecht ihm viel sagen könnte, nachdem er [Toller] diese Jahre da zugebracht hatte auf der Festung. Und Brecht war doch sehr begierig, das Großstadtleben einzufangen und die Sicht kennenzulernen von jemandem, der aus der Provinz kam. Und das ging ganz schief. Die hatten sich gar nicht viel zu sagen, an diesem kleinen Tischchen, wo wir da im Restaurant saßen. Brecht gab einen, meiner Meinung nach ganz verheerenden Ratschlag. Toller möge doch –so sei seine, Brechts Meinung- und das sei doch auch sehr wichtig, dokumentarische Stücke schreiben. [...] Ja, aber das war wirklich gut gemeint von Brecht, das war nicht bös gemeint, das wäre ganz irrig. Brecht dachte, das brauchen wir, so etwas bräuchten wir. Brecht war ja lange darauf aus, er wollte Dokumentarfilme, dokumentarische Stücke haben. Und er meinte, wenn er da noch Schriftsteller gewinnen würde und auch den Toller, der ja einen Namen hatte, könnte der da beisteuern und das würde auch Toller Spaß machen. [...] Es war anscheinend für Toller schrecklich.«

48 Walter Brecht (1900–1986), Bruder Bertolt Brechts.

49 Ausgehend von einigen bewundernden Sätzen über Charlie Chaplins Film *Goldrausch* stellt Brecht Vergleiche zwischen der alten, seiner Meinung nach damals kraftlosen Kunst des Theaters und der neuen, kräftigen Kunst des Kinos an, die aber noch nicht ganz ausgereift sei. – *BFA* XXI, S. 135.

50 Wie aus Hauptmanns Brief an Walter Benjamin vom 15. Mai 1934 hervorgeht, plante Brecht damals einen Band Nachdichtungen von Kipling auf der Basis der Übersetzungen von Elisabeth Hauptmann. – WBA no. 57.

51 Robert Louis Balfour Stevenson (1850–1894), engl. Schriftsteller, der aus Gesundheitsgründen in warmen Ländern, besonders auf Samoa lebte. Schrieb neuromantische Abenteuerromane, Kriminalgeschichten, nahm gegen Auswüchse des Kolonialismus Stellung.

52 Gemeint ist die *Vossische Zeitung*. Im selben Abschnitt erscheint sie noch einmal als »Voß«.

53 *GW* 9, S. 425 ff. / *BFA* XI, S. 201.

54 Gemeint ist Alfred Döblins Roman *Die drei Sprünge des Wang-lun* von 1915.

55 Anläßlich der Dresdner Premiere von Verdis *Macht des Schicksals*, der ein neugeschriebenes Libretto von Franz Werfel zugrunde lag,

hatte die Direktion der Sächsischen Staatstheater Brecht, Bronnen und Döblin als literarische Ehrengäste eingeladen, die am nächsten Vormittag noch aus neuesten Werken lesen sollten. Es stellte sich aber heraus, daß sie auf mittelmäßigen Plätzen des zweiten Ranges untergebracht und nicht zum Festempfang für Werfel eingeladen worden waren. Sie drohten zunächst mit sofortiger Abreise, lasen aber doch am nächsten Vormittag. Döblin war einigermaßen gelassen, Brecht rächte sich mit einer in der Nacht verfaßten Ballade, und Bronnen provozierte einen Skandal, indem er dem Publikum die Ereignisse vom Vortage als Affront schilderte. Brechts Gedicht *Matinee in Dresden* erschien am 22. März 1926 im *Börsen-Courier*. – *GW* 8, S. 158/*BFA* XIII, S. 334. »Als Verfasser zeichneten Brecht-Bronnen-Döblin. Nach Bronnens Protokollbericht ist aber nicht zweifelhaft, daß allein Brecht als Verfasser anzusehen ist.« – Hans Mayer: *Der junge Brecht*. In: *Brecht*, Frankfurt am Main 1996, S. 333–337. Nach Mayer enthält die Ballade über die drei gekränkten Literaturgötter den Keim der Idee der drei vom Himmel kommenden Götter in *Der Gute Mensch von Sezuan*. – Ebenda, S. 46.

56 Ernst Leyden, Maler.

57 Aus den Briefen an seine damalige Ehefrau Marianne Zoff von Ende März/Anfang April 1926 geht hervor, daß Brecht die gemeinsame Tochter Hanne unbedingt aus der neuen Liebesbeziehung Mariannes mit Theo Lingen heraushalten wollte, dem er damals kinderschänderische Aktivitäten unterstellte. (Siehe: Bertolt Brecht: *Briefe an Marianne Zoff und Hanne Hiob*, hrsg. v. Hanne Hiob, Frankfurt am Main 1990, S. 139–144.) Wenig später spielte Lingen in einigen seiner Stücke mit.

58 Gemeint sind Piscators Theaterexperimente. – Piscator, Erwin (1893–1966), Regisseur und Theaterleiter, seit 1919 Arbeit mit Arbeitertheatern, 1923/1924 Direktor des Berliner Centraltheaters, politische Revuen am Staatstheater, enge Zusammenarbeit mit Brecht besonders hinsichtlich der Nutzung moderner Bühnentechnik, um die Passivität des Zuschauers in aktive Teilnahme zu verwandeln. 1927 und 1929 Gründung von Piscatorbühnen in Berlin. Nach 1933 Arbeit in der Sowjetunion, dann Paris und New York. Nach dem Krieg Westberlin. Siehe Brechts Aufsatz: *Der Piscatorsche Versuch* – *BFA* XXI, S. 196–197.

59 Julius Elias, Leiter des Ullstein-Bühnenbetriebs Arcadia.

60 Ben(jamin) Jonson (1572–1637), wichtiger schott.-engl. Dramatiker, Zeitgenosse Shakespeares, wegen scharfer Zeitkritik eingekerkert. Anfang der fünfziger Jahre bearbeitete Elisabeth Hauptmann mit Benno Besson (siehe Anm. 22, S. 263) sein Stück *Volpone*.

61 Baudisch, von Brecht in *Glossen zu Stevenson* als glänzender Übersetzer aus dem Amerikanischen erwähnt – *GW* 18, S. 25.

62 Walter Hasenclever (1890–1940), Dramatiker, Lyriker, Romanautor pazifistisch-expressionistischer Richtung. Emigrierte 1933 nach Südfrankreich, wo er interniert wurde und beim Herannahen der deutschen Truppen Selbstmord beging.

63 Premiere des Trauerspiels *Herodes und Mariamne* von Friedrich Hebbel war am 16. März im Staatlichen Schauspielhaus, Regie führte Leopold Jessner.

64 Carl Zuckmayer (1896–1977), Dramatiker und Erzähler, der oft volkstümliche Stoffe gestaltete. 1925 erhielt er für das Stück *Der fröhliche Weinberg* den Kleistpreis. Höhepunkte seines Schaffens waren 1931 *Der Hauptmann von Köpenick* und 1946 *Des Teufels General.* Zuckmayer war damals gleichzeitig mit Brecht als Dramaturg beim Deutschen Theater beschäftigt.

65 Brecht muß Elisabeth Hauptmanns Theaterbesuch mit Zuckmayers als Verrat empfunden haben: Eine zeitgenössische Notiz: »Das ganze Gesindel der Werfel, Unruh, Zuckmayer, korrupt bis zur Marktgängigkeit, hat mit uns nichts zu tun. Ihre demokratische Seichtheit, Geistesschwäche und Harmlosigkeit sind für uns keineswegs wie für einige unserer Freunde die Folgen von Talentmangel, sondern von angeborener Bestechlichkeit, Trägheit und Willensschwäche. Ihren Erfolg verdanken sie dem unverständlichen Optimismus einer Schicht, die in ihrem unaufhaltsamen Abwärtsgleiten nicht mehr an ihre Mängel denken darf.« – *BFA*, XXI, S. 169.

66 Ulrich v. Hutten (1488–1523), führender Publizist der Reformation.

67 Berthold Friedrich Brecht (1869–1936), Vater Bertolt Brechts.

68 Ostern war am 3. April 1926.

69 Carl Koch und seine Frau Lotte Reiniger machten Marionettentrickfilme.

70 Elisabeth Bergner (1897–1986), Schauspielerin und Regisseurin. Die Notiz bezieht sich wahrscheinlich auf ein noch ausstehendes Honorar für eine Bearbeitung der *Kameliendame*, die Brecht damals für sie gemacht hatte.

71 Siehe Brechts etwa zu dieser Zeit entstandene Glossen über Kriminalromane – *GW*, 18, S. 31/*BFA*, XXI, S. 130.
Vorläufig enden hier wieder Blätter aus EHA 151.

72 BBA 675/80.

73 Müller-Eisert (geb. 1900) war der Spitzname für den Jugendfreund Otto Müller.

74 Offenbar Rohübersetzungen der Hauptmann aus dem Englischen. Herkunft und Verwendungszweck dieser Verse ließen sich

nicht ermitteln. Es waren wahrscheinlich Gospel-Songs. Die Zahlen neben den Überschriften deuten auf eine Sammlung.

75 GW 11, S. 153–161.

76 Siehe Anm. 52, S. 248.

77 *GW* 9, S. 669/*BFA* XII, S. 40.

78 *Vier Aufforderungen an einen Mann von verschiedener Seite zu verschiednen Zeiten* – *GW* 8, S. 275/*BFA* XI, S. 164.

79 Der Kiepenheuer Verlag hatte Brecht zwischen 1922 und 1924 u. a. für die Fertigstellung einer *Hauspostille* genannten Gedichtsammlung ein monatliches Gehalt bezahlt, konnte sich, als sie 1925 endlich vorlag, aber nicht zur Publikation entschließen. Die hier erwähnten 25 Exemplare unter dem Titel *Taschenpostille* waren die Abfindung für Brecht von seiten des Verlages. Die *Hauspostille* erschien dann erst 1927 im Ullstein-Verlag.

80 Hans Hermann Borchardt (1888–1951), Philosoph, Schriftsteller, als Brechts Mitarbeiter u. a. an *Die heilige Johanna der Schlachthöfe* genannt. Emigrierte in die Schweiz, die UdSSR. Von dort wurde er nach Deutschland ausgeliefert, kam in mehrere Konzentrationslager, konnte aber 1937 in die USA entkommen. Dort wieder Kontakte zu Brecht, der ihn als »größten Satiriker deutscher Sprache« bezeichnete. – Hans Sahl: *In Deutschland, da lebte ein kleiner Mann ... Porträt eines Einzelgängers im Exil: Hermann Borchardt.* In: *Die Welt* v. 7. Oktober1972.

81 John Galsworthy (1867–1933), engl. Schriftsteller, der die viktorianische Gesellschaftsmoral scharf kritisierte. Sein bekanntestes Werk ist die *Forsyte-Saga*, die 1925 in deutscher Übersetzung erschienen war.

82 Auf die ihm von der *Literarischen Welt* gestellte Rundfrage: »Was erwarten Sie von der Berliner Tagung des PEN-Klubs?« hatte Brecht geantwortet: »Ich glaube, daß die Tagung des Berliner PEN-Klubs *unter dem Zeichen der Festessen* stehen wird. Über das, was die alten Leute erreichen könnten, habe ich gar nicht erst nachgedacht. Sie haben so *bewußt alles Junge ausgeschlossen*, daß diese Tagung, jedenfalls was die deutsche Gruppe anbetrifft, *absolut hoffnungslos überflüssig und schädlich ist*. – *BFA* XXI, S. 136.

83 Das Projekt blieb Exposé. Siehe: Bertolt Brecht: *Texte für Filme*, hrsg. v. Wolfgang Gersch u. Werner Hecht, Berlin 1971, Bd. 2, S. 13–16.

84 Ebenda, S. 374–375.

85 Saltenburg, Theaterunternehmer, besaß mehrere Berliner Bühnen.

86 *Der Knüppel* war eine Zeitschrift.

87 *GW* 8, S. 148/*BFA* XIII, S. 328.

88 Ernst Hardt, Intendant in Köln, arbeitete auch später als Direktor des Westdeutschen Rundfunks mit Brecht zusammen.

89 Einakter, in *GW* 7 unter *Die Kleinbürgerhochzeit*, S. 2713 bis 2753/*Die Hochzeit* – BFA I.

90 Wendelin Thomas, Reichstagsabgeordneter und Chefredakteur des *Volkswillens*, der Tageszeitung der USPD in Schwaben.

91 Sherwood Anderson (1876–1941), amerik. Schriftsteller in der Tradition von Th. Dreiser, D. H. Lawrence, zeitweise in der Werbebranche tätig, tendierte besonders in den dreißiger Jahren nach links. Sein Roman *Der arme Weiße* inspirierte Brecht zu dem Gedicht *Kohlen für Mike* – Siehe Anm. 77, S. 251.

92 Harry Sinclair Lewis (1885–1951), amerik. Schriftsteller *(Babitt)*, Literaturnobelpreis. Lewis vertrat zeitlebens demokratische, teilweise auch prosowjetische Positionen. Siehe Brechts Bemerkung über ihn – *BFA* XXI, S. 178.

93 Brecht war zwischen 14. u. 26. Juli in Wien, Elisabeth Hauptmann traf einige Tage vorher ein und blieb mehrere Wochen dort.

94 Vorläufiges Ende der Tagebuchteile aus EHA 151. Die dazugehörigen folgenden (losen) Seiten befinden sich im BBA.

95 Artur Kutscher war Professor in München zu Brechts Studentenzeit. In einem Vortrag verriß Brecht den von Kutscher hochgeschätzten Hanns Johst (siehe folgende Anm.) unflätig. – Siehe: Werner Mittenzwei: *Das Leben des Bertolt Brecht oder Der Umgang mit den Welträtseln*, Berlin 1986, Bd. 1, S. 65 ff.

96 Hanns Johst (1890–1978), Dramatiker, Lyriker, Romancier und Essayist, Kriegsbefürworter, entwickelte schon früh deutsch-nationale und rassistische Züge. Autor des Gedichts *Deutschland erwache!*

97 Brecht flog am 29. Mai nach Köln.

98 Die Premiere von Marieluise Fleißers *Fegefeuer in Ingolstadt* fand am 25. April 1926 unter Brechts Regie an der Jungen Bühne des Deutschen Theaters statt.

99 Siehe Anm. 69, S. 250.

100 BBA 675/74–675/79.

101 BBA 450/54–450/55.

102 Diese Passage ist fast wortgleich mit dem Anfang eines Aufsatzes der Hauptmann *Über Bertolt Brecht*, der 1930 in der von Hannes Küpper herausgegebenen Essener Theaterzeitschrift *Der Scheinwerfer* erschien. Für die weiter unten abgedruckten [C] – Abschnitte wurden keine frühen Originalbelege von 1926 gefunden. Hier werden Manuskripte wiedergegeben, die aus den fünfziger Jahren stammen. Vgl: *RoJ*, S. 173–174.

103 Elisabeth Hauptmann war bei der Uraufführung von *Mann ist Mann* am 25. September 1926 mit Brecht zusammen in Darmstadt gewesen. Hier führte Jakob Geis (1890–1972, Jugendfreund Brechts) Regie, das Bühnenbild machte Caspar Neher, der hier

zum ersten Mal den nur halb die Bühne verdeckenden Vorhang verwendete. Am selben Tag fand auch eine Uraufführung des Stücks in Düsseldorf statt.

104 Herbert Jhering, (1888–1977), österr. Theaterkritiker, ab 1918 am Berliner *Börsen-Courier*, da er auch an der Zerstörung des traditionellen bürgerlichen Theaters interessiert war, wurde er früzeitig zum energischen Förderer Brechts. Später auch Dramaturg in Wien, nach dem Krieg in beiden deutschen Staaten tätig.

105 Ende von EHA 151. Es folgen undatierte Blätter aus dem BBA, die zeitlich und thematisch zum Umkreis des Tagebuchs gehören. Sie enthalten eine von der Hauptmann notierte Selbstwerbung Brechts und den offensichtlich auch zu Werbezwecken (von ihr?) gemachten Versuch eines Porträts.

106 Paul Poiret (1879–1944), sehr erfolgreicher Pariser Couturier und Dekorateur.

107 Gemeint ist vielleicht der Dramatiker Alfons Paquet, dessen Stück *Sturmflut* am 22. Februar 1926 an Piscators Volksbühne Premiere hatte. Hier wurden erstmalig größere Filmteile in eine Inszenierung eingebaut.

108 BBA 448/55–57.

109 Alfred Braun: *Das erste Jahrhundert im Berliner Vox-Haus*. In: *Rundfunk und Fernsehen* 7(1959), Heft 1/2, S. 67.

110 In einem im Juli 1928 an Helene Weigel gerichteten Brief schreibt Brecht über eine »furchtbare Aufführung« des Kalkutta-Stücks im Staatlichen Schauspielhaus unter Erich Engel. Siehe: *Briefe*, S. 139. Über die neuerliche Zuordnung des Stücks zu Brecht sagte der indische Literaturprofessor Amitava Roy dem ARD-Korrespondenten Martin Fritz in Kalkutta: »In ganz Indien ist die Entdeckung des Stücks bejubelt worden, aber die Menschen wollten es einfach nicht glauben, daß Bert Brecht, der hier als großer Marxist-Leninist verehrt wird, nicht nur die schlechten Seiten der britischen Herrschaft gezeigt hat, sondern auch die positiven Seiten des westlichen Einflusses.« – Zit. nach: *Dreigroschenheft* 1/Juli 1994, S. 34.

111 Antonio Gramsci (1891–1937), ital. Publizist, Politiker und Philosoph. Als Führer der KPI wurde er 1926 verhaftet und schrieb in den ihm verbleibenden 11 Lebensjahren 3000 Seiten *Gefängnishefte*, in denen er eine der stalinistischen Linie entgegengesetzte Form des demokratischen Sozialismus verfocht, die nicht nur im ästhetischen Bereich viele Berührungspunkte mit Brecht hat.

112 Gramsci stellte sich schon in einem Zeitungsartikel von 1918 die Frage, ob das ganz im trivial Kommerziellen aufgegangene Genre des Fortsetzungsromans von der Literatur zurückerobert werden

könne: »Warum können talentierte Schriftsteller nicht Abenteuerromane in einfachem Stil schreiben, der trotzdem elegant ist und im Inhalt fesselnd? Die barocken Reflexionen, der idiotische Dialog der Fortsetzungsromane en vogue könnten durch Reflexionen und Dialoge ersetzt werden, die nicht gerade übermenschlich, aber zumindest intelligent sein sollten. [...] Es wäre jedoch erforderlich, daß das Vorurteil verschwindet, nach dem der Fortsetzungsroman in die Niederungen der Literatur verbannt ist. Dieses Vorurteil hat das Volk [...] der Gewalt von Spekulanten ausgeliefert, die ihr korruptes Spiel treiben.« – Antonio Gramsci: *Marxismus und Kultur*, Hamburg 1991, S. 35. In den *Gefängnisheften*, beschäftigt Gramsci erneut die Frage »des Erfolgs, den die Literatur der Fortsetzungsromane (der Abenteuer-, Kriminal- und Detektivliteratur) bei den Volksmassen hat, ein Erfolg, der vom Kino und den Zeitschriften unterstützt wird. Und doch stellt die Frage den größten Teil des Problems einer neuen Literatur dar, insoweit sie Ausdruck einer intellektuellen und moralischen Erneuerung ist: Weil man nur aus dem Leserkreis der Fortsetzungsliteratur das Publikum gewinnen kann, das groß genug und notwendig ist, um die kulturelle Basis der neuen Literatur zu schaffen. Mir scheint das Problem in folgendem zu liegen: Wie kann ein Stamm von Schriftstellern geschaffen werden, der künstlerisch zur Fortsetzungsliteratur steht wie Dostojewski zu Sue oder Soulié stand oder wie Chesterton – als Vertreter des Kriminalromans – zu Conan Doyle und Wallace u. s. w.?« – Ebenda, S. 114.

Wirklichkeit und Fiktion: Die Schmerzen der freien Liebe

1 Hans Mayer: *Brecht*, Frankfurt am Main 1996, S. 448–449.

2 Paula Banholzer (1901–1989), die Tochter eines Arztes, war Brechts erste große Liebe. Da er sich Paulas Gegenliebe nie ganz sicher war, widmete er seiner »Bittersweet« zumeist Gedichte, die einen Anflug von Trauer offenbaren. Weil Paulas Eltern einer Heirat nicht zustimmten, wurde der gemeinsame Sohn Frank 1919 unehelich geboren. Das Liebesverhältnis blieb bis zu Paulas Verheiratung mit dem Kaufmann Groß im Jahre 1924 bestehen.

3 Marianne Zoff (1893–1984), aus Österreich stammende Opernsängerin, die 1922 Brechts Leidenschaft erregte. Als sie 1923 mit der gemeinsamen Tochter Hanne schwanger war, heiratete Brecht die elegante Weltdame, obwohl er immer noch nicht über die Mittel verfügte, eine Familie ernähren zu können. Da Marianne

nur Engagements an Provinzbühnen fand und Brecht in Berlin war, lebte das Paar faktisch nicht zusammen. Trotz starker gegenseitiger Anziehung vergiftete Zwist um Geld und Eifersucht die Beziehung bald. Die Ehe wurde 1928 geschieden.

4 Herbert Frenken: *Das Frauenbild in Brechts Lyrik. Kölner Studien zur Literaturwissenschaft*, Frankfurt am Main 1993.

5 *Vision in Weiß – GW* 8, S. 76–77/*BFA XI*, S. 17.

6 *Vom ertrunkenen Mädchen – GW* 8, S. 252/*BFA XI*, S. 109.

7 *Die Geburt im Baum – GW* 8, S. 86/*BFA XIII*, S. 160.

8 Siehe: Bertolt Brecht: *Briefe an Marianne Zoff* ..., a. a. O., S. 114 ff.

9 Die gleiche Haltung wie bei der Weigel ist mir zum Beispiel auch von der in Italien aufgewachsenen, nach 1917 aber vorwiegend in der Sowjetunion lebenden Julia Schucht bekannt, der Frau Gramscis. Als er ihr nach der Geburt des ersten gemeinsamen Sohnes im Jahre 1924 aus Italien Geld schickte, lehnte sie es entrüstet ab. Dabei wollte sie die Beziehung keineswegs abbrechen.

10 Bernhard Reich (1908–1972), Dramatiker und Regisseur, auch Theatertheoretiker. Anfang der zwanziger Jahre an Reinhardts Deutschem Theater, auch enge freundschaftliche und Arbeitskontakte mit Brecht, Piscator, Jessner.

11 Asja Lacis (1891 – Todesdatum unbek.), lettische Regisseurin und Pädagogin, verheiratet mit Bernhard Reich. In den zwanziger Jahren war sie Regisseurin in Berlin, u. a. bei Brecht, den sie mit Benjamin bekannt machte.

12 Lilja Brik (1891–1978), russische Literatin und Bildhauerin, spätere Herausgeberin der Werke Majakowskis. Ihr zweiter Ehemann, M. Primakow, mit dem sie 1933 die Hauptmann besuchte, fiel 1937 einer stalinistischen Säuberung zum Opfer. Die Brik gab in Munds Film über die Hauptmann ein Interview.

13 Agnes Smedley (1892–1950), amerik. Journalistin, wurde nach neunjährigem Aufenthalt in Deutschland Korrespondentin in China. Sie kampfte in vielfaltiger Weise um neue Geschlechterbeziehungen.

14 Therese Giehse (1898–1975), Schauspielerin, seit 1929 mit Brecht, Weigel und der Hauptmann eng befreundet. Ihre Leistungen auf der Bühne stehen denen der Weigel nicht nach. Siehe: Therese Giehse: *Ich hab nichts zum Sagen. Gespräche mit Monika Sperr*. Reinbek bei Hamburg, 1976, S. 150).

15 Siehe: *Bertolt Brecht*: *Sein Leben in Bildern und Texten*, hrsg. v. Werner Hecht, Frankfurt am Main 1978, S. 75 und S. 326.

16 Bertolt Brecht: *Briefe an Marianne Zoff* ..., a. a. O., S. 103.

17 *Briefe*, S. 155.

18 Siehe: *Briefe*, S. 121–122 und S. 701–702.

19 Bertolt Brecht: *Briefe an Marianne Zoff* ..., a. a. O., S. 102.

20 In Übereinstimmung mit Helene Weigel und Siegfried Unseld bezog Elisabeth Hauptmann die meisten der *Augsburger Sonette* in die GW nicht mit ein. Sie sind unvollständig enthalten in *BFA* XI.
21 16. August 1964 – EHA 494.
22 BBA 448/60–448/63.
23 BBA 448/44.
24 BBA 448/46.
25 Elisabeth Hauptmann: *Auf der Suche nach Nebeneinnahmen*. In: *RoJ*, S. 45.
26 BBA 675/99.
27 Leo Perutz (1882–1957), österr. Versicherungsmathematiker und Schriftsteller, der mit Brecht befreundet war. Emigrierte 1938 nach Palästina.
28 Gemeint ist *Mann ist Mann.*
29 BBA 675/90–91.
30 BBA 448/45.
31 In den Tonbandgesprächen 1972 wurde Elisabeth Hauptmann nach der Anzahl aller von ihr übersetzten Stücke gefragt. Aus ihrer Antwort: »Ich habe ja in den zwanziger Jahren schon angefangen. Da habe ich ein Stück vom Leo Perutz nicht übersetzt, aber fertiggemacht für die Bühne. Nein – ein Engländer hatte einen Roman von Leo Perutz dramatisiert, und ich habe das übersetzt.«.
32 BBA 439/0417.
33 17. Februar 1934 – WBA 57.

Die Produktion des schreibenden Duos

1 *BFA* XI, S. 170. In der dritten Strophe hatte Elisabeth Hauptmann statt »Mentscher« das bei Brecht gebräuchlichere »Menscher« gesetzt. Siehe: *GW* 8, S. 288–289.
2 Siehe Kaspar Maase: *BRAVO Amerika. Erkundungen zur Jugendkultur der Bundesrepublik in den fünfziger Jahren*, Hamburg 1992.
3 Während die Hauptmann hier die Entstehung des Gedichtes *Wenn ich mit dir rede* in die Zeit des *Lesebuchs für Städtebewohner* legt, hat sie es editorisch *Me-ti* zugeordnet: *GW* 12, S. 498. Das ist ein weiteres Indiz dafür, daß die Liebesphilosophie in *Me-ti* demnach nicht nur Brechts Erfahrungen mit Ruth Berlau entsprungen ist, sondern auch auf die Erfahrung mit Elisabeth Hauptmann zurückgeht. – *BFA* XI, S. 165.
4 *GW* 11, S. 189.

5 Ebenda, S. 170.
6 Klaus Völker: *Induktive Liebe, extensive Mitarbeit.* In: *Nach Brecht. Ein Almanach 1992*, hrsg. v. Brecht-Zentrum, Berlin 1992, S. 92.
7 *RoJ*, S. 7–16.
8 *GW* 8, S. 232/*BFA* XII, S. 92.
9 *RoJ*, S. 27–34.
10 Ebenda, S. 258.
11 Ebenda, S. 45–53.
12 Ebenda, S. 35–44.
13 Ebenda, S. 54–60.
14 *GW* 11, S. 224–229.
15 Der Stoff geht auf auf eine reale, 1931 von der Frankfurter Presse ausführlich verfolgte Geschichte zurück, wonach sich eine Mutter mehrerer Kinder – Frau Einsmann – als Mann verkleidete, um den Arbeitsplatz ihres gestorbenen Mannes einzunehmen. Die Rolle der Gattin übernahm eine andere Frau. Das Ganze wurde Anlaß zu einem die Öffentlichkeit stark erregenden Sittenprozeß. Anna Seghers hat den Stoff mehrfach bearbeitet, in Geschichten (*Der Vertrauensposten* und *Der sogenannte Rendel*) und in einem Filmszenarium. In einem Interview von 1964 meinte sie, daß sie 1938 mit Brecht in Paris über diesen Stoff gesprochen und er ihn daraufhin verwertet habe: »Das muß um 1938 gewesen sein, in Paris, Brecht war auf Besuch aus Dänemark [...], da fragte mich der Brecht, wie man halt so fragt, wovon ich lebe. Ich wußte das selber nicht so genau [...] und wie er da so sitzt und ich ihn anschaue, denke ich mir plötzlich, der Brecht, das ist doch ein Kleptomane, da mußt du vorsichtig sein, aber ich war es dann anscheinend doch nicht, denn ich muß ihm doch wohl davon erzählt haben, daß ich [...] eine Filmstory, eigentlich eine Filmnovelle geschrieben habe, denn die hat der Brecht dann aufgeschrieben.« – Ernst Schumacher: *Mit Anna Seghers in Cecilienhof.* In: *Sinn und Form* 6/1983, S. 1154/5. Zit. nach: Alexander Stephan: *Zu einer wiedergefundenen Erzählung von Anna Seghers.* Dieser Artikel ist gemeinsam mit den Fassungen des Einsmann-Stoffes von Seghers publiziert in: *Argonautenschiff*, Jahrbuch der Anna-Seghers-Gesellschaft, Berlin und Mainz e. V. 3/1994, S. 87–114.
Wahrscheinlich hatte sich die Seghers getäuscht. In einem am 26. Februar 1934 von der Hauptmann an Brecht nach Skovsbostrand geschickten Brief heißt es: »... heute morgen fand ich in einem Radiostück Ihre Geschichte *Der Arbeitsplatz*. Ich schrieb sie der Vorsicht halber ab. [...] Aber haben Sie meine Geschichte über Frau Einsmann?« – BBA 480/99. Damit ist nicht nur belegt, daß Brechts und Hauptmanns Varianten des Einsmann-Stoffes

schon lange vor 1938 existierten, sondern daß es mit dem hier angesprochenen Feature weitere Bearbeitungen desselben Stoffes gab.

16 Sie spricht hier von der Zeit ihrer Lehrerinnenausbildung in Droyssig bei Greiz. In einer anderen Passage der den Film vorbereitenden Gespräche von 1972 berichtete die Hauptmann über die Arbeit an der Bibelszene für *Die Mutter* nach Maxim Gorki: »Brecht war ja ein großer Bibelkenner und ich auch. Das war auch so was. Wir konntens rausziehen. Die Bibelszene haben wir allein zusammen gemacht, Brecht und ich in der *Mutter.* ›In meines Vaters Hause sind viele Wohnungen‹, heißt es dann über die arme Frau. Aber zum Schluß heißt es dann: ›Besser die Bibel zerrissen als die Suppe verschüttet.‹ Das war sogar mein Vorschlag.« – *BFA* III, S. 374. Siehe auch ihren 1952 entstandenen Aufsatz: *Die Pantomime in der Bibelszene* – *RoJ*, S. 178–180.

17 Sie trug das Kostüm der Lucy Mannheim aus der Aufführung des ebenfalls im Milieu der Heilsarmee spielenden Stücks *Von morgens bis mitternachts* von Georg Kaiser im Staatstheater. Das Foto ist in *RoJ* auf S. 258 repoduziert.

18 *RoJ*, S. 17–26.

19 BBA 448/35–43.

20 Klaus Völker: *Induktive Liebe* ..., a. a. O., S. 92–94.

21 EHA 238.

22 John Gay (1685–1732), engl. Dichter und Dramatiker, Autor der *Bettleroper*, die Grundlage der *Dreigroschenoper* wurde.

23 John Christopher Pepusch (1667–1752), engl. Komponist deutschen Ursprungs, schrieb die Musik zu Gays *Bettleroper*.

24 Ernst Josef Aufricht (1898–1971), Theaterdirektor und -produzent, leitete ab 1928 das Theater am Schiffbauerdamm.

25 Möglicherweise liegt hier eine in mehrerer Hinsicht ungenaue Erinnerung der Hauptmann vor. Eine »kleine Wiese« befindet sich in der 4. Strophe der *Ballade von den Abenteurern*: »Schlendernd durch Höllen und gepeitscht durch Paradiese/Still und grinsend, vergehenden Gesichts/Träumt er gelegentlich von einer kleinen Wiese/Mit blauem Himmel drüber und sonst nichts.« – *GW* 8, S. 217. Sie ist auch schon in der *Baal*fassung von 1922 enthalten – *GW* 1, S. 61/*BFA* XI, S. 78.

26 Harald Paulsen, Schauspieler.

27 Der Alabama-Song wurde in *Aufstieg und Fall der Stadt Mahagonny* aufgenommen, ein Stück, in dem es noch andere, wohl auch von Elisabeth Hauptmann geschriebene bzw. übersetzte englischsprachige Songs gibt. *GW* 2, S. 504/*BFA* XI, S. 104.

28 *GW* 8, S. 247/*BFA* XI, S. 105.

29 Marianne v. Willemer (1784–1860), Ehefrau von Goethes Jugendfreund Johann Jakob von Willemer. Sie war während Goethes Be-

such 1814 in Frankfurt seine Geliebte und teilte auch seine Orientleidenschaft. Kurz vor ihrem Tod offenbarte Marianne Hermann Grimm ihre Autorschaft der Suleika-Gedichte, die auch durch den Briefwechsel mit Goethe bestätigt ist: *Goethe-Willemer Briefwechsel*, hrsg. v. Hans J. Weitz, Frankfurt/Main 1986.

30 Caspar Neher hatte speziell für Brecht einen halbhohen leichten Vorhang eingeführt, der die hintere Bühne nur teilweise verdeckte. Durch das Sichtbarmachen des Umbaus der Bühne wollte Brecht den Illusionscharakter des Theaters brechen.

31 Carola Neher, eigentl. Karoline Henschke (1900–1942), Schauspielerin, Ehefrau Klabunds, dann auch Brechts Freundin. Sie emigrierte in die Sowjetunion und kam dort in einem stalinistischen Konzentrationslager um. Siehe: Matthias Wegner: *Klabund und Carola Neher*, Berlin 1996.

32 Fritzi Massary (1882–1969), beliebte deutsche Operettensängerin und Filmschauspielerin. Ging 1933 nach London, dann in USA.

33 *Briefe*, S. 146–148.

34 Georg Kaiser (1878–1945), ursprünglich Kontorist, nach jahrelangen Weltreisen wurde er Erzähler, Lyriker, Dramatiker, dem Brecht hohe Anerkennung zollte.

35 Aus den Filmgesprächen 1972: »Da gab es einen Artikel [...], den hat eine Freundin von mir geschrieben, in *Berlin am Morgen*. Ja, die haben wir in so ein Heilsarmeelokal geschickt, zum Übernachten als gestrandetes Mädchen, ohne Geld. Die sollte mal herausfinden, wie man es da hatte, wenn man als armes Mädchen da ankommt. Und darüber hat sie geschrieben, in *Berlin am Morgen*.«

36 *RoJ*, S. 245.

37 *RoJ*, S. 65–135.

38 Astrid Horst: *Prima* a. a. O., S. 44.

39 *RoJ*, S. 82.

40 Den Plan, eine *Johanna* zu schreiben und ein Stuck *Das kalte Chikago* hatte Brecht allerdings schon im Dezember 1922 in seinem Tagebuch notiert. Siehe: *BFA* XXVI, S. 262.

41 *Briefe*, S. 148.

42 Willy Haas: *Berliner Saisonbeginn*. In: *Die Literarische Welt* v. 13. September 1929.

43 *Das Stichwort*. Zeitung des Theaters am Schiffbauerdamm, September 1929, S. 1.

44 Franz Servaes: *Dreigroschenoper-Ersatz*. In: *Leipziger Neueste Nachrichten* v. 5. September 1929, S. 3.

45 Bernhard Diebold: *Happy End – eine Magazingeschichte oder Künstliche Schmiere*. In: *Frankfurter Zeitung* v. 5. September 1929, S. 1.

46 Felix Hollaender: *Brecht-Weill: Happy End.* In: *Lebendiges Theater*, Berlin 1932, S. 236–237.
47 *GW* 2, S. 910/*BFA* III, S. 128.
48 Paula Hanssen-Andress: *Elisabeth Hauptmann, 1897–1973, Schriftstellerin, Dramaturgin, Muse.* In: *Was für eine Frau! Portraits aus Ostwestfalen-Lippe*, hrsg. v. Ann Brünink, Helga Grubitsch, Bielefeld 1992, S. 256.
49 Siehe darüber ihren ersten Verleger Fritz H. Landshoff in: Fritz H. Landshoff: *Erinnerungen eines Verlegers*, Berlin und Weimar 1991, S. 21 ff.
50 Deshalb verlangt die IG Medien eine fünfzigprozentige Quote aller öffentlichen Kulturgelder für die Kunst von Frauen. »Erst wenn in den Sammlungen und Museen zur Hälfte Arbeiten von Frauen zu sehen sind, auf den Theatern Stücke von Autorinnen gespielt werden, die Werke von Komponistinnen selbstverständlich aufgeführt werden – erst dann wird es möglich sein, die Kunst von Männern und Frauen gelassen vergleichend zu betrachten.« – Margret Lünenborg: *Ja zur Weiblichkeit, nein zu den Künstlerinnen. Sisyphus läßt grüßen.* Untersuchungen des Deutschen Kulturrats und des Zentrums für Kulturforschung belegen, daß sich an der Diskriminierung von Frauen im Kulturbereich seit vielen Jahren nichts geändert hat. In: *Freitag* v. 5. Januar 1996, S. 14.

Kollektive Arbeitsweise – Sündenfall oder »spaßhafte Belastung«?

1 Marcel Jouhandeau (1888–1979), Erzähler, Essayist, vereinte realistische mit phantastischen und mythischen Elementen. Elisabeth Hauptmann bezieht sich wahrscheinlich auf sein 1927 in deutsch vorliegendes Werk: *Ximenès Malinjoude*. Jouhandeaus Spezialität war die rückhaltlose Schilderung erotischer Verstrickungen. Später antisemitische und pronazistische Schriften. Bis 1960 wurden 28 Bände seiner intimen Memoiren publiziert.
2 WBA 57/15. Der Brecht-Vers, an den sich E. H. nicht ganz erinnerte, stammt aus dem Gedicht *Und damit sein Verrecken ein Mond noch beglänze* – *BFA* XIV, S. 101: »Und damit sein Verrecken ein Mond noch beglänze/Verläßt er noch vor seinem Ende die Stadt/Und erreicht mit Hast die ärmliche Grenze/Die der Lärm mit dem Schweigen vereinbart hat. [...]« – In *GW* 8, S. 334 trägt das Gedicht den Titel *Sein Ende*.
3 Rosemarie Hill (1911–1976), Mitarbeiterin der Hauptmann seit Beginn der fünfziger Jahre.

4 *BFA* XIII, S. 364 f. – Jan Knopf schreibt im Kommentar, daß Brecht die Numerierungen nachträglich angebracht hätte. Nachträglich eingeklammert worden seien auch die Abschnitte: »Betrachte nicht immer/Deine paar Narben/Bedenke: die Schläge, die du ausgeteilt hast/Wurden aufgenommen ohne Klage.« Sie sollten vielleicht gestrichen werden. – Elisabeth Hauptmann hatte das Gedicht in etwas anderer Stropheneinteilung gedruckt. In *GW* 8, S. 291–292 trägt es statt eines Titels die Nummer *17* und ist demselben Zyklus zugeordnet wie das im vorigen Kapitel zitierte *Es war leicht, ihn zu bekommen*, das die Nummer *14* trägt.
Das Filmteam gehörte zu den ersten, die das Gedicht als der Hauptmann zugeeignet interpretierten. Später wurde öfter kolportiert, daß Brecht es ihr nach dem Selbstmordversuch unter die Wohnungstür geschoben habe. Gegen diese Annahme spricht die von Hauptmann vorgenommene Datierung von 1932 ebenso wie die jetzt in der *BFA* vorliegende Datierung von 1926/1927.

5 Gedichte, die die Hauptmann vielleicht meint: – *Wir haben einen Fehler begangen*: Du sollst geäußert haben, wir/Haben einen Fehler begangen, deshalb/Willst du dich trennen von uns. [...] – *GW* 7, S. 401/*BFA* XIV, S. 183. – und: *Wir hören: Du willst nicht mehr mit uns arbeiten*: Wir hören: Du willst nicht mehr mit uns arbeiten./Du bist zu kaputt. Du kannst nicht mehr herumlaufen. [...] – *GW* 8, S. 404 /*BFA* XIV, S. 184.
Diese Gedichte stehen inhaltlich *Du, der das Unentbehrliche* sehr nahe und zeigen zugleich, daß nicht allein die Zuarbeit zu Brechts Stücken gemeint war, sondern der größere Rahmen des politischen Kampfes, des antifaschistischen Engagements.

6 Zwischen 1934 und 1945 verfaßte Hesse-Burri allein oder teilweise mit anderen zusammen mindesten fünfzehn Drehbücher, z. B.: 1934: Die Insel, 1937: Brillanten, 1938: Wasser für Canitoga, 1940: Feinde, 1942: Geliebte Welt (auch Regie), 1944: Orientexpress. Auch in der Bundesrepublik arbeitete er bis Ende der fünfziger Jahre an Drehbüchern für eher seichte Filme mit.

7 Bertolt Brecht: *Tagebücher* 1920–1922, a. a. O. /*BFA* XXVI.

8 Hans Otto Münsterer (1900–1974) über Georg Pfanzelt: »[...] sein ältester Spielkamerad Georg Pfanzelt, Orge genannt, klein, leicht hinkend und hintergründig, der Merck und Mephistopheles dieses Kreises, dessen süffisanten Einwänden Brecht zeitlebens großes Gewicht beimaß. Er bekleidete damals einen billigen Angestelltenposten bei der Städtischen Steuerkasse und zeichnete sich durch besondere musikalische Begabung aus. – In: *Bert Brecht, Erinnerungen aus den Jahren 1917–1922*, Berlin und Weimar 1966, S. 26–27.

9 Siehe vorherige Anm.

10 *Pauken und Trompeten* entstand in Zusammenarbeit zwischen Brecht, Elisabeth Hauptmann, Benno Besson (Siehe Anm. 22, S. 263.)

11 Elisabeth Hauptmann war auf dem ersten Bühnenzettel der *Dreigroschenoper* als Übersetzerin angegeben. Später zog sie selbst ihren Namen zurück. Siehe: Werner Hecht: *Bescheidenheit* ..., a. a. O., S. 16.

12 Elisabeth Hauptmann bezieht sich auf folgende Keunergeschichte, in der freilich nur von einer »Hütte« die Rede ist:
»*Herr Keuner und die Originalität*« ›Heute‹, beklagte sich Herr K., ›gibt es Unzählige, die sich öffentlich rühmen, ganz allein große Bücher verfassen zu können, und dies wird allgemein gebilligt. Der chinesische Philosoph Dschuand Dsi verfaßte noch im Mannesalter ein Buch von hunderttausend Wörtern, das zu neun Zehnteln aus Zitaten bestand. Solche Bücher können bei uns nicht mehr geschrieben werden, da der Geist fehlt. Infolgedessen werden Gedanken nur in eigener Werkstatt hergestellt, indem sich der faul vorkommt, der nicht genug davon fertigbringt. Freilich gibt es dann auch keinen Gedanken, der übernommen werden, und auch keine Formulierung eines Gedankens, die zitiert werden könnte. Wie wenig brauchen diese alle zu ihrer Tätigkeit! Ein Federhalter und etwas Papier ist das einzige, was sie vorzeigen können! Und ohne jede Hilfe, nur mit dem kümmerlichen Material, das ein einzelner auf seinen Armen herbeischaffen kann, errichten sie ihre Hütten! Größere Gebäude kennen sie nicht als solche, die ein einziger zu bauen imstande ist!« – *BFA* XVIII, S. 18. Nur mit *Originalität* betitelt ist der Text in *GW* 12, S. 379.

13 Zit. nach: *Bertolt Brecht. Sein Leben in Bildern* ..., a. a. O., S. 337.

14 Michail Bachtin (1895–1975), russ-sowj. Literaturtheoretiker, Pionier strukturalistischer Methoden.

15 Roland Barthes (1915–1980), franz. Literaturwissenschaftler und -kritiker, entwickelte eine »Semiologie der Bedeutungen«.

16 Michel Foucault (1926–1984), franz. Philosoph, entwickelte die »Diskurstheorie«.

17 Jacques Derrida (geb.1930), franz. Philosoph, begreift Sinnbildung als System von »Differenzen«. Texte gelten ihm nicht als Träger fixierter Bedeutungen. Seine analytische Methode der »Dekonstruktion« versteht sich als eigene Form von »Literatur«.

18 James K. Lyon: *Collective Productivity – Brecht and His Collaborators*. In: *The Brecht Yearbook/Das Brecht-Jahrbuch* 21, Madison 1996, S. 1–18.

19 Die Schauspielerin hieß Aaf Bouber. Es handelte sich um die Aufführung von *Mutter Courage* durch das Towel-Theater Rotterdam. Premiere war am 23. Dezember 1950. Es heißt in *GW* 4,

S. 1437: »*Mutter Courage spannt sich vor den Wagen:* Hoffentlich zieh ich den Wagen allein. Es wird schon gehen, es ist nicht viel drinnen. Ich muß wieder in Handel kommen.« – Der Zusatz fehlt in *BFA*.

20 Hella Wuolijoki (1886–1954), finn. Dramatikerin, die Brecht, seiner Familie, Margarete Steffin und Ruth Berlau Unterkunft im finnischen Exil gewährte. Aus ihren Erzählungen über einen Gutsbesitzer entstand *Herr Puntila und sein Knecht Matti.*

21 Wynstan Hugh Auden (geb.1907), amerik. Dichter, nahm am Spanienkrieg teil. Er hat u. a. an *Der kaukasische Kreidekreis* mitgearbeitet. – Siehe: Bertolt Brecht: *Arbeitsjournal*, a. a. O., S. 460.

22 Benno Besson (geb. 1922), begegnete Brecht 1947 als Regieassistent des Züricher Schauspielhauses, ab 1949 als Schauspieler und Regisseur am Berliner Ensemble. Mitarbeit an *Pauken und Trompeten* und *Don Juan*. Besson war bis Mitte der siebziger Jahre einer der wichtigsten Regisseure in Ostberlin (Deutsches Theater, Volksbühne), seitdem wieder in der Schweiz und Frankreich.

23 Paul Dessau (1894–1979), Musiker, Komponist, lernte Brecht 1927 kennen. 1936 erste Komposition für Brecht: *Kampflied der schwarzen Strohhüte*. Emigration nach Frankreich, ab 1939 USA, wo es ab 1943 zu intensiver Zusammenarbeit mit Brecht kam, die bis zu dessen Tod andauerte. Ihr Höhepunkt – auch von beträchtlicher kulturpolitischer Bedeutung – war: *Das Verhör des Lukullus* (1951).

24 Slatan Dudow (1903–1963), Regisseur, der mit Brecht u. a. an *Die Maßnahme, Die Mutter* und am *Film Kuhle Wampe oder Wem gehört die Welt?* zusammenarbeitete.

25 Günther Weisenborn (1902–1969), arbeitete mit Brecht und Hauptmann an der Adaption von Maxim Gorkis Roman *Die Mutter.* emigrierte 1937 nach New York, kehrte Ende desselben Jahres nach Deutschland zurück, wo er illegal gegen die faschistische Herrschaft kämpfte. Weisenborn entging der Vollstreckung des Todesurteils. Später Schriftsteller in der Bundesrepublik.

26 Karin Michaelis (1872–1950), dänische Schriftstellerin, die schon lange mit der Weigel befreundet war. Sie bot Brecht und seiner Familie Unterkunft.

27 Paul Hindemith (1895–1963), bedeutender Komponist aus der Brahms-Reger-Nachfolge, emigrierte 1937 in die USA.

28 Karl Kraus (1874–1936), österr. Dichter, Sprach-, Kultur-, und Gesellschaftskritiker, großer Satiriker. Er gründete 1899 die Zeitschrift *Die Fackel*, deren einziger Autor er ab 1911 war. Überzeugten Pazifismus demonstrierte sein großes Drama *Die letzten Tage der Menschheit* von 1918/19. Über Brecht und Kraus –

siehe: Jan Knopf: *Gelegentlich Lyrik. Ein Essay über die Lyrik Bertolt Brechts*, Frankfurt am Main, 1996, S. 121 f.

29 Salka Viertel, Schauspielerin, Frau von Berthold Viertel (1885 bis 1953, Autor und Regisseur österr. Herkunft). Nach ihrer Emigration schrieb sie in Hollywood viele Filmszenarien, u. a. für Greta Garbo. Mit Brecht arbeitete sie an einem Filmprojekt *Silent Witness* über das besetzte Frankreich. – Siehe: Werner Mittenzwei: *Das Leben* ..., a. a. O., Bd. 2, S. 38.

30 Peter Lorre (1904–1964), u. a. erfolgreichen Darsteller des Galy Gay in *Mann ist Mann*. Er emigrierte in die USA und wurde in Hollywood erfolgreich.

31 Joseph Losey, Regisseur der *Galileo*-Aufführung mit Charles Laughton (7. Dezember 1947 am Elliot's Theater, New York).

32 Vladimir Pozner, russ.-franz. Schriftsteller, der in Hollywood lebte und neben Salka Viertel an *Silent Witness* mitarbeitete. Pozner schrieb auch das erste Drehbuch für den *Puntila*-Film. – Siehe: Werner Mittenzwei: *Das Leben* ... ,a. a. O., S. 38 und S. 611.

33 Hans Viertel, Sohn von Salka und Berthold Viertel, mit dem Brecht ebenfalls ein nicht realisierbares Filmszenarium entwarf. – Siehe: Werner Mittenzwei: *Das Leben* ... ,a. a. O., S. 38 f.

34 John Wexley arbeitete am Script für den unter der Regie von Fritz Lang zustandekommenden Film *Hangman also die* mit.

35 James K. Lyon: *Collective* a. a. O., S. 2.

36 Ernst Ottwalt (1901–1943), Schriftsteller, der mit dokumentarischen Materialien experimentierte, schrieb zusammen mit Brecht das Drehbuch zu *Kuhle Wampe*.

37 Erwin Strittmatter (1912–1994), Schriftsteller, seine Verskomödie *Katzgraben* wurde von Brecht 1953/1954 gefördert und inszeniert. Mit dem Roman *Ole Bienkopp* (1963), der die widersprüchliche Entwicklung einer LPG zum Inhalt hatte, löste er kulturpolitische Diskussionen aus, bei denen es hauptsächlich um die Frage ging, ob der ‹sozialistische Realismus‹ positive Identifikationsfiguren schaffen müsse oder nicht. Damit setzte Strittmatter einen von Brecht seit den dreißiger Jahren aufgeworfenen Konflikt in fruchtbarer Weise fort.

38 Martin Pohl, Dichter, war Assistent Brechts am Berliner Ensemble. Auf Grund einer politischen Denunziation wurde er zu mehreren Jahren Zuchthaus verurteilt. Während seiner Haft hielt Brecht Kontakt zu ihm.

39 Hans Mayer (geb. 1907) wagte es als erster deutscher Literaturprofessor nach dem Zweiten Weltkrieg, Brecht seinen Leipziger Studenten nahezubringen. Am Berliner Ensemble fungierte er als Berater bei Brechts Bearbeitung von Lenz' *Hofmeister* und dem *Urfaust*. Brecht holte sich bei ihm auch in brenzligen politischen

Fragen Rat, etwa, als die Regierung Änderungen der Oper *Die Verurteilung des Lukullus* erzwingen wollte. Siehe: Hans Mayer: *Brecht ...*, a. a. O., S. 11 f.

40 Rudolf Wagner-Régeny (geb. 1903), komponierte hauptsächlich Opern. Vertonte verschiedene Lieder von Brecht.

41 James K. Lyon: *Collective* a. a. O., S. 2.

42 Liz Diamond: *Directing Brecht and Company*. In: *Theatre*, New York, v. 25. April 1994, S. 25–26.

Zwischen Revolution und Faschismus

1 Werner Hecht: *Über den Umgang mit Fakten*. In: *Dreigroschenheft* no. 2/1996, S. 48.

2 Zit. nach: *Lacis, Asja*. In: *Lexikon der Rebellinnen*, Dortmund 1966, S. 148.

3 Programmheft für eine Schüleraufführung der 2. Erweiterten Oberschule, Berlin-Mitte. Zit. nach: *RoJ*, S. 175. Hier gibt sie auch eine Definition des »No«: »Es heißt, nach Waley, soviel wie fähig sein, Talent haben. Ein No-Stück ist demnach eine Darbietung, eine Demonstration von Talent.« Ebenda, S. 176.

4 Motokijo Seami (1363–1414), aus einer Schauspielerfamilie stammender größter Schauspieler und Theoretiker des No-Theaters. Siehe auch: E. H.: *Die Rollen des Schauspielers Seami*. In: *RoJ*, S. 137–141.

5 In *RoJ* sind zwei dieser Übersetzungen abgedruckt: *Hazi no ki oder Die Zwergbäume* und: *Kagekijo, der Böse*. – S. 149–165.

6 Siehe: Darko Suvin: *Waley and Hauptmann: The Vulnerable Individual and Schoolboy*. In: *The use value of Dying: Magical VS. cognitive utopian desire in the »learning plays« of pseudo-zenchiku, Waley, and Brecht*. In: *Book Review 1994*, vol. 3, no. 2., S. 95–126.

7 Nach Werner Mittenzwei wurde der *Jasager* vom Berliner Zentralinstitut für Erziehung und Unterricht einstudiert, die Schüler der Karl-Marx-Oberschule lieferten Brecht dann die wichtigsten Anregungen für den *Neinsager*. – *Das Leben ...*, a. a. O., Bd. 1, S. 339.

8 Programmheft a. a. O. In: *RoJ*, S. 177.

9 Ruth Berghaus (1927–1996), Regisseurin, später auch Intendantin des Berliner Ensembles. Die Brechtschen Prinzipien der konsequenten Historisierung wandte sie mit großem, auch internationalem Erfolg in der Opernregie an.

10 Während sie ihre Mitautorschaft beim *Jasager* in *GW* 2, S. 614/*BFA* III, S. 58 nachgetragen hat, fehlt ein solcher Hinweis bei der *Maßnahme*. Es heißt aber in einem Brief an Benjamin aus

USA: »Man fragte mich nach der Massnahme und plötzlich fiel mir in einer mir fremden Wohnung Augsburg ein, wo wir die japanische No-form transponierten, die ersten Szenen vollbefriedigt an Ihring nach Berlin schickten zum Abdruck, und das Ganze roh zum Ende brachten, bis dann später Dudow und Eisler die Sache übernahmen – ich habe eine Geschichte erfunden, dass ich für eine Zeitung die Sache hätte bearbeiten müssen.« – WBA 57/15 (undatiert, wahrsch. von 1934).

11 Siehe: *Bekannte und unbekannte Frauen in der Bibel. Material für Gruppenarbeit zum Jahr mit der Bibel.* Materialhefte für Gestaltung von Gottesdiensten und anderen Gemeindeveranstaltungen, Heft 64, Frankfurt am Main 1992.

12 Einziger Film, bei dem Brecht das Drehbuch schrieb und auch an der Inszenierung mitwirkte. Es geht um die Selbstorganisation einer Kolonie von Arbeitslosen. Die meisten Darsteller des sofort außerordentlich erfolgreichen und schnell verbotenen Films sind selbst Arbeitslose. Das Drehbuch ging verloren. Ein Protokoll des Filmes ist abgedruckt in: Bertolt Brecht: *Texte für Filme*, a. a. O., Bd. 1, S. 119–187.

13 *Siehe: BFA* XXVI, S. 262.

14 Siehe: Brecht am 9. Mai 1928 an Ferdinand Reyher, mit dem es im amerikanischen Exil zu weiterer Zusammenarbeit für Filmszenarien kommen sollte. – *Briefe*, S. 135–136.

15 Werner Hecht: *Bescheidenheit ...*, a. a. O., S. 16.

16 Henry Ford (1863–1947), amerik. Industrieller, erfand die Produktion von Autos aus standardisierten Einzelteilen.

17 Ludwig Hardt (1886–1947), emigrierte 1935, lebte ab 1935 in USA.

18 Bianka Minotti, später Margret Mynatt (1907–1977), in Wien geborene Engländerin. Sie schrieb seit1929 in Berlin u. a. für *Die Rote Fahne*. 1933 arbeitete sie in der britischen Flüchtlingshilfe in Prag, war dann für sowjetische Institutionen in England tätig. In den fünfziger Jahren wurde sie Herausgeberin der Gesammelten Werke von Marx und Engels.

19 Lilja Brik war damals mit ihrem zweiten Mann, M. Primakow, in Berlin, der 1937 einer stalinistischen Säuberung zum Opfer fallen sollte. Karlheinz Munds Film von 1972 enthielt auch ein Interview mit der Brik über ihren damaligen Besuch bei Elisabeth Hauptmann, dessen Zustandekommen in Moskau nur besonderen Glücksumständen zu verdanken war.

20 Bei Brecht und Weigel.

21 Es war nicht zu ermitteln, um wessen Kinder es sich handelte. Denkbar ist, daß es Jugendliche waren, die bei der *Jasager*-Inszenierung mitgewirkt hatten.

22 Gemeint ist wahrscheinlich Ruth Berlau.

1 Oswald Spengler: *Der Mensch und die Technik. Beitrag zu einer Philosophie des Lebens*, München 1931, S. 56.
2 WBA 57/14.
3 Ebenda.
4 BBA 480/133–134.
5 BBA 480/124–132.
6 BBA 480/107–111.
7 EHA 233.
8 BBA 480/99. Siehe Anm.15, S. 257.
9 B. steht für Bess – BBA 480/99–104.
10 16. März 1934-WBA 57/14.
11 15. Mai 1934 – WBA 57/15.
12 Siehe *BFA* IV, S. 40 ff.
13 BBA 480/94 f.
14 WBA 57/15.
15 23. August 1934 – WBA 57/15.
16 16. März 1934 – WBA 57/15.
17 15. Mai 1934 – WBA 57/15.
18 Vicki Baum (1988–1960), Autorin von Unterhaltungsliteratur. Anläßlich der Verfilmung ihres Bestsellers *Menschen im Hotel* (1929) ging sie 1931 in die USA, nahm 1938 die amerik. Staatsbürgerschaft an. Wie aus demselben Brief hervorgeht, stand sich Elisabeth Hauptmann so gut mit Vicky Baum, daß sie sich von ihr Hilfe erwartete: »Wen ich am ehesten hätte brauchen können, wäre die Baum gewesen, aber sie quält sich in Californien gerade für die Metro Goldwy[n] Mayers ab. Aber sie hat mir einen ziemlich netten Brief geschrieben. Wenn mir irgendetwaseinfällt, was in ihrem Bereich liegt, wird sie mir sicher helfen.«
19 Christa Winsloe (1888–1944), Bildhauerin und Schriftstellerin, Drehbuchautorin. Aus ihrem Drama *Gestern und heute*, das 1930 in Berlin uraufgeführt wurde, entstand 1931 der berühmte Film *Mädchen in Uniform*. Die Winsloe arbeitete für Flüchtlingsorganisationen, emigrierte selbst in die USA. Dort war sie Lebenspartnerin der wichtigen linksliberalen Journalistin Dorothy Thompson.
20 Leopold Anthony Stokowski (1882–1977), amerik. Dirigent engl. Herkunft.
21 Das 1928/29 entstandene Lehrstück von Brecht/Hauptmann wurde von Brecht 1949 wegen der profaschistischen Sympathien Lindberghs in *Der Ozeanflug* umbenannt – *GW* 2. In: *BFA* III wieder: *Der Flug der Lindberghs*.
22 17. Februar 1934 – WBA 5/14.

23 *Briefe*, S. 245.
24 15. Mai 1934 – WBA 57/15.
25 Molly Maguire – Die »Molly Maguire's familiy« (der Name »Maguire« ist irischen Ursprungs) war eine aus der radikalen Gewerkschaftsbewegung im letzten Drittel des 19. Jahrhunderts hervorgegangene Terrorgruppe, die vom US-Staatt Utah aus agierte. Verbindungen zu den »Molly Maguires« wurden als Hochverrat geahndet. Siehe: Anthony Bimba: *The Molly Maguires*, New York 1932.
26 Wera Nikolajewna Figner (1852–1942), Arzthelferin und Hebamme, ging als eine der ersten Frauen Rußlands zum Studium nach Zürich. Trat der revolutionären Gruppe Narodnaja Wolja bei und beteiligte sich am Attentat auf Zar Alexander II. Verurteilt zu lebenslanger Verbannung, 1917 befreit.
27 Ching-Ling Sun Yat-sen (1892–1981), Ausbildung in den USA, Frau des 1925 verstorbenen Führers der bürgerlich-demokratischen Revolution in China, Sun Yat-sen. Die Schwägerin von Tschiang Kai-schek war 1926 Mitglied des Exekutivkomitees der Kuomintang, brach nach Tschiangs Wendung gegen die Kommunisten mit ihm und schloß sich Mao-Tse-tung an. 1949 Vizepräsidentin der VR China, überstand die Kulturrevolution, Ehrenvorsitzende des Rats der VR China.
28 EHA 348.
29 9. Juni 1934 – WBA 57/15.
30 23. August 1934 – WBA 57/15.
31 Anspielung auf den Vers: »Der Moltke und der Blücher/Die können nicht siegen, mein Kind/Wo schon ein paar Windeln und Tücher/Riesige Siege sind«. – Aus dem Helene Weigel gewidmeten Zyklus: *Wiegenlieder* – *GW* 9, S. 431/*BFA* XI, S. 206 bis 209.
32 5. November 1934 – WBA 57/15.
33 5. Januar 1935 – WBA 57/15.
34 BBA 480/60.
35 5. November 1934 – WBA 57/15.
36 5. Januar 1935 – WBA 57/15.
37 *Dont't Bet On Fights* von Ferdinand Reyher – Siehe S. 158.
38 *BFA* XII, S. 149
39 George Grosz: *Briefe 1913–1959*, hrsg. v. Herbert Knust 1979, S. 238–239.
40 Theatre Union inszenierte *Die Mutter* im Civic Reportery Theatre in New York. Regisseur war Victor Wolfson.
41 Die Schauspielerin hieß Helen Henry. An Helene Weigel schrieb Brecht, daß er sehr unzufrieden mit ihr sei – *Briefe* ..., S. 273.
42 Mordecai Gorelik, amerik. Bühnenbildner.

43 Wegen der Streitereien bekamen Brecht und Eisler Hausverbot im Theater und konnten an der Premiere nicht teilnehmen. Elisabeth Hauptmann hat die Premiere aber gesehen.
44 *Briefe*, S. 273.
45 BBA 44/149. – Siehe auch das Gedicht *Die nicht zu vergessende Nacht* – *BFA* XIV, S. 320.
46 BBA 1396/79.
47 EHA 679.
48 Siehe Brief der Steffin v. 30. November 1940, abgedruckt in *notate* 3/84, S. 13. Dort ebenfalls abgedruckt ist auch die Korrespondenz zwischen Feuchtwanger/Hauptmann/Brecht um die amerikanischen Einreisevisen.
49 Alexander Granach (1890–1949), aus Galizien stammender Schauspieler, seit 1908 in Berlin, zeitweise Lebenspartner der Weigel.
50 Wilhelm (auch William) Dieterle (1893–1972), in Hollywood damals erfolgreicher deutscher Schauspieler und Regisseur.
51 *Arbeitsjournal*, a. a. O., S. 370.
52 Horst Baerensprung (1893–1952) war in der Revolution von 1919 Vorsitzender des Halberstädter Soldatenrats gewesen, später Anwalt in politischen Prozessen, bis er 1929 Polizeipräsident vom Magdeburg wurde.
53 EHA 148.
54 Georg Gottfried Gervinus (1805–1871), Abgeordneter der Paulskirche, war mit sechs anderen Göttinger Universitätsprofessoren [u. a. auch J. u. W. Grimm] 1837 wegen ihres öffentlichen Protestes gegen einen Verfassungsbruch Ernst Augusts von Hannover entlassen worden.
55 EHA 462.
56 Alfred Kreymborg war Herausgeber und Theoretiker amerikanischer Lyrik. Brecht hatte mit ihm einen Vertrag über die Übersetzung von *Schweyk im Zweiten Weltkrieg* abgeschlossen, die aber nicht zustandekam.
57 EHA 245.
58 *Briefe*, S. 522–523.
59 Gemeint ist die Volksfrontpolitik der Komintern, die Mitte der dreißiger Jahre das extreme Sektierertum der KPD Ende der zwanziger Jahre ablöste.
60 Eric Bentley: *Erinnerungen an Brecht*. Berlin 1995, S. 27–28.
61 *GW* 3, S. 1100/*BFA* IV, S. 455. Der Kommentar geht nicht darauf ein, daß der Schluß des Stücks Zusätze von Elisabeth Hauptmann enthält.
62 Eric Bentley: *Erinnerungen* ..., a. a. O., S. 28.
63 Ebenda, S. 27.
64 EHA 25.

65 Siehe: Ursula Langkau-Alex/Thomas M. Ruprecht (Hrsg.): *Was soll aus Deutschland werden? Der Council for a Democratic Germany in New York 1944–1945*, Frankfurt am Main/New York 1995.

66 Werbebriefe von ihm sind erhalten auch an Heinrich Mann und Karl Korsch, ein interessanter konzeptioneller Brief über das Council an Berthold Viertel – Siehe: *Briefe*, S. 484–502.

67 Ida Bachmann, Freundin von Ruth Berlau, mit der sie ihre New Yorker Wohnung teilte.

68 BBA 211/23–24.

69 Antje Ruge (geb. 1921), Schauspielerin, ab 1969 auch Regisseurin.

70 *GW* 10, S. 889–894.

71 BBA 1646/22.

Im Spannungsfeld zwischen Botschaft und Verwertung, zwischen Ost und West.

1 EHA 462.

2 Hermann Budzislawski (1901–1978), gab im Exil *Die Neue Weltbühne* heraus, ab 1967 Mitherausgeber der *Weltbühne* (DDR).

3 Walter Janka (1914–1993), 1933 als Kommunist verhaftet, kämpfte im spanischen Bürgerkrieg, 1939–1941 in französischen Internierungslagern, Flucht nach Mexiko, wo er bis 1947 den Exil-Verlag El Libro Libre führte. Seit 1950 beim Aufbau-Verlag, den er ab 1951 leitete. 1956 wegen angeblicher konterrevolutionärer Aktivitäten zu fünf Jahren Zuchthaus verurteilt, 1990 rehabilitiert.

4 Gemeint war Horst Baerensprung.

5 Wolfgang Langhoff (1904–1966), Schauspieler, Regisseur, Theaterleiter, ab 1946 leitete er das Deutsche Theater in Berlin.

6 *RoJ*, S. 61–64 und S. 226–225.

7 EHA 230.

8 Siehe: Bertolt Brecht: *Texte für Filme* a. a. O., S. 190.

9 *Briefe*, S. 701/2. Burri war in der Bundesrepublik bis Ende der fünfziger Jahre noch an mindestens 18 Drehbüchern von Unterhaltungsfilmen beteiligt, 12 davon verfaßte er zusammen mit Mario Simmel. In einem Brief an die Weigel vom 20. Dezember 1964 erzählt die Hauptmann von einem Besuch bei Burri in München und dessen enormem Erinnerungsvermögen. Er schriebe gerade auf, an welchen Werken Brechts er mitgearbeitet hatte. Und: »Er scheint sehr anständig zu sein und hat heute eine gute politische Haltung. Ihn heranzuziehen zu der Arbeit an einem Band, die Jahre 1924–33 betreffend, wäre ein großer Gewinn. Wie das mit ihm so in den dreissiger und vierziger Jahren

war, weiss ich nicht genau; nach 45 wurde er zunächst in Funktionen eingesetzt, die wohl eine antifaschistische Haltung erforderten.« – EHA 675. Burris Bereitschaft, an der Herausgabe der *Fragmente* mitzuarbeiten (Hauptmann an Unseld – 9. März 65. EHA 17) scheiterte an Krankheit.

10 Bertolt Brecht: *Briefe an Marianne Zoff* ..., a. a. O., S. 165.

11 Herb Tank (geb.1922), wanderte 1929 mit seinen Eltern nach Amerika aus, arbeitete als Schauspieler und Bühnenmaler, bevor er Seemann wurde. Nach dem Zweiten Weltkrieg Arbeit in der sozialistisch orientierten Theatergruppe »New Playwrights«.

12 Elisabeth Hauptmann besorgte Übersetzung und Bühnenbearbeitung des Stücks.

13 EHA 462.

14 BBA 973/06.

15 BBA 973/04.

16 *Briefe*, S. 681.

17 In einem späteren Brief an Peter Suhrkamp gibt sie zu, daß sie damals die Möglichkeit eines Kontos in Westberlin nicht wahrgenommen hatte. – EHA 10.

18 Undatiert – BBA 972/75.

19 EHA 256.

20 EHA 216.

21 datiert: 7. August [?] – EHA 259.

22 BBA 1082/57.

23 Manfred Wekwerth (geb. 1929), seit 1951 als Regieassistent Brechts Meisterschüler am Berliner Ensemble, dessen Chefregisseur er seit Beginn der sechziger Jahre war. Er bearbeitete mit und nach Brecht, teilweise zusammen mit Elisabeth Hauptmann, Stückprojekte.

24 Peter Palitzsch (geb. 1918), seit 1952 Assistent Brechts am Berliner Ensemble, Chefdramaturg, seit 1956 auch Regisseur.
Palitzsch ging 1961 nach Stuttgart, 1972 Direktoriumsmitglied und Chefregisseur an den Städtischen Bühnen Frankfurt am Main.

25 Georges Farquhar (1678–1707) engl. Dramatiker ir. Herkunft.

26 EHA 15.

27 Isot Kilian (1924–1986), Schauspielerin, Produktionsassistentin und Freundin Brechts in den fünfziger Jahren. Kilian war bis Ende der sechziger Jahre am Berliner Ensemble. Danach DEFA und Schauspielschule »Ernst Busch«.

28 Giorgio Strehler (geb. 1921), ital. Schauspieler, Regisseur, Mitbegründer des Piccolo Teatro in Mailand.

29 *Briefe*, *S.* 774.

30 Strehler hatte gesagt, daß die »epische Methode« »gesund für Schauspieler« sei. »Sie haben 4 Nächte hintereinander probiert,

sind zwar müde, aber nicht angespannt. Sie sind locker. Es wäre eine einfache Sache, diese Art des Brechtspielens von einem Tag auf den anderen einzuführen. Ich habe die Schauspieler auch nur nach der Devise geführt: du *bist* Lear, du *bist* Ophelia. Jetzt [unleserliche Worte] sage ich ihnen: Du zeigst den Lear, du zeigst die Ophelia [...]. Oder: ich sagte, gestern ist der Strehler so und so über die Bühne gelaufen + hat das + das geschrien, usw. Jetzt machen Sie mal den Strehler nach. Wenn Sie zeigen, wie Strehler ist, sind Sie noch nicht Strehler.
Er kam auf einen interessanten Punkt: Welcher Schauspieler ist von der Persönlichkeit her schon ein Lear, ein Cäsar? Wenn sich der Schauspieler Schmidt mit Cäsar identifiziert und dem Publikum weismachen will: ich bin jetzt Cäsar, dann sieht man meistens nicht die Persönlichkeit Cäsars, sondern das kleine Format von Schmidt ...« – EHA 273/5.

31 Siehe Brechts Brief an Paul Wandel – *Briefe*, S. 701, oder an Wilhelm Girnus, S. 703. Wer sich ausführlicher über die Konflikte Brechts mit der Kulturbürokratie informieren will, in die sich teilweise auch die Regierung einschaltete, sei hier ausdrücklich an den zweiten Band von Werner Mittenzweis Biographie *Das Leben* a. a. O., Bd. 2 verwiesen.

32 Peter Suhrkamp an Caspar Neher, datiert: 21. August 1956 – EHA 8.

33 Der Briefwechsel Hauptmann-Berlau liegt in EHA 216.

34 Käthe Reichel (geb. 1926) Schauspielerin am Berliner Ensemble, in den fünfziger Jahren mit Brecht befreundet.

35 Jakob Walcher (1887–1970), führendes Mitglied der KPD, dann KPDOpposition, dann Demokratische Arbeiterpartei. Brecht machte seine Bekanntschaft 1943 in New York und schätzte ihn sofort als Gesprächspartner in historischen, aber auch strategischen Fragen der Arbeiterbewegung. Als Walcher 1946 nach Deutschland ging, unterstützte er ihn mit der für damalige Verhältnisse enormen Summe von 500 Dollar. Als Mitglied der SED wurde Walcher schon Ende der vierziger Jahre gemaßregelt, 1952 aus der Partei ausgeschlossen. Er und seine Frau wohnten zeitweise auf Brechts Grundstück in Buckow. Auf Gesprächen mit ihm fußen die wichtigsten dramaturgischen Grundlagen für *Die Tage der Kommune* und das Stückprojekt über Rosa Luxemburg. Walcher wurde 1956 rehabilitiert und war dann in der Geschichtsforschung beschäftigt.

36 Klaus Völker: *Bertolt Brecht: Eine Biographie*, München 1976.

37 Gemeint ist Brechts Sohn Stefan.

38 EHA 9.

39 EHA 681.

40 In einem Brief an Helene Weigel vom 12. Dezember 1965 lehnt die Hauptmann es jedoch weiterhin ab, als Autorin des Szenarios öffentlich in Erscheinung zu treten: »Nach 36 Jahren *Dorothy Lane* möchte ich meinen Namen nicht genannt haben, unter keinen Umständen; Ehrgeiz muss man in jungen Jahren befriedigen. Es ist blöde genug, wenn Darmstadt jetzt so in der Sache herumgestochert hat.« – EHA 680.

41 Inge Genz war die Rechtsanwältin, mit der die Brecht-Erben und später auch die Hauptmann arbeiteten.

42 EHA 672.

43 Aus einem undatierten Brief an Helene Weigel – EHA 679.

44 Aus einem Brief an die Weigel: »Du wolltest meine Meinung wissen über Frisch's Stück vom *Biedermann und den Brandstiftern*, diesem Lehrstück ohne Lehre:
Meiner Meinung nach ist das Stück ein dummes, arrogantes Werk. Es spiegelt vor, wichtige aktuelle Bezüge, grundlegende Einsichten des Autors, ist aber mit seiner Unverbindlichkeit und der koketten Aufforderung, es nicht als Lehrstück zu betrachten (es also doch ernst zu nehmen) mir ganz abscheulich. Das mag ich überhaupt an Frisch nicht, diese mit Witz und Geistreichelei verbrämte Unverbindlichkeit« – 16. Juni 1958 – EHA 680.

45 27. Oktober 61 – EHA 676.

46 1961 mit Besson: *Zwei Herren aus Verona* nach Shakespeare und im selben Jahr mit einem größeren Kollektiv: *Optimistische Tragödie* nach Wsewold Wischnewski.

47 EHA 30.

48 9. Januar 1958 – EHA 671.

49 21. August 1958 – EHA 10.

50 16. Februar 1965 – EHA 385.

51 15. Oktober 1960 – EHA 675.

52 20. August 1967 – EHA 682.

53 Ernst Busch (1900–1980), ursprünglich Maschinenschlosser, dann Werftarbeiter, nahm nach dem Ersten Weltkrieg Schauspiel- und Gesangsunterricht. Er kam 1927 an die Piscatorbühne. Besonders als Sänger, aber auch als Schauspieler *(Galilei)* war er einer der größten Brecht-Interpreten.

54 EHA 22.

55 EHA 675.

56 EHA 13.

57 4. September 1961 – EHA 13.

58 EHA 25.

59 EHA 11.

60 EHA 14.

61 *GW* 10, S. 1009/BFA XII, S. 310

62 Fritz-Georg Voigt (1925–1995), seit 1952 im Aufbau-Verlag, 1958 Lektoratsleiter, ab 1963 Cheflektor, 1966–1983 Verlagsleiter.
63 20. Juli [?] – EHA 681.
64 EHA 15.
65 EHA 16.
66 Siehe: *Bonzen in Gewissensqual.* In: *DER SPIEGEL* 2/1997.
67 28.9.1964 – EHA 16.
68 EHA 16.
69 EHA 681.
70 Ebenda.
71 7. Januar 1966 – EHA 674.
72 Undatiert, ebenda.
73 Hier wurden die »priapeischen« Gedichte im Mix mit leichteren, teilweise auch humorvollen Gedichten zum selben Thema kombiniert, wodurch nicht nur bei einem Teil des Publikums, sondern auch bei vielen Kritikern eine »pornographische« Lesart zustandekam, oft verbunden mit laienhaften psychoanalytischen Deutungsversuchen. Eine würdige Präsentation dieser heiklen Werkteile erfolgte im dem von Herta Ramthun herausgegebenen Nachlaßband II, Frankfurt am Main 1982, die ihre historisch-kritische Zuordnung erlaubte. – Siehe meinen Versuch einer historisch-kritischen Interpretation der *Augsburger Sonette* und der Liebessonette für Margarete Steffin: *Liebe als Massaker, Liebe als Kunst*, in: *Ein akzeptabler Mann? ...*, a. a. O., S. 142.
74 12. Juli 1964 – EHA 491.
75 Franz Xaver Bayerl, von Hans Otto Münsterer als Sammler von Brecht-Dokumenten in Augsburg erwähnt – *Bert Brecht.* Erinnerungen ... a. a. O., S. 5.
76 Erich Maiberger – Vorsitzender des Bert-Brecht-Kreises e. V. in Augsburg.
77 20. Dezember 1964 – EHA 675.
78 Hainer Hill (geb. 1913), Bühnenbildner, von Brecht ans Berliner Ensemble engagiert.
79 1. November 1961 – EHA 13.
80 10. Januar 1967 – EHA 682.
81 EHA 682.
82 27. Juni 60 – EHA 12.
83 Martin Esslin: *Das ist nicht der ganze Bertolt Brecht.* In: *Die Welt*, Berlin, 2. April 1964, und: Martin Esslin: *Bücher der Wendungen. Die Gesamtausgabe Brechts um fünf Prosabände bereichert.* In: *Die Welt*, Hamburg, 17. Februar 1966.
84 John Willett: *Zur endgültigen Ausgabe ist es noch weit.* In: *Die Zeit*, Hamburg, 6.0ktober1967, S. 23.

85 EHA 21.
86 EHA 682.
87 EHA 23.
88 EHA 19.
89 Die Angaben aus den Testamenten stammen aus EHA 462.

Lebensdaten Elisabeth Hauptmanns

1897
20. 6.: unter dem Namen Elisabeth Flora Charlotte Hauptmann geboren als Tochter des Sanitätsrats Dr. med. Clemens Hauptmann und der Hausfrau Josefine Hauptmann, geb. Diestelhorst.

1912–1918
Lehrerinnenausbildung in Droyssig bei Zeitz.

1918–1922
Lehrerin in einem Lyzeum/Privatlehrerin in Linde, Kreis Flatow, an der polnischen Grenze.

1922
Aufgabe des Lehrerinnenberufs. Umsiedlung nach Berlin.

1923
Sekretärin bei dem Architekten Dr. Paul Zucker.

1924
Sekretärin bei dem Schriftsteller H. G. Scheffauer. Im November Begegnung mit Bertolt Brecht, Beginn der Zusammenarbeit.

1925–1927
Vom Kiepenheuer Verlag als Brechts Lektorin und Mitarbeiterin angestellt, damit das Stück *Mann ist Mann* und die *Taschenpostille* fertiggestellt werden können. Sie macht Übersetzungen für ihn (u. a. Kipling), legt umfangreiche Dokumentationen an, arbeitet an Geschichten, Gedichten, Songs, Stückprojekten mit. Eigene Publikationen (Magazingeschichten) in Zeitschriften.

1927–1933
Freischaffende Übersetzerin und Autorin von Magazingeschichten. Mitarbeit an weiteren Stücken Brechts. Mit der Übersetzung der *Beggars Opera* ebnet sie ihm den Weg zum Welterfolg.

1929
Sie schreibt auf Anregung Brechts das Szenario von *Happy End.* Entdeckung des japanischen No-Theaters, das Brecht entscheidende dramaturgische Anregungen für die Lehrstücke gibt, an deren Entstehung sie ebenfalls großen Anteil hat. Der *Jasager* beruht weitgehend auf ihrer Übersetzung.
Sie tritt in die KPD ein, leitet eine Frauensektion in Berlin-Charlottenburg, beteiligt sich u. a. an Flugblattaktionen.
Herausgabe von Brechts *Versuchen*, Beginn der Vorbereitung von *Gesammelten Werken* im Malik-Verlag.

1931
14. 3.: Eheschließung mit dem Redakteur Friedrich Wilhelm Kurt Hacke.
Mitarbeit bei Brecht an *Die heilige Johanna der Schlachthöfe*, einem Stück, das sowohl auf ihrer Geschichte *Bessie Soundso* als auch auf *Happy End* aufbaut. Mitarbeit an *Die Mutter*. Beginn der gemeinsamen Arbeit an *Die Spitzköpfe und die Rundköpfe* (später umbenannt in *Die Rundköpfe und die Spitzköpfe*).
Sie schreibt allein und mit Emil Hesse-Burri Radiofeatures.

1932
8. 3.: Scheidung.

1933
Im Sommer Reise nach Dänemark zu Brecht und Weigel. Im November wird sie in Berlin verhaftet, kann aber durch Intervention eines Rechtsanwalts befreit werden. Flucht nach Paris.

1934
New York, Weiterreise nach St. Louis/Missouri, wo sie bei ihrer Schwester Irma, verh. Warmber, unterkommen kann. Versuche, sich als selbständige Autorin zu etablieren, scheitern. Sie nimmt Arbeiten in Haushalten und Büros an. Mitarbeit an Brechts Projekten per Korrespondenz. Briefwechsel mit Walter Benjamin (erhalten aus den Jahren 1934/35).

1935
Sekretärin der Ortsgruppe St. Louis des Deutsch-amerikanischen Klubs. Nachdem sie ein Quotavisum bekommen hat, tritt sie eine Stelle an als Lehrerin an der Burroughs High School, St. Louis Country (bis 1940).
Im Herbst reist sie nach New York und unterstützt Brecht bei der Inszenierung von *Die Mutter*, die am 19. 11. Premiere hat.

1937
In New York Arbeit bei einer deutsch-mexikanischen Organisation der Spanienhilfe. Arbeit in Organisationen, die Flüchtlinge aus Deutschland unterstützen. Gelegentlich politische Artikel (AIZ), Arbeit im Radio.

1940
Am 7. 6. wird sie amerikanische Staatsbürgerin.
Um sich von einer Krankheit zu erholen, hält sie sich einige Monate in Santa Monica/Kalifornien auf.
Dort arbeitet sie mit einer antifaschistischen Studentengruppe zusammen.

1941
Sie bereitet mit anderen die Einreise für Brecht, seine Familie und Margarete Steffin in die USA vor.
Aufgabe der Stelle als Lehrerin und Umsiedlung nach New York, wo sie mit Horst Baerensprung, dem ehemaligen sozialdemokratischen Polizeipräsidenten von Magdeburg, lebt.

1943–1945
Executive secretary des Council for a Democratic Germany.

1946–1948
Nach Baerensprungs Rückkehr nach Deutschland geht sie nach Kalifornien. Wieder enge Zusammenarbeit mit Brecht. Sie überwacht und korrigiert amerikanische Übersetzungen.
Sie lebt in Los Angeles mit Paul Dessau, den sie am 9. Februar 1948 heiratet.
Im Oktober reist sie über New York und Den Haag nach Deutschland. Am 30. 11. trifft sie in Braunschweig ein.

1949
15. 2.: Berlin, sie wohnt zunächst in Berlin-Weißensee bei Wolfgang Langhoff, Anfang März im Hotel Adlon, ab 22. 3. in Berlin-Hohenschönhausen.
Eintritt in die SED.
Vertrag mit dem Suhrkamp Verlag über die Herausgabe von Brechts Werken.
Bis 1950 Dramaturgin bei der DEFA.

1950–1954
Freie Schriftstellerin und Übersetzerin, Dramaturgin. Sie übersetzt und lanciert das vielgespielte Stück *Tanker Nebraska* von Herb Tank.

Neben der Herausgabe von Brechts Werken erledigt sie auch seine skandinavische Geschäftskorrespondenz.

24. Juli 1951: Scheidung von Paul Dessau.
Umzug in die Friedrichstraße 129.

1954
Feste Anstellung als Dramaturgin am Berliner Ensemble. Mitarbeit bei Brecht an *Don Juan* und *Pauken und Trompeten.* Mitarbeit an anderen Stücken und Stückbearbeitungen.

1956
Elisabeth Hauptmann fährt mit Brecht zur Strehler-Aufführung der *Dreigroschenoper* nach Mailand.
Nach Brechts Tod wird sie für zwei Jahre Parteisekretärin des Berliner Ensembles. Sie beschäftigt sich mit der Sicherung und dem Ordnen der Archivmaterialien.

1958–1967
Der Suhrkamp Verlag beginnt die Planung der Gesammelten Werke letzter Hand, die – hauptsächlich von Elisabeth Hauptmann geleitet – 1967 abgeschlossen ist. Sie gibt auch eine beträchtliche Zahl von Einzelausgaben und Sonderbänden heraus. Der größte Teil der Suhrkamp-Bände erscheint mit leichten Modifikationen nachträglich auch im Aufbau-Verlag.

1967–1972
Weitere Editionstätigkeit.
1972 entsteht der Dokumentarfilm *Die Mit-Arbeiterin.*

1973
Elisabeth Hauptmann stirbt am 20. 4.

Register

Erwähnte Werke von Elisabeth Hauptmann

Erwähnte Werke von Bertolt Brecht

Personenverzeichnis

Zu dieser Ausgabe

Die in diesem Band verwendeten schriftlichen Selbstaussagen der Elisabeth Hauptmann basieren auf folgenden Textgrundlagen:
Handschriftliche tagebuchartige Notizen, die sich teils in Arbeitsheften, teils auf losen Blättern in der Stiftung Archiv der Akademie der Künste, Berlin, befinden. Der größere Teil gehört zum Nachlaß Elisabeth Hauptmanns im Elisabeth-Hauptmann-Archiv, der sehr viel geringere Teil zum Brecht-Archiv.
Unveröffentlichte Texte (Skizzen, Notate, Entwürfe), teils handschriftlich, teils als Typoskript, zugehörig ebenfalls dem Elisabeth-Hauptmann-Archiv oder dem Brecht-Archiv in der Stiftung Archiv der Akademie der Künste, Berlin.
Briefe, handschriftlich oder maschinenschriftlich (teilweise Durchschläge) aus dem Elisabeth-Hauptmann-Archiv und dem Brecht-Archiv der Stiftung Archiv der Akademie der Künste, Berlin.

Die Wiedergabe dieser Texte folgt in Orthographie und Interpunktion den Originalen. Offensichtliche Schreibfehler wurden stillschweigend korrigiert. Auslassungen sind durch [...] gekennzeichnet. Ergänzungen, Erklärungen oder Hinweise von mir stehen ebenfalls in eckigen Klammern. Einfache Hervorhebungen sind kursiv wiedergegeben, mehrfache Hervorhebungen kursiv und gesperrt. Titel wurden einheitlich kursiv wiedergegeben.

Die hier aufgenommenen Tonbandaufzeichnungen entstanden als Vorarbeiten zu dem Film *Die Mit-Arbeiterin*, 1972 vom DEFA-Dokumentarfilmstudio für das Fernsehen der DDR produziert, Regie: Karlheinz Mund, Szenarium und Kommentar: Rolf Liebmann, Wolfgang Gersch. Die Tonbänder befinden sich im Elisabeth-Hauptmann-Archiv der Stiftung Archiv der Akademie der Künste, Berlin. Die in diesem Band präsentierten Zitate stammen aus einer von mir angefertigten Nachschrift der Bänder. Sie sind im laufenden Text kenntlich gemacht. Da das Mikrophon stets vor Elisabeth Hauptmann plaziert war, sind die Fragen oft gar nicht oder nur teilweise zu verstehen. Eine eindeutige

Zuordnung der einzelnen Fragen zu Liebmann, Gersch oder Mund – soweit sie hier aufgenommen wurden – war nicht möglich.
Die Angaben von Elisabeth Hauptmann in den Tagebuchnotizen, Briefen und Tondokumenten sind nicht in jedem Fall überprüfbar gewesen.
Signierung und Katalogisierung des Hauptmann-Nachlasses waren zum Zeitpunkt meiner Recherchen nicht abgeschlossen.

Ich danke Karlheinz Mund für die Anregung zur Nutzung der Tonbandaufzeichnungen und für seine Informationen und Hinweise. Für weitere wertvolle Informationen und Hinweise danke ich Günter Glaeser, Werner Hecht, René Hill, Jan Knopf, Werner Mittenzwei, Karin Pfotenhauer, Antje Ruge, Klaus Völker, Erdmut Witzisla und Sabine Wolf. Von unschätzbarem Wert bei der Entzifferung schwer lesbarer Partien der Aufzeichnungen von Elisabeth Hauptmann war die Hilfe von Ilse Kühnert und Sabine Wolf. Des weiteren danke ich den MitarbeiterInnen der beiden Archive für ihre zuvorkommende Unterstützung.

Der Abdruck der Texte und die Wiedergabe der Tondokumente von Elisabeth Hauptmann erfolgt mit freundlicher Genehmigung der Akademie der Künste.
Der Abdruck der Texte von Bertolt Brecht und seiner veröffentlichten Briefe erfolgt mit freundlicher Genehmigung des Suhrkamp Verlages. Barbara Brecht-Schall danke ich besonders für die Erlaubnis, unveröffentlichte Briefe von Bertolt Brecht und Helene Weigel zu zitieren.

S. K.

Bildnachweis

Stiftung Archiv der Akademie der Künste, Berlin 23, 39, 79, 113, 127, 157, 185, 193, 209
Roger Melis, Berlin 231

Inhalt